乡村传统文化空间略述

——以韶关古村落为例

许树辉　编著

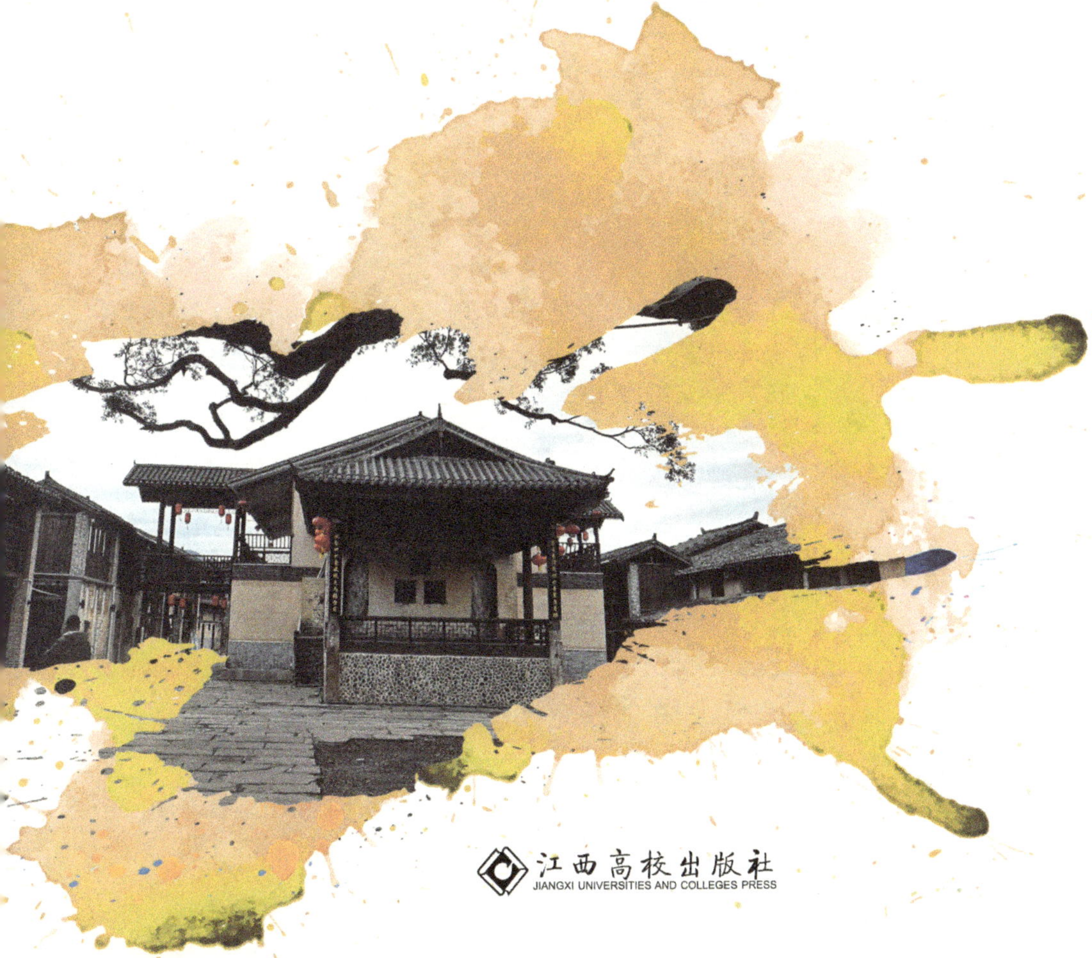

江西高校出版社
JIANGXI UNIVERSITIES AND COLLEGES PRESS

图书在版编目(CIP)数据

乡村传统文化空间略述：以韶关古村落为例／许树辉编著. -- 南昌：江西高校出版社，2024.9. -- ISBN 978-7-5762-4854-8

Ⅰ．K296.55

中国国家版本馆 CIP 数据核字第 20244NX037 号

出版发行	江西高校出版社
社　　址	江西省南昌市洪都北大道96号
总编室电话	(0791)88504319
销售电话	(0791)88522516
网　　址	www.juacp.com
印　　刷	北京虎彩文化传播有限公司
经　　销	全国新华书店
开　　本	787 mm×1092 mm　1/16
印　　张	12.25
字　　数	247 千字
版　　次	2024 年 9 月第 1 版
印　　次	2024 年 9 月第 1 次印刷
书　　号	ISBN 978-7-5762-4854-8
定　　价	68.00 元

赣版权登字 -07-2024-345
版权所有　侵权必究

图书若有印装问题，请随时向本社印制部(0791-88513257)退换

前　言

  2017年1月25日,中共中央办公厅、国务院办公厅印发的《关于实施中华优秀传统文化传承发展工程的意见》指出:"在5000多年文明发展中孕育的中华优秀传统文化,积淀着中华民族最深沉的精神追求,代表着中华民族独特的精神标识,是中华民族生生不息、发展壮大的丰厚滋养。"传统文化是文明演化而汇集成的一种反映民族特质和风貌的思想、观念、精神产品的总称。中华优秀传统文化蕴含着解决当代人类难题的重要启示,被认为是推动中华民族伟大复兴的独特战略资源。习近平总书记指出:"优秀传统文化是一个国家、一个民族传承和发展的根本,如果丢掉了,就割断了精神命脉";"文物承载灿烂文明,传承历史文化,维系民族精神,是老祖宗留给我们的宝贵遗产,是加强社会主义精神文明建设的深厚滋养。保护文物功在当代、利在千秋";要"让城市融入大自然,让居民望得见山、看得见水、记得住乡愁;保护和弘扬传统优秀文化,延续城市历史文脉"。乡村传统文化是中华民族文化的重要组成部分,是中华民族文化的根和魂,蕴含着丰富的优秀传统文化内容。在工业化、城镇化的背景下,乡村传统文化正遭受现代文化、外来文化、城市文化等中外多元主流文化的冲击,有的甚至已消亡。乡村传统文化的保护与传承问题十分迫切,已成为社会各界共同关注的话题。2018年1月,中共中央、国务院印发《关于实施乡村振兴战略的意见》,提出"繁荣兴盛农村文化,焕发乡风文明新气象"。2018年3月,习近平总书记提出了包括"乡村文化振兴"在内的乡村"五个振兴"的科学论断。2020年11月发布的《中共中央关于制定国民经济和社会发展第十四个五年规划和二〇三五年远景目标的建议》提出:"传承弘扬中华优秀传统文化,加强文物古籍保护、研究、利用,强化重要文化和自然遗产、非物质文化遗产系统性保护,加强各民族优秀传统手工艺保护和传承。"在此背景下,如何辩证地挖掘、培育和弘扬乡村传统文化,推动乡村传统文化的传承、发展、繁荣,是新时代乡村振兴、新农村建设的重大课题。

韶关传统文化资源丰富:有独具特色的马坝人遗址、石峡文化、南越文化;有深受中原经济社会影响的儒家耕读文化、儒释道文化;有开放包容的驿道文化、客家文化、瑶寨文化,还有冲破封闭、求新求变的北伐文化,救国救民于水火的抗战文化、红色文化以及艰苦奋斗、自强不息的现代工矿文化;等等。截至2021年,韶关市共登记不可移动文物点2760处(其中,全国重点文物保护单位10处,省级文物保护单位57处,市、县两级文物保护单位310处,一般不可移动文物2383处),拥有可移动文物普查平台登录藏品总数34400件/套(其中,一级文物361件/套,二级文物205件/套,三级文物2148件/套,一般文物31686件/套)。本书立足于工业化、城镇化、城市化和乡村振兴战略这一时代大背景,探讨城市文化、城市文明强烈影响下的韶关乡村传统文化。书稿共九章,内容涉及韶关乡村传统文化理论,更多的是关于韶关乡村传统文化保护、传承与活化等实践性问题。除第一章为纯粹的理论研究外,其余八章均采用理论与实践相结合的写作手法,或先梳理理论后进行实践验证,或先开展实践问题研究后寻找理论依据。

第一章为乡村传统文化概述。在对文化、文化空间、文化区、乡村、乡村文化与乡村传统文化等相关概念进行概述的基础上,对乡村传统文化的基因构成、表现形式和社会功能进行理论梳理。内容包括乡村传统文化的自然淳朴性、宗法伦理性、传承稳定性、地域多样性、乡土情结性、时代发展性六大基本特征,乡村传统文化的物质文化、制度文化和精神文化三种结构及其基因谱系,以及乡村传统文化的传承知识、规范行为、维护和谐、促进发展四大基本功能。

第二章为韶关乡村传统文化发展脉络。本章按照时间维度,将韶关乡村传统文化发展划分为远古时代、农耕文明时期、工业文明时期和建设生态文明以来四个阶段,对每个阶段具有影响力的乡村文化现象进行梳理。内容包括远古时代的马坝文化、石峡文化、南越文化,农耕文明时期的耕读文化、矿冶文化、商贸文化以及建设生态文明以来的韶文化。

第三章为韶关乡村传统文化空间区划。本章基于文化地理学视角,对韶关乡村传统文化空间的划分原则、主要类型、形成条件和空间形态进行理论探讨和归纳分析。主要内容包括韶关乡村传统文化空间的文化标志性、文化认同性、文化传承性、地域完整性四大划分原则,具有代表性的韶关客家传统文化区、瑶乡传统文化区两大主要类型,以及韶关乡村传统文化符号的节点、条状和组团三种空间形态,还包括韶关乡村传统文化区形成的地理区位、自然条件、社会经济和历史条件原因探析。

第四章为韶关客家传统文化区。本章基于文化地理学视角,对韶关客家人的由来、韶关客家传统文化外在形式和内在精神进行理论探讨和归纳分析。主要内容包括韶关客家人的由来,客家围屋、客家祠堂、客家村落、客家习俗等文化外在形式,以及敬畏自然、尊重生态、重视选址、遵从礼制、注重传承、勤俭友善、重视教育等客家内在文化精神。

第五章为韶关瑶乡传统文化区。本章基于文化地理学视角,对韶关瑶乡的由来、韶关瑶乡传统文化外在形式和内在精神进行理论探讨和归纳分析。主要内容包括韶关瑶乡的由来,瑶族村寨、瑶族刺绣、瑶家医药、瑶乡风俗等文化外在形式,以及临危不惧、勤劳勇敢、崇拜祖先、敬重自然、信守承诺、真诚待人、遵守祖训、团结亲邻等瑶乡内在文化精神。

第六章为全域旅游视阈下的乡村传统文化空间融合:以曹角湾村为例。本章在对全域旅游、空间融合概念和内涵及全域旅游下的乡村传统文化空间融合机制进行理论梳理的基础上,以全域旅游理念为指导,构建乡村传统文化旅游空间融合的评价指标体系,对韶关市曲江区曹角湾古村落文化旅游资源单体、文化旅游融合主体及设施条件进行定性和定量评价,从中厘清曹角湾古村落传统文化旅游空间融合存在的主要问题,进而提出全域旅游下的曹角湾古村落传统文化旅游空间融合的建议。

第七章为景村融合下的乡村传统文化空间设计:以牛鼻村为例。在对景村融合、乡村空间设计概念和内涵及景村融合下的乡村规划设计进行理论梳理,对韶关丹霞山牛鼻村景村融合空间效应及存在的问题进行评价,以核心—边缘理论、社区参与理论以及文化空间和场所精神为理论指导,提出牛鼻村景村融合乡村文化空间设计的六觉融合模式。

第八章为新型城镇化下的乡村传统文化空间重构:以石塘村为例。本章在对城镇化、新型城镇化与乡村传统文化关系进行理论研究的基础上,重点对韶关市仁化县石塘古村落乡村传统文化的时空维度进行解构、梳理,并归纳传统城镇化下的石塘古村落乡村文化空间存在的问题,进而提出新型城镇化下石塘古村落乡村传统文化空间重构的基本原则、总体思路、空间安排、产业支撑和设施保障。

第九章为乡村振兴战略下的乡村传统文脉空间活化:以恩村为例。本章在对乡村振兴战略、乡村文脉与乡村文脉空间活化关系进行理论研究的基础上,重点对韶关市仁化县恩村古村落文脉空间活化现状进行梳理、分析,并归纳恩村古村落文脉空间活化存在的主要问题,进而提出乡村振兴战略下恩村古村落文脉空间活化的主体、制度、技术和模式创新策略。

目录 CONTENTS

第一章 乡村传统文化概述 /001

一、乡村传统文化的相关概念 /001

二、乡村传统文化的基本特征 /006

三、乡村传统文化的基因构成 /007

四、乡村传统文化的主要功能 /009

五、小结 /011

参考文献 /011

第二章 韶关乡村传统文化发展脉络 /013

一、远古文明时期 /013

二、农耕文明时期 /015

三、建设生态文明以来的韶文化 /020

四、小结 /028

参考文献 /029

第三章　韶关乡村传统文化空间区划　/031

一、韶关乡村传统文化空间划分原则　/031

二、韶关乡村传统文化区的主要类型　/032

三、韶关乡村传统文化区的形成条件　/034

四、韶关乡村传统文化区的空间形态　/038

五、小结　/041

参考文献　/041

第四章　韶关客家传统文化区　/043

一、韶关客家人的由来　/043

二、韶关客家传统文化的外在形式　/046

三、韶关客家传统文化的内在精神　/062

四、小结　/072

参考文献　/072

第五章　韶关瑶乡传统文化区　/074

一、韶关瑶乡的由来　/074

二、韶关瑶乡传统文化的外在形式　/078

三、韶关瑶乡传统文化的内在精神　/093

四、小结　/097

参考文献　/097

第六章　全域旅游视阈下的乡村传统文化空间融合：以曹角湾村为例　/099

一、全域旅游与文旅空间融合　/099

二、曹角湾古村落文旅资源概况 /102

三、全域旅游视阈下的曹角湾古村落文旅资源评价 /104

四、全域旅游视阈下的曹角湾古村落文旅空间融合主体分析 /108

五、全域旅游视阈下曹角湾古村落文旅空间融合的设施条件 /112

六、全域旅游视阈下的曹角湾古村落文旅空间融合建议 /117

七、小结 /120

参考文献 /120

第七章 景村融合下的乡村传统文化空间设计：以牛鼻村为例 /123

一、景村融合与乡村文化空间设计 /123

二、景村融合下乡村规划设计的基础理论 /125

三、牛鼻村景村融合及其空间效应分析 /126

四、景村融合下的牛鼻村乡村传统文化空间设计 /130

五、小结 /135

参考文献 /136

第八章 新型城镇化下的乡村传统文化空间重构：以石塘村为例 /139

一、城镇化与乡村传统文化 /139

二、韶关石塘村传统文化时空格局 /141

三、新型城镇化下的石塘村传统文化空间重构 /154

四、小结 /163

参考文献 /164

第九章　乡村振兴战略下的乡村文脉空间活化：以恩村为例　/166

一、乡村振兴战略与乡村文脉空间活化　/166

二、韶关恩村古村落文脉空间现状　/169

三、乡村振兴战略下的恩村古村落文脉空间活化对策　/178

四、小结　/180

参考文献　/180

后记　/183

第一章 乡村传统文化概述

乡村传统文化是乡村文化的重要组成部分,是乡村文化的精华部分。乡村传统文化集中体现在以从事农业生产为主的乡村,集中分布在民风淳朴的乡村地区,以及未完全市民化的城镇地区。特定历史时期标志性的符号、元素、典故,是乡村传统文化传承、活化与繁荣的重要基础,在维系乡村人地关系和谐和社会治理中发挥着重要的作用。

一、乡村传统文化的相关概念

(一)文化、文化空间与文化区

文化(culture)一词,源于欧洲,含"耕耘""栽培"和"种植"的含义。文化是人类所有的创造物,即人类所有并为大家所共同享有的物质、社会和精神产品的总和,包括物质文化和非物质文化。文化具有历史性。文化是人类社会特定历史发展阶段的产物,是人类长期创造形成的产物,是人类社会与历史的积淀物。文化会随着时间变化而不断演进。文化具有社会性,是一种社会现象,是人类相互之间进行交往、交流、沟通过程中所形成的普遍认可并遵循的行为方式和意识形态。文化具有层次性。文化包括人类的物质生产活动及其成果,如生产方式、生产工具等,反映了一定时期特定空间内的社会物质生产力的发展水平,是社会生产力水平的象征;同时,还包括与物质生产活动相适应以及由物质生产活动所决定的社会制度、组织管理和精神观念,如语言、艺术、技术、科学、习俗、法律、道德、信仰等。文化是表层物质文化、行为文化、制度文化和深层精神文化的综合体。此外,文化还具有地域性。文化受所在地域自然环境、社会人文环境的共同影响,不同的地域有着不同的文化特性。地域空间差异越大,文化差异特征越明显。文化是指人类对自然和社会环境的一种适应系统或机制。文化涉及人类赖以生存的三种关系:一是人与自然的关系,尤其是生计经济、工艺和物质文化或人工制品的关系;二是人与人的关系,尤其是社会的组织、结构、制度、习俗和社会文化(或社会事实)的关系;三是人与自身心理的关系,尤其是知识、思想、观念、信仰、态度、价值等所显示(或隐藏)的人类行为和精神文化的关系。文化可以通过符号来传达意义、表达情感。构建并遵循特定的符号体系,是文化之所以称为文化的原因,也是人类文化独有的表现形式。文化是凝结在物质之中又游离于物质之外的,能够被传承的国家或民族的历史、地理、风土人情、传统习俗、生活方式、文学艺术、行为规范、思维方式、价值观念等。它是人类相互之间进行交流的普遍认可的一种能够传承的意识形态,是对客观世界感性上的认识与经验的升华。在现代社会,文化概念似乎涵盖了社会生产生活的所有领域。

空间(space)是一个可以被感知、描述并加以分析和评价的系统。空间可以分为物理空间、心理空间。物理空间指实体空间,表现出"点、线、面、群"的空间特征。心理空间指人与物之间的心理联系和感性参与,受到多种因素的影响,表现为多重维度、多层次的复杂空间。"文化空间(cultural space)"一词最早来源于法国都市理论研究专家亨利·列斐伏尔(Henri Lefebvre,1974)等人有关"空间"的理论。他在《空间的生产》一书中列举了众多的空间种类:绝对空间、抽象空间、共享空间、具体空间等,其中也包括"文化空间"。"文化空间"本义是指一个具有文化意义的地方,在发展的过程中又受到多种因素的影响,表现出明显的非物质特性。1998 年,联合国教科文组织将文化空间定义为"一个集中举行流行和传统文化活动的场所",并将"非物质形态"的文化空间界定为"有特殊价值的非物质文化遗产的集中表现",具备十分鲜明的"生活文化"性质。国内学者张位中(2014)认为,文化空间是一个既包含物化形式又包含非物化形式的文化遗产概念,既包含非物化的民俗活动和民俗文化,也包含这些文化赖以生存的空间环境。它是一个时空综合体。

从人文地理学和文化地理学的角度来看,文化区(culture area)是文化空间现象的主要表现形态。其中,人文地理学视角的文化区,指的是具有某种文化特征的人的空间分布现象。而文化地理学视角的文化区,则指的是特定地理区域内不同人群的文化关联。上述对文化空间的表述并不相同,但都强调了文化空间的自然属性和社会属性。国内学者吴必虎(1996)认为,文化区是具有某种共同文化属性的人群所占据的地区,是在政治、社会和经济等方面具有独特的统一功能的空间单位。文化区有以下特点:区域内文化特质的同一性、相邻文化区之间的过渡性和区内文化机能的一致性。文化区大体可以分为形式文化区、功能文化区和乡土文化区。其中:形式文化区是指某一范围内具有同一文化现象的文化区;功能文化区是指受政治、经济或社会某种功能影响而形成的文化区;乡土文化区是指某一地区的居民所具有的归属感和认同感,并且深深扎根于人们的头脑中。通过区域内文化特质的同一性、区内文化机能的一致性以及相邻文化区之间的过渡性,基本可以判断某地域的文化区类型。

(二)乡村、乡村文化与乡村传统文化

乡村(rural area)和城市在本质上都是人类生存的聚落。在"现代化"的语境下,早期的学者普遍认为城市是现代化的象征,乡村则是传统的代表。在城乡二元主义建构中,乡村被视为城市以外的广大地区,包括聚落及其所管辖的广阔区域(金其铭,1988),但两者有着明确且清晰的界线,以及鲜明的文化特征差异。在城市中心主义的语境下,乡村被认为是未开发的边际地区甚至是落后的概念。乡村被局限在特定地域范围内的静态空间系统——一个以乡村人地关系地域系统为根基,由乡村物质空间、社会空间、文化空

间三个层面构成的乡村空间系统。然而,现实中的城市和乡村并不是各自封闭的单一系统,城乡之间存在着各种要素的双向交流、动态流动。乡村与城市是相对的,城乡是一个连续体。随着国内学者对乡村概念的认知从单一走向多元,从被动转为能动,从静态特征深入动态过程,乡村概念也从城乡二元结构回归到重视乡村自身内涵的提升上来。研究者认为,乡村人地关系地域系统是乡村概念的本体,乡村空间系统以此为基础衍生而来。因此,乡村概念应由静态空间走向动态空间。乡村概念除了依托内生的乡村人地关系地域系统,还应该蕴含于各类多元异质主体所形成的跨越乡村内外部的流动与关系之中。由于流动、关系本身的多变性,乡村的特征也不是唯一的、静态的,而是具有多样性和动态性(张小林,1998;胡晓亮、张小林等,2020)。在《辞海》中,"乡村"与"农村"这两个概念通用,被定义为"以农业经济为主的"人口聚居地区。在国家统计局于1999年制定并发布的《关于统计上划分城乡的暂行规定》中,乡村是指本规定划定的城镇以外的其他地区,包括集镇和农村。其中,集镇是指乡、民族乡人民政府所在地和经县级人民政府确认由集市发展而成的作为农村一定区域经济、文化和生活服务中心的非建制镇。农村指集镇以外的乡村地区。乡村是一个一直在发展的、不断被修正的概念,在不同的社会阶段和学术语境之中有着不同的解读,对其进行清晰的界定很难。但可以肯定的是,乡村是相对于城市而言的,以从事农业生产为主,具有确定的人口规模和地域范围,同时又具有社会区域共同体特征的乡村空间地域系统。乡村可以被利用,也可以被重塑。

乡村文化(rural culture)是人类在与乡村自然相互作用的过程中所创造出来的所有事物和现象的总和。乡村文化的各种生产、生活要素是在长期的历史发展过程中积累和沉淀下来的。乡村文化是在乡村生活中,人们约定俗成的规则与道德以及依据这些规则所进行的具体生活形式。优秀的乡村文化是乡村发展的思想内核,体现在思想活动和物质生活的方方面面。无论是乡村原有的自然风貌和传统建筑、服饰、饮食、民俗、工艺品,还是约定俗成的乡规民约、故事传说、农耕活动和民俗节庆,都是乡村文化的具体体现。乡村文化是村民生活的重要组成部分,也是村民安身立命的价值和意义所在。具体说来,乡村文化是村民在长期从事农业生产与乡村生活的过程中,逐步形成并发展起来的一套思想观念、心理意识和行为方式以及为表达这些思想观念、心理意识和行为方式所制作出来的种种成品。它表现为无形的乡村文化,如村民的情感心理、生活情趣、处世态度、人生追求和行为习惯;也表现为有形的乡村文化,如民风民俗、典章制度和生活器物等(图1-1)。乡村文化具有极强的地域性和自发性,通过言传身教的方式影响人们,使人们的行为、观念和心态与社会文化融为一体,从而在比较长的时期内传承和广泛流行,影响人们生活的方方面面。乡村文化是中国本土文化的根脉和土壤,是中华文化割舍不断的根,具有顽强的生命力、浓郁的乡土气息和鲜明的个性特征。

费孝通(2007)在《乡土中国》中指出,长期以来,依托乡村生活的农民,以乡土为根

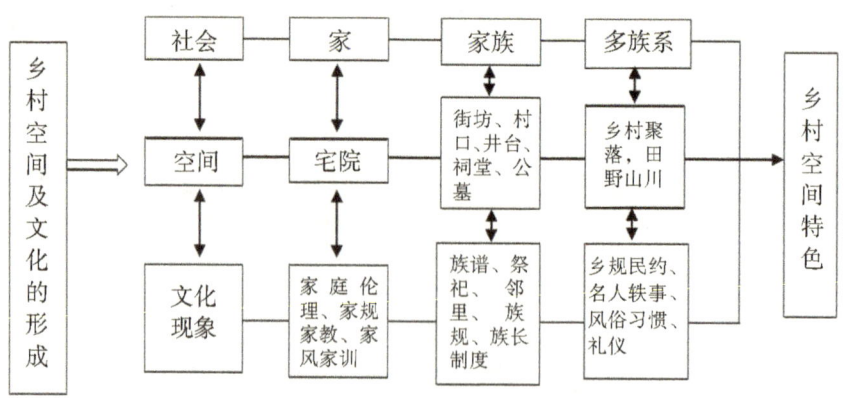

图1-1　乡村空间及文化的形成（资料来源：李佐龙，2018）

基，以乡情为纽带，形成了难以割舍的恋乡情结。这乡土之"土"和乡情之"情"正是乡村文化的重要成分，这恋乡情结就包含着乡村文化的内容。乡村文化彰显了乡村淳朴的民俗习气，表现出自然而独特的文化品格。这种文化中既有"天人合一"的自然主义情结，也有"趋福避祸"的民间信仰；既有"乌鸦反哺，羔羊跪乳"的朴素道德观，也有"出入相友，守望相助"的良善交往原则；既有平和淡然的生活态度，也有充满希望的未来期冀。可以说，乡村文化是中国人独特生命样式的基本背景与内在结构，既呈现出农民特有的人与人之间亲密的情感，也为中国农民在艰苦环境下依然自强不息、坚强图存提供了强大的精神动力。在中国古代社会，乡村文化是与庙堂文化相对立的一种文化，在乡村治理中发挥着重要作用。在人们的记忆中，乡村是祥和稳定、恬淡自足的象征，故乡是人们魂牵梦绕的地方。回归乡里、落叶归根是人们的选择和期望。在现代社会，乡村文化依然是与城市工业文化相对立的一种文化，许多城里人生活在都市，却处处以乡村为依归。相对于城市的复杂与多变，乡村则有更多诗意与温情，承载着乡音、乡土、乡情以及古朴的生活、恒久的价值和传统。在城市化背景下，农村的大量消失并不意味着乡村文化的消亡。相反，乡村更加稀缺而珍贵，乡村依然是人们心灵的寓所。

传统文化（traditional culture）是在现代语境下相对于现代文化、外来文化而言的。传统从"过去"而来，但并不等于"过去"。"传统"绝不是一个因循守旧的概念。它始终处于被制作和被创造的过程中，永远指向无穷的可能性，同自闭、倒退绝不等同。古老的传统中有推进文明前行的现代因子，而现代不等同于反传统，而是传统的自我筛选、优化与升华。传统是一种传递关系，是一种承前启后的文化自觉。传统渗透于日常起居和工作的方方面面，而具体的细节是以文化为依托加以表述的。传统文化就是文明演化而汇集成的一种反映民族特质和风貌的文化，是民族历史上各种思想文化、观念形态的总体表征。其内容当为历代存在过的种种物质的、制度的和精神的文化实体和文化意识。例如民族服饰、生活习俗、古典诗文、忠孝观念之类，就是通常所谓的文化遗产。世界各民族都有自己的传统文化。中国的传统文化以儒道互补为内核，还有墨家、法家、名家等文化形态,包括诗、词、曲、赋、音乐、戏剧、曲艺、国画、书法、对联、灯谜、射覆、酒令、歇后语等。国内有学者将中国传统文化归结为"三根柱子"(即儒、释、道)、"两层楼"(即精英文化和通俗文化),认为这是"以儒济世、以道修身、以佛养心"的中国传统文化和中国人格的重要基础。中国优秀传统文化中的崇尚道德、重视智慧、强调个人修养、注重人文素质的培养等思想,有利于新时代人的全面素质的提高和社会的和谐发展。传统文化有精华,也有糟粕。传统文化精华需要后人继承、弘扬,甚至需要进一步创造。对于自己的传统文化,我们有责任去继承和发展。在现代语境下回溯传统文化,重新审视具有根性意义的传统文化并取精用宏,是在文化全球化语境下保护民族文化人格的必然之举。重新审视民族传统文化,并在"取精用弘"中实现复兴,是现代反思引发的必然文化取向,也是本土文化心理渴求的结果和文化重建的内在要求。

乡村传统文化(rural traditional culture),是乡村文化的重要组成部分,是乡村文化的精华部分。从字面上看,乡村传统文化包括"乡村""传统"和"文化"三个词,涉及"传统文化""乡村文化"两大内容,甚至涉及"城市文化"(图1-2)。"文化"与"传统"之间的关系是表里关系,即传统是隐藏在内的,而文化是显露在外的。乡村传统文化生于乡村,是乡村文化的精华部分。从地域空间上看,乡村传统文化集中体现在以从事农业生产为主的乡村而非城市,集中分布在风景宜人、空气清新、民风淳朴的乡村地区,并具有一定规模的人口数量、相对优越的农耕条件,在空间形态上往往以乡村的形态存在。但这并不是说,乡村传统文化只存在于乡村。实际上,在城乡两元结构分类体系下,城市文化和乡村文化之间存在着介于城市文化和乡村文化之间的第三种形态的文化,即"城镇文化"。在未完全被城市文明取代的城镇,乡村传统文化虽然不如乡村地区那么典型,但其部分或大部分有所体现。概言之,乡村传统文化集中分布在乡村地区,以及未完全市民化的城镇地区。从主体内容上看,乡村传统文化不同于城市文化、现代文化,以乡村文化中能够体现先人智慧和精髓为主体内容,是乡村地区世代相传的各种传统主体形式,如传统聚落形制、传统居住特色、传统农耕模式以及附加在生活生产行为之上的思想、情感、道德、风俗、艺术、制度等。从文化构成上看,乡村传统文化有体现特定历史时期的特征的标志性符号、元素、典故。这些文化标签不仅在当时极为盛行、广泛使用,成为文化繁荣的重要标识,而且被后世津津乐道、引以为傲、乐于传承。

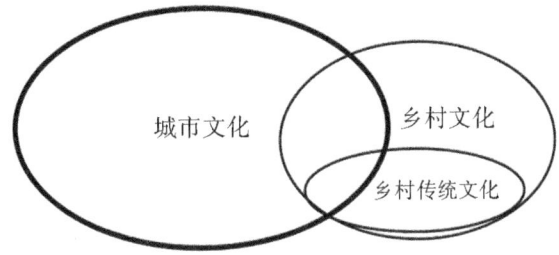

图1-2 城市文化、乡村文化与乡村传统文化空间关系

二、乡村传统文化的基本特征

乡村传统文化是在乡村特定的地理环境、社会经济和历史条件下形成和发展起来的。相对于其他文化而言,绵延数千年的中国乡村传统文化具有自然淳朴性、宗法伦理性、传承稳定性、地域多样性、乡土情结性和时代发展性等特点。

(一)自然淳朴性

乡村文化产生和存在于乡村独特的自然生态环境中。在长期的生产和生活过程中,先辈们的智慧结晶——代代相传的民间故事、谚语、民间禁忌、庙会祭祀、地方戏曲等,是村民对天、对地、对自然甚至对自己的认知和感悟,是"天人合一"人地关系融合的结果,表现出自然、淳朴、纯粹而独到的品格。这种魅力无穷的乡土风情、自然古朴的村貌和农村生活生产场景,形成了独特的乡村文化价值,以及乡村淳朴、善良、勤劳、忠厚、坚韧的价值情怀。

(二)宗法伦理性

在农业生产力相对低下的传统农耕时代,为应对频繁的自然灾害和人为祸患,乡村逐渐形成了以血缘、地缘、亲缘关系为纽带,以家庭、家族为组织的社会结构。在长期的共同生产生活过程中,这种注重家族血缘关系和地缘、亲缘情谊的生活模式,养成了村民重视家庭、注重家族和宗族观念的习惯。在家族和宗族内,以血缘为纽带的村民们重人伦、重情义,把父慈子孝、兄友弟恭、夫妻恩爱、邻里和睦、谦恭诚实、安居乐业视为人伦关系的最高境界,并将其纳入族规,作为族人生产生活、为人处世的基本规范和系列准则,表现出乡村治理的宗法伦理特性。

(三)传承稳定性

我国乡村社会经过了几千年的发展历程,乡村特有的自然环境和社会经济环境孕育了独特的乡村传统文化。乡村传统文化是数百年甚至上千年来乡村先辈们集体智慧的结晶,是乡村文化的精华部分,在相当长的历史时期内具有一定的稳定性,得到了社会的广泛认可。无论风云如何变幻,乡村文化都能代代相传。在同一地域,人们通过口口相传、言传身教、文字传承等形式,使乡村传统文化得以存续和发展。至今,乡村仍保留着许多传统风俗。如"端午""中秋"等中国传统节日,历经千年传承,未曾改变。每到端午节,无论是北方还是南方农村,人们纷纷包粽子、吃粽子;到了中秋节,吃月饼、赏明月则成了农村人的习惯性动作。

(四)地域多样性

我国疆域辽阔,自然和人文地理环境复杂多样。在地质、地貌、气候、水文、土壤、生物等自然地理和生态环境因素,以及社会、经济、政治、历史等社会环境因素的综合影响下,乡村地域特点鲜明。"生于斯,长于斯",根植于特定自然、人文、地理环境中的乡村传统文化,也深深地打上了地域的烙印,具有明显的地域性特点。因地域阻隔,交通不便,"十里不同乡,百里不同俗"。不同地域和不同地理环境下的乡村居民表现出不同的生产生活方式,形成了千差万别又各具特色的饮食起居、耕作方式、民间习俗和传统曲艺以及不同的精神气质、思想观念和价值取向。

(五)乡土情结性

乡土情结是传统乡村社会最突出的特点。在以自给自足的自然经济为主的传统农耕时代,村民们世代居住和生活在农村,以农业生产为本,以农业为主要生活来源和谋生手段,长期生活在相对封闭的环境之中。村民们满足于自食其力和安于现状,视野相对狭窄,不够开阔,表现出文化视野的局限性。村民们对给予自己生命和生活来源、陪伴自己茁壮成长的家乡的一山一水和一草一木都怀有深厚的感情,容易形成深厚的乡土情结、乡愁情怀和乡土观念。"小富即安""重土难迁",正是乡土情结的重要体现。

(六)时代发展性

乡村传统文化的存在和发展一般都与特定时代的政治、经济、社会、文化有着密切的关系,反映了特定时空下村民们对人地关系的主观认识、基本判断,具有历史性。乡村传统文化并不是一成不变的:当社会、政治、经济、环境等条件发生变化时,虽然乡村传统文化的精髓不变,但其内容、表现形式会随之发生变化。如改革开放以来,中国乡村文化在继承优秀传统文化的同时,也吸收了大量的外来文化、城市文明,村民不再因循守旧、墨守成规,视野更加开阔、思想更加开放,表现出愿意接纳外来优秀文化、紧跟时代、敢做时代新人的开放包容和开拓进取精神。换言之,乡村传统文化融入了现代元素和外来文化符号,表现出时代发展性。

三、乡村传统文化的基因构成

乡村传统文化是传统文化的来源,是乡村居民在农业生产与生活实践中逐步形成并发展起来的道德情感、社会心理、风俗习惯、是非标准、行为方式、理想追求等,是乡村文化的重要组成部分,也是乡村居民赖以生存的精神依托和意义所在,反映了乡村居民的处事原则、人生理想以及对社会的认知模式。乡村传统文化在地域上是指那些展现乡村意境的因素,例如自然村貌、农家摆设、传统节日、红白喜事、庙会祭祀、地方戏曲、农家菜谱、传说谚语、民间禁忌等。这些因素随着历史的变迁和地域差异而变化,展示着魅力无穷的乡土风情,体现了具有农家韵味的乡村意境。

乡村传统文化基因是乡村传统文化的基本单位,是乡村传统文化可传承的基本因子。是乡村文化系统的遗传密码,其核心是思维方式和价值观念——通过物质载体得以表现,是游离于意识形态和物质形态文化之间的活跃因子。在长期的历史发展过程中,乡村传统文化基因会逐渐形成相对稳定的、具有自身特质的文化基因库和基因谱系。本书遵循文化的三分法原则,按文化基因谱系,将乡村传统文化划分为物质文化、制度文化和精神文化三类,在此基础上再逐一细分(图1-3)。

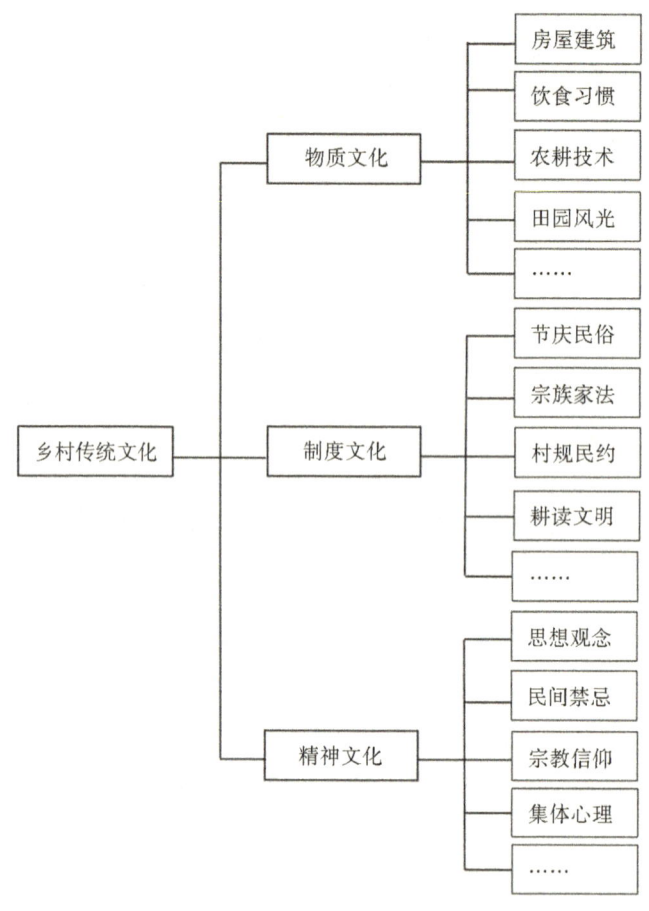

图1-3 乡村传统文化基因图谱

(一)乡村传统物质文化

乡村传统物质文化,是乡村居民在长期的生产生活中创造的、从历史时期传承下来的文化要素或者文化景观的物质表现,涉及乡村生活生产活动中形成的传统物质产品、创造方式及其背后所蕴含的文化,包括一般农业产品、手工业产品、建筑和街巷、特色产品、民俗物品等,也包括物质产品的生产技术和工艺。乡村传统物质文化以有形的物质为载体,突出彰显乡村特色、乡村传统生活生产习惯,是乡村传统文化中最明显、最直观、最表层的文化形式。文化形式包括聚落文化、农耕文化、饮食文化等,包括房屋建筑、庭院街巷、饮食习惯、农耕技术、田园风光等。

(二)乡村传统制度文化

乡村传统制度文化,是指乡村在长期的历史发展过程中为了维护正常的生产生活而约定俗成的道德规范和社会制度。这些制度文化既包括乡村传统节日庆典、民俗活动,也包括宗族血缘关系在内的宗族制度文化,如族规、家法。在村落层面,乡村制度文化表现为乡村秩序、基本礼仪、既有俗规、关系准则等,表现为村规民约。在社会制度层面,乡村传统文化表现为特定社会制度下的村民谋取更好出路的诉求。如,在科举制下的"耕读文化"中,年轻人考取功名、走上仕途,既可以改变自身命运,又可以荫及子孙、福及整个家族。又如,在"商贸文化"中,部分地区的村民摆脱了农耕生产,专门从事手工业或经商。总之,乡村传统制度文化以有形的规章制度和无形的道德规范为载体,突出彰显乡村生活生产自律与自治特色,是乡村传统文化中最具魅力、最具地方特色的文化形式。乡村传统制度文化可通过一定的仪式和形式呈现,看得见、可参与、能体验。

(三) 乡村传统精神文化

乡村传统精神文化,是潜藏在物质文化和制度文化更深处的文化,是物质文化以及制度文化的深层次反映,是乡村生产生活方式的一个映射。主要表现在村民的思想观念、民间禁忌、宗教信仰与集体心理上。其中,思想观念是乡村居民人生观、价值观等精神文化的初级体现,是乡村居民为人处世的基本出发点和指挥棒。民间禁忌是乡村村民长期处于人地矛盾关系中维系特色生产生活方式所形成的风俗习惯。宗教信仰则是特定地域的乡村居民在信仰上的集中体现。无论是"道教文化"还是"佛教文化",既是特定地域乡村精神文化深层次内涵的外在表现,也是乡村精神文化多元化的集中反映。集体心理是指长期的自然、人文环境影响下,村民内部相互影响所表现出来的极具特色的地域心理。乡村传统精神文化大多处于未加工、原生态、纯粹的状态,是乡村价值观念、伦理道德的集体记忆。

四、乡村传统文化的主要功能

乡村社会是中国文化的发源地和摇篮。在乡村社会发展和变迁的过程中,乡村传统文化对乡村人居环境、社会治理及个人家庭的发展具有十分重要的意义。在时间、空间和结构三个维度上,乡村传统文化在乡村社会具有传承文化知识、规范个体行为、维系社会稳定和促进和谐发展等功能。

(一) 传承乡村文化知识

乡村文化中非常重要的内容是其传承的大量的人文、科学知识。相对封闭的乡村社会有着独特而完整的运行机制,大到宗族祭祀,小到日常生活,这种特殊的规范和制度无处不在。乡村社会的规范、制度、习俗等都是地方文化的重要组成部分,而乡村文化阶层正是这些文化知识的拥有者。以民间医药为例,由于岭南过于湿热,虫害频发,常常危及村民的生命安全。为了在这个地区安全地生存和繁衍,人们逐渐形成了研制中草药的传统。而会配制中草药的人通常会因为救死扶伤的功绩为村民所敬仰。由于乡村文化阶层所掌握的地方文化知识与村落民众的日常生产生活紧密相关,因此,他们也担负起传承地方文化知识的责任。首先,乡村文化阶层实际上是作为乡村地方文化知识的载体而存在的。他们保留着传统的医药、器乐等物质文化,保留着传说、戏曲艺术和书法等非物质文化。其次,社会在变迁,乡村文化阶层的人也在不断改变,旧的成员为了将这些知识保留和传承下来,需要选择传承的人员和传承的途径。而且在传承的过程中,这些知识也会被不断补充、扩展和改变,以适应社会的需求。

(二)规范乡村居民行为

乡村传统文化是村民在互动的过程中逐渐形成的共同的生活生产方式和价值观念体系。乡村传统文化具有稳定的价值理念,得到了村民的普遍认可。乡村传统文化主要通过将传统文化的价值理念内化在人们心中,形成个人的世界观、人生观和价值观,塑造着村民对外部环境的价值判断和自身的行为取向,对自身的行为进行选择、对村庄的事务进行评判、对他人的行为造成影响,进而起到规范个体行为的作用。乡村传统文化在为乡村居民提供一整套价值观、行为模式的标准和规则的同时,又通过多种形式、多种途径教育和引导村民注重个体行为。每个个体在乡村社区生活和生产过程中通过自觉接受并遵循这些准则,来避免给自己和家人带来不必要的麻烦。在乡村,这种传统文化对村民个体行为的规范作用很常见,比如:耕作农具、饮食器具、生活用品等器物文化,决定了人们在衣食住行中的行为取舍;政治制度、经济制度、伦理制度、家族制度等社会规范,成为村民做出行为决策的原则;风俗习惯、礼俗文化等软性规则,成为村民维系社会关系的重要规则。如果某个地域的村落重礼守信,则会塑造重义重礼的村民群体;好义轻利,则会塑造乐于助人、相互帮扶的村民群体。

(三)维系乡村社会稳定

乡村传统文化发挥着稳定村民、维系社会稳定的重要作用。在乡村,以血缘、地缘为中心形成的共同体在漫长的时空演变过程中,形成了独具特色的乡村地域共同体。通过制度文化,乡村地域共同体将村民和村庄资源整合在一起;传统文化不但决定了村民行为的取舍,更决定了乡村地域共同体的发展方向;器物文化、制度文化、行为方式和思想观念,由表及里地渗透在乡村地域共同体的各个方面,维系着乡村治理的稳定。不同的乡村地域共同体由于文化的差异性会做出不同的取舍,形成了丰富多彩的村落整合模式。乡村传统文化形成的社会规范决定着村落共同的运作模式、资源分配、群体布局。基于血缘、地缘形成的尊卑、长幼和亲疏关系,通过村落中的许多活动(仪式)得以彰显或强化。在仪式中,乡村文化阶层将孝敬长辈、夫妻恩爱、邻里和睦等道德规范传播开来,从而使得维护村落稳定的社会规范得以传承。而儒家的核心价值观——仁、义、礼、智、信、忠、孝、廉、耻等传统观念深深扎根。他们绝大多数忠厚正直、长幼有序,在处理人与人之间的关系时,以和为贵,互帮互助,互相谦让。尤其是邻里之间,更有一种"出入相友,守望相助,疾病相扶持"的互帮互助的良好风气,具有淳朴勤奋、吃苦肯干、坚韧不拔、顽强拼搏的精神。

（四）促进乡村和谐发展

乡村社区所形成的共同价值体系和文明行动,在减少村民彼此的观念冲突、加强村民间的团结、稳定乡村社区秩序的同时,还能起到整合乡村资源、优化乡村社区环境、促进乡村和谐发展的功能。如乡村公共文化活动的开展不仅可以使村民开阔视野、增长见识,也使得社区呈现出积极健康的生活氛围。乡村传统文化非常注重人与自然的和谐,强调"天人合一",主张尊重自然、效法天地,形成人与自然和谐相处的生态伦理精神。在传统农耕时代,乡村居民以农耕为本,乡村通过村规民约、民间禁忌、信仰等文化形式,在村落营造一种人人尊重自然、敬畏自然、感恩自然,行为合乎自然规律和法则的风气,乡村自然环境、生态环境得到保护。当然,乡村尊重自然、追求人与自然和谐相处的生态伦理精神,也让居民们享受到了自然生态环境受到保护所带来的恩惠,过上了相对富裕的生活。

五、小结

乡村传统文化生长于乡村,是在乡村特定的地理环境、社会经济和历史条件下形成和发展起来的,是乡村文化的精华部分。乡村传统文化在空间上集中分布在乡村地区,以及未完全市民化的城镇地区。不同于城市文化、现代文化,乡村传统文化是以乡村文化中能够体现先人智慧和精髓为核心和主体内容,以能够体现特定历史时期乡村特色的标志性符号、元素、典故为文化标签。相对于其他文化而言,绵延千年的乡村传统文化具有自然淳朴性、宗法伦理性、传承稳定性、地域多样性、乡土情结性和时代发展性等特点。乡村居民在农业生产与生活实践中逐步形成并发展起来的道德情感、社会心理、风俗习惯、是非标准、行为方式、理想追求,是乡村文化的重要组成部分,也是乡村居民赖以生存的精神依托和意义所在,反映了乡村居民的处事原则、人生理想以及对社会的认知模式。随着历史的变迁和地域差异的变化,乡村传统文化展示着魅力无穷的乡土风情,体现了农家韵味的乡村意境。乡村传统文化基因是乡村传统文化的基本单位,是乡村传统文化可传承的基本因子。在长期的历史发展过程中,乡村传统文化基因会逐渐形成相对稳定的、具有自身特质的文化基因库和基因谱系。在乡村,乡村传统文化对乡村人居环境、社会治理及个人家庭的发展具有十分重要的意义。在时间、空间和结构三个维度上,乡村传统文化对乡村社会起到传承文化知识、规范个体行为、维系社会稳定和促进和谐发展的作用。

参考文献

[1]冯辉.文化概论[M].北京:中国言实出版社,2014.

[2]普洛格,贝茨.文化演进与人类行为[M].吴爱明,邓勇,译.沈阳:辽宁人民出版社,1988.

[3]陈经纬.文化的本质[M].长沙:湖南人民出版社,2007.

[4]赵荣,王恩涌,张小林,等.人文地理学[M].第2版.北京:高等教育出版社,2006.

[5]周尚意,孔翔,朱竑.文化地理学[M].北京:高等教育出版社,2004.

[6]张位中.国内古城镇旅游可持续发展理论模式研究:基于文化空间与场所精神理论[J].城市发展研究,2014,21(10):13-16.

[7]吴必虎.中国文化区的形成与划分[J].学术月刊,1996(3):10-15.

[8]张小林.乡村概念辨析[J].地理学报,1998(4):79-85.

[9]刘冠生.城市、城镇、农村、乡村概念的理解与使用问题[J].山东理工大学学报(社会科学版),2005(1):54-57.

[10]王洁钢.农村、乡村概念比较的社会学意义[J].学术论坛,2001(2):126-129.

[11]胡晓亮,李红波,张小林,等.乡村概念再认知[J].地理学报,2020,75(2):398-409.

[12]孙晓.乡村文化视阈下的乡村旅游开发研究[J].安徽农业科学,2011,39(31):19281-19282.

[13]刘正阳.乡村文化的传承与保护[J].人民论坛,2018(21):130-131.

[14]赵霞.乡村文化的秩序转型与价值重建[D].石家庄:河北师范大学,2012.

[15]张慧艳.乡村传统文化的保护和传承[J].乡村科技,2016(20):64.

[16]闫晓昀.为何传统?何为传统:当前语境下重审传统文化的必要性及其概念辨析[J].东方论坛,2016(6):71-76.

[17]王连荪.传统文化与现代文化在概念上的哲学辨析[J].才智,2012(23):168.

[18]李海晶.习近平的传统文化观研究[D].南昌:南昌大学,2016.

[19]田青.中国传统文化内涵探析[J].遗产与保护研究,2016,1(3):109-112.

[20]王芳.浅谈对"传统文化"概念的哲学思考[J].河套大学学报,2008(3):18-19,22.

[21]邢琳.论乡村传统文化软实力的发掘与提升[J].许昌学院学报,2016,35(4):122-125.

[22]张梦洁,黎昕.美丽乡村建设中的文化保护与传承路径探究[J].内蒙古农业大学学报(社会科学版),2015(6):11-15.

[23]陈锡文.充分发挥乡村传承优秀传统文化的功能[N].北京日报,2019-02-25(18).

[24]黄雨恒,段会冬.论华南地区乡村文化阶层的社会教化功能[J].时代教育(教育教学),2011(3):274.

[25]加芬芬.传统文化复兴与村庄文化功能优化[J].探索,2019(2):181-192.

[26]费孝通.乡土中国 生育制度[M].北京:北京大学出版社,1998.

[27]孟轲.孟子[M].太原:山西古籍出版社,1999.

[28]朱金元,熊月之.传统文化ABC[M].济南:山东友谊出版社,1996.

[29]张荣冠,龙先颐.乡村传统文化的传承与振兴[J].贵州民族研究,2019,40(10):83-88.

[30]沈小勇.传承与延展:乡村社会变迁下的文化自觉[J].社会科学战线,2009,168(6):241-243.

[31]李佐龙.基于地域文化传承的乡村空间设计研究:以石河村为例[D].哈尔滨:哈尔滨工业大学,2018.

第二章 韶关乡村传统文化发展脉络

韶关地处广东省北部、粤湘赣三省交界处,位于南岭山区。境内地形以山地、丘陵和盆地为主,河溪纵横,自然环境优越,以亚热带季风气候类型为主,矿产、森林资源丰富。利用独特的地理位置和优越的自然条件,韶关人民在此生存、繁衍、奋斗,生生不息,塑造了韶关悠久的历史,也给后人留下了光辉灿烂的历史文化。史前时期的马坝文化,新石器时代的石峡文化,融入中原之前的南越文化,封建时期的农耕文化、矿冶文化、商贸文化,建设生态文明以来以善美韶关为主题的韶文化,是韶关人民适应环境的结果,彰显了韶关人民的智慧,是韶关不可或缺的精神财富。

一、远古文明时期

(一)马坝文化

据说,早在十多万年前,韶关一带就有人类活动。1958年5月,当地农民在韶关曲江县(现曲江区)马坝镇西南部的狮子岩石洞内挖出了许多灰白色的骨骼化石。当年8月,在狮子岩二号洞,发现了一个像乌龟壳一样的化石,经专家确认为古人类头盖骨化石。9月,中国科学院的裴文中、吴汝康等著名专家教授会同广州有关专家对出土的古人类头盖骨化石及其出土地点进行了复查,并将其正式命名为"马坝人"。据有关专家测算,马坝人生活在距今13万至14万年前的中更新世末或晚更新世初,属于早期智人。马坝人以原始群居形式生活在韶关曲江一带,能够制造和利用一些简易的石具、木具,以狩猎、捕捞为生,能够利用火种照明、取暖、烤制食物。马坝人头盖骨的发现,不仅丰富了我国早期智人的化石材料,还扩大了我国早期智人的分布范围,填补了地区上和我国华南人类进化系统上的空白(梁健、何露,2008)。

(二)石峡文化

在曲江狮子岩的狮头岩和狮尾岩之间,有被称为"石峡"的开阔台地,当地老百姓将其开垦为梯田。1972年冬,曲江县文化馆在石峡梯田发现了大量新石器时代的陶片、石器和红烧土。后经广东省博物馆专家复查、试掘,该遗址范围扩大到3万平方米。据专家分析,石峡遗址保存了自新石器时代晚期的前石峡文化遗存、石峡文化遗存、石峡中文化层到石峡上文化层四个完整的文化遗存层,时间跨度为距今6000—5000年到春秋时期。文化遗存有以绳纹装饰的陶器和以几何印纹为主的凹底陶器,制陶技术已较娴熟;种类繁多的磨制石器以及钺、镞、锥、匕首等小型青铜器的出土说明,新石器时代和青铜文化遗存特征明显。

在石峡遗址,考古人员先后出土陶器1100多件、石器1000余件、装饰品160多件,清理墓葬100余座,出土各类随葬品2000余件,以及已炭化的稻谷、米粒、山枣核、桃核及大量的灰坑、柱洞、窑址、灶坑、红烧土、房址等文化遗存。这反映了居住在曲江狮子岩一带的先民们,已开始由狩猎、采集、捕鱼为主的原始群聚生活模式,向原始农业耕作模式转变。这一带出现了人工栽培水稻技术,也有部分人专门从事石器、玉器等精美器具和装饰品的生产,农业、手工业得以发展。与此同时,大型房址、氏族墓葬区等空间功能分区以及社会阶级也开始出现。

石峡文化对岭南地区乃至中国文化意义重大,影响深远。中国社会科学院考古研究所教授吴汝祚认为,石峡文化是岭南地区史前文化中的一种重要文化。石峡文化是一个"已跨入了文化门槛"的人类文化遗存。石峡文化"为我们进一步探索岭南地区从原始社会到秦汉以前的社会文化的发展找到了一把重要的钥匙,还为我们探索这一地区文化社会发展诸阶段与我国其他诸文化发达地区之间的关系找到一个重要的环节"(苏秉琦,1978)。石峡文化遗存及其独特的自然地理环境和人文关系,是韶关乡村传统文化重要的根,为后人研究韶关乡村传统文化提供了极其珍贵的自然土壤和人文资料。

(三)南越文化

先秦时期岭南两广是"百越"杂处的所谓"蛮夷之地"。秦统一岭南后,韶关归属南海郡管辖。秦在岭南越地执行对越人优抚和以越制越的政策,一方面注意与越人搞好关系;另一方面,在岭南各地大张旗鼓地修筑"新道"。相关研究认为,秦在韶关修建了至少三条"新道":一条经横浦关(今梅关)到江西与赣江水道相接,这条新道大概就是唐代诗人张九龄所说的"岭东废路";一条经今南雄乌迳出江西,即后来所谓的乌迳古道;另一条通过浈江支流锦江,在今仁化城口出湖南。在武江上游,至少也修建了一条新道,即后来的"西京古道"乐昌罗家渡至湖南一段。总之,新道是水陆兼程的通越交通要道,加强了中原和岭南的联系,也加强了秦朝中央集权对岭南的控制,客观上促进了岭南政治、文化、经济的发展。此外,为巩固秦在岭南的统治,除南征的大部分秦军留戍岭南外,秦始皇还先后强制迁徙了三批中原人民落籍岭南。这些"与越杂处"的中原人,给越人带来了新的生产技术和文化风俗,同时促进了岭南汉越民族融合,加速岭南融入中华大家庭的进程。

秦末,赵佗凭借险峻的岭南关隘要塞,自立为"南越武王",建立南越国。南越国在赵佗当政的近七十年间,一方面积极推行汉越民族融合的政策,如任用越人官吏,尊重越人的习俗,甚至赵佗也穿越装,自称"蛮夷大长";另一方面,积极与汉朝交往,如在边境设立"关市",以南越特产交换中原"金铁田器",发展生产。境内各民族间的隔阂开始消除,人民和谐相处。如:仁化城口"秦关",成为粤湘两省边境"食盐""山珍"和"海味"集中交易的场所；本属于岭口要塞和战略要地的乐昌"任嚣城（赵佗城）"，迅速发展成重要的城镇。

南越立国之初，长期奉行"尊汉"政策，积极与汉朝加强经济联系和贸易交往。源于与中原地区经济、社会和文化交流的不断深入，南越文化特性无论是在器物用具上，还是在制度文化如行政设置、典章制度等方面都力求与汉朝相同，表现出与汉文化的趋同性。随着岭南社会封建化程度进一步加深，南越文化与中原文化的差异逐步缩小。当然，在汉文化占据主导地位之后，南越文化的某些因素仍顽强存在，表现出地方文化的独特性。如，在北部边关重镇乐昌距"赵佗城"仅一公里的对面山中，出土了大量西汉早期墓葬陪葬品——与中原汉墓出土物件没有明显的区别。越文化所特有的器物，如五联罐等，在少数墓葬中仍能见到。

二、农耕文明时期

（一）耕读文化

自春秋战国以来，中原地区进入以农业为主、自给自足的封建社会，举国上下受儒家思想影响，各地形成了颇具特色的耕读文化。耕读文化中的"耕"指农耕，即从事农业劳动；"读"即读书，读圣贤书。"耕"是农民生活之源，"读"是士人立命之本。"耕"可以事稼穑、丰五谷，养家糊口，以立性命；"读"可以知诗书、达礼义，修身养性，以立高德。耕读不仅是一种半耕半读的生活方式，更是一种高尚情怀、价值追求与文化修养。耕读文化是一种建立在农业文明基础上的日间农业劳动与夜间挑灯读书的亦耕亦读、耕读结合的文化模式。"读而废耕，饥寒交至；耕而废读，礼义遂亡"。"耕读是安身立命与治家的根本之道"，"以耕读之家为本，乃是长久之计"。中国传统耕读文化成熟于汉魏，鼎盛于唐宋。耕读文化主要通过设立书院、私塾，以儒家的"仁爱"哲学为内核，传授、学习和诵读《论语》《孟子》《大学》《中庸》等儒学经典。耕读文化广泛存在于各地宗谱、家谱、族规、家风之中，存在于各地楹联、碑刻乃至传统建筑之中，并以各种传统文艺、民俗、故事、礼仪等形式，展示丰富的文化内涵。耕读文化在我国历史进程中具有深远的影响，对于促进经济发展、社会和谐与文化传承发挥着重要作用，其文化思想折射出中国由传统到现代转变的思想光辉，独具魅力，至今值得国人借鉴。

韶关位居粤北，是岭南文化与中原文化沟通交流的重要通道。在漫长的封建时期，韶关也是岭南地区最早受中原传统文化影响的地区。在春秋战国时期，韶关为"蛮夷""百越"杂处之地。随着赵佗及其南越国的建立，韶关迅速感受到了中原正统文化的影响。自汉武帝平越后，韶关百姓垦地辟田，生产积极性高，在水热条件好、土壤相对肥沃的地区，种植水稻等农作物，在山区种桑养蚕，传统农耕方式快速发展。与此同时，儒教礼制被视为教化岭南"蛮夷之邦"的有力工具。学堂开始兴办，儒学教义开始宣扬，婚丧礼制开始推行。韶关各县"修庠序之教,设婚姻之礼","设丧纪、婚姻制度,使知礼禁","定婚姻、丧纪之礼,兴立校学,以奖进之,虽干吏卑末,皆课令习读"。通过读圣贤书,百越落后的文化面貌得以改变,教育得到重视,优良传统开始传承。自此,中原传统耕读文化快速在韶关生根发芽,并结出了丰硕的成果。

一方面,韶关人掌握了一整套耕(犁)、耙、耱(耘)等精耕细作的农耕技术,农业生产的落后面貌大为改观,粮食产量、储量大增,畜牧养殖业得以发展。另一方面,韶关人亦耕亦读,日作夜读,怀揣"耕以致富,读能荣身"的朴素愿望和"胸怀天下,报效国家"的理想追求,耕读文化生生不息,"耕读传家"之风盛行。到唐代,韶关民间已有书院、书堂,作为藏书、读书的地方,如"文献公书院""邵谒书堂"等。宋代,"府学""县学"蔚然成风,并建立了正式的府学制度。有孔林书院、涵晖书院、丞相书院、濂溪书院等四大书院。韶关不仅培养了如侯安都、张偲、刘轲、张九龄、邵谒、余靖、陈璘、廖燕、张发奎等历史名人,也涌现了四士同登的盛况,如北宋天圣二年(公元1024年)有曲江人余靖、王式、黄正和翁源人梅鼎臣四士同登,南宋淳祐十年(公元1250年)有曲江人邓益孙、欧阳一麟、乐昌人谭必、邓梦荐四士同登;甚至还出现了百年望族、代代官宦的耕读之家,如仁化蒙氏家族、始兴曾氏家族。

(二)矿冶文化

韶关位于中国南岭多金属成矿带上,处于南岭东西向复杂构造带的中段,矿产资源丰富、齐全,储量大,分布广。据《韶关市志》记载:截至1987年,韶关市已发现的矿产有88种,已探明储量的矿产有55种。其中,有12种矿产储量位居全国前十位,铅、银和锌分别居全国第二、三位;铅、锌、铜、钼、钨、铋、锑、汞、铀、砷、煤、稀散金属、稀土、萤石、石灰岩、白云岩等16种矿在广东省位居第一;大理石、微榄石、硫铁矿、耐火黏土等,位列广东省第二、三位;韶关有色金属矿产在全国、全省占有举足轻重的地位,韶关因此被誉为"有色金属之乡"。

韶关采矿业历史悠久。魏晋南北朝时期,韶关丰富的矿藏,逐步被发现和开发。据史料记载,元嘉元年(公元424年)夏,韶州乐昌东北部的泠君山遇大雨,出现山体崩塌,崩塌处出现大量砾石,银光闪烁。当地居民取石烧铸而得银锭。元嘉三年(公元426年),始兴太守徐豁派人巡视辖区时,发现始兴郡有银民300余户,人口规模达1000余人,他们"凿坑采砂,皆二三丈,功役既苦,不顾崩压",说明当时银矿开采已具规模。至宋代,韶关成了当时全国最重要的原铜生产地。尤以岑水、中子铜场规模最大、产量最高,宋仁宗后期(公元1054—1063年)年产铜量一度达到1000万斤,占当时全国铜产量的93.36%。到元丰元年(公元1078年),岑水、中子两场产量达1280.8万斤,占全国实际铜产量的87.69%。可见,韶关铜矿开采冶炼当时在全国铜矿产业中占有何等重要的地位。宋代,韶关有名可考的矿冶总共有一监三十五场,这在全国是罕见的,可见宋代韶关矿冶规模之大。当然,从事矿冶的民众也不少。据史料记载,"韶被山带海,杂产五金。四方之人,弃农亩,持兵器,慕利而至者不下十万"。在宋仁宗执政期间,韶关弃农经冶的人"至十余万"。到南宋初期,韶州岑水铜场"居民至八九千家","岁采铜、铅以斤计者至数百万"。若按每户3—5人计,岑水铜场人数少则有2.4万人,多则达4.5万人,这比当时一个县的人口还要多。由此,韶关人口规模大增,人口密度超出同一时期的广东省平均水平。至唐代天宝元年(公元742年),韶州6县共有31000户,户口总数与广州、连州同为岭南道之冠。宋代元丰二年(公元1079年),粤北人口密度提升到16.8人每平方千米,高出同期的广东省平均数近6个点。

当时,韶关还开创了举世闻名的湿法炼铜工艺技术"淋铜法"(今称"湿法炼铜"或"溶浸提铜"技术),比西欧同类工艺技术要早600年左右。据国外文献报道,直到1556年,西欧才有了湿法炼铜技术。1670年,西班牙的里奥廷托才开始把湿法炼铜技术用于生产,从酸性矿坑中来回收铜。1888年,美国开始在蒙大拿州波约特铜矿的矿坑水中提取海绵铜。这不仅对中国科技发展做出了巨大贡献,也对世界金属冶炼、化工科学发展做出了巨大贡献。据《平斋文集·大冶赋》记载:"其淋铜也,经始岑水。"经勘查,韶关曲江大宝山中下层埋藏着丰富的铜矿,经长年风吹雨淋和岑水河水的冲刷,大量的硫酸亚铜渗入岑水流域的水土中,这种土被称为胆土。宋代人挖取这种胆土,用水冲洗后,得到含有硫酸亚铜的胆水;在胆水中加入铁片,让铁元素和硫酸铜发生置换反应,铁分子被消耗,铜分子被置换出来,成为粉末状,称为"赤煤";把"赤煤"投入炼炉低温炼制,即可得到胆铜。当时的岑水铜场在北宋元符三年(公元1100年)已用"淋铜法"大规模生产胆铜,按朝廷规定,每年要向朝廷缴纳80万斤胆铜。

此外,名噪一时的韶州"永通钱监"所铸钱,是当时全国三大铸钱之一。据说,公元1048年,有官员报告韶州的天兴铜场产量剧增,达到25万斤,请求就地设置钱监铸钱。这一请求得到了宋仁宗的批准。经勘查选址之后,朝廷决定在韶州西河的一个废旧古城"西州遗址"上建设新的钱监。公元1050年,钱监竣工,宋仁宗下诏赐名"永通监"。在史料记载中,韶州永通钱监是当时由国家投资的规模最大的钱监。钱监铸钱主要使用"岑水、天兴、中子"三处开采的铜矿。在试生产阶段,年产量已达100万贯,这在宋代钱监中是十分罕见的。永通钱监建立后,直到北宋末,国家铸币量直线上升:皇祐元年(公元1049年),由原来的100万贯,增长至146万贯;治平年间(公元1064—1067年),又增至170万贯;熙宁十年(公元1077年),增至383万贯;元丰三年(公元1080年)达到了顶峰,为506万贯。直到北宋末,每年铸币约300万贯。在铸币量的增长中,永通钱监贡献最为突出。元丰三年(公元1080年),永通监铸钱占全国总量的15.8%;至崇宁五年(公元1106年),永通监铸钱占全国总量的29%。永通钱监在宋代历史上存在了135年,对两宋的财政收入、金融货币体系正常运转都做出了积极的贡献,在历史发展中的作用不可磨灭。

韶关矿藏的开采、冶炼与监制，在源源不断地为全国提供货币的同时，对于繁荣经济、解决民生问题也发挥了巨大作用。韶关矿冶发展既体现了韶关矿冶工匠的聪明和智慧，也说明他们不仅熟知矿石的特性，还在长期的实践中对矿产开采、冶炼技术和工艺方法有了清晰的认识，并能够有效利用和不断创新，证明了韶关矿冶文化的深厚底蕴和辉煌成果。

（三）商贸文化

自唐宋以来，广州成为全国最主要的对外贸易港口和广东最大的商业都市。韶州处于南来北往的交通要道上，随之成为内地和外国进出口货物的集散地和转运地，商贸往来频繁，文化繁荣。当时，广州与中原各省的商品流通，大都沿北江上溯，经清远、英德至韶州府城再分走两路：一路由韶州沿浈江上溯至南雄，过大庾岭路，在江西南安府（今江西大余）经章水至赣江，而后汇入长江，再转入大运河；另一路由韶州沿武江上溯，经乐昌越骑田岭，过湖南宜章至郴州，再入湘江水系，此即所谓骑田岭郴州路。无论是洋货、南货，还是山珍、北货，翻越五岭、出入广州，均由大庾岭路和骑田岭郴州路两路输送。

明清时期，得益于大庾岭路、骑田岭路水陆联运的拉动，南雄、韶州、连州等地商贸繁荣。据《南雄府志》记载，在明代，南雄已经成为商业重镇。当时在南雄集散的南货有盐、铁、锡、糖、蒲葵制品、藤席、香料等；北货有江西的米谷、药材、瓷器和苏浙的丝、茶、棉花、棉布等。以盐为例，洪武三十年（公元1397年），广盐行销江西等地，年销1000万斤，在南雄府城通往大庾岭路的驿道沿路，聚集有221家盐店和代销行。成化至嘉靖年间（公元1473—1552年），为满足商贩往来的需要，南雄知府建"通济镇"，以方便南北货物的囤积、中转和运输。至清代，广州成为国内唯一的对外通商口岸。国内进出口货物或南下水运至广州集散、出海，或北上水运至南京、扬州转销，大都需经过大庾岭路，商贸极其繁盛。"北来车马南来船，十部梨园风吹尽""途中行旅如蚁，挤拥甚于观剧"。清代，韶关商贸达到鼎盛，韶关成了全国洋货、北货、南货的重要中转站。当时，南雄、始兴、仁化等地的烟叶、土纸等大宗商品畅销各地。广州会馆、四邑会馆、福建会馆、豫章会馆、楚南会馆、赣州会馆、兴宁会馆、惠潮嘉会馆等商业会馆林立，沙水街（今珠玑巷）、里东街、灵潭街、中站街、小岭街、新路口街、雄公嵊街等商业街市（号称"东关外七街"）涌现，出现了牙行业、旅栈业、银楼业、典当业、米行业、盐行业、中药材业、烟茶行业、布匹行业、京果行业、土纸行业、转运行业、竹木行业、饮食业等十几个商业行业，浈、武两江两岸建有近20个码头。湘、赣、闽、浙和广州等地的商人云集韶关。店铺招牌悬挂于门楣之上，十分讲究，一般以圆木雕刻，饰金美化。还有一些以某种物象做招牌，颇具特色。如药店挂膏药商标，粮店、当铺分别写上巨大的"米"字、"当"字。城内"舟车辐辏，踵接肩摩，攘攘熙熙"，沿途"商贾如云，货物如雨，万足践履，冬无寒土"，商贸甚是繁华。

据史料记载,民国十四年(公元1925年),仅南雄开设的烟行就有33家。在韶关市区民族路(今东堤横路)、民权(今东堤中路)一带开设的"纸庄""纸行"有24家。南雄黄烟、土纸、冬菇、腊鸭,曲江县的乌石红爪子、罗坑茶、冬菇、"富国煤",连县东陵的腊狗崽,连南县寨岗的香胶粉、青茶,仁化县的土纸,英德县的全尾笋干,始兴县的北菇(即冬菇),乐昌县坪石镇的陈有记辣椒酱,阳山县黎埠镇的香胶粉等,已成为当时闻名港澳地区和东南亚一带的出口商品。民国二十年(公元1931年)《南雄县志》载,南雄每年输出板鸭约20万只,冬菇10吨。民国三十年(公元1941年)《广东年鉴》载,曲江出口桐油322.2万公斤,桂油678.5公斤,猪鬃1.15万公斤,苎麻2.24万公斤,茶叶44.4万公斤,茶砖10.1万公斤,桂皮1.64万公斤,桂碎1.9万公斤。

明清时期,粤北各县设墟开市已非常流行,在粤、湘、赣边界具有一定的知名度和影响力。南雄的雄州墟,早在唐代开通大庾岭道后就已成市,经宋、明、清进一步繁荣,逐步成为南北货物的中转集散地。始兴太平墟,于明朝洪武元年(公元1368年)开始建立,名曰街坊,光绪三十一年(公元1905年)改名为太平墟,每逢农历三、六、九日为墟日。连县是广东西北边境贸易的主要集散地,到清代,已成为连阳地区的贸易活动中心,并辐射湘南、广西的邻近县。英德县的望夫冈墟,在清道光年间,有"商民铺舍数百户,杂货齐备"。此外,还有清平墟、南举墟、皇中墟、长坪墟、大墨墟、上韶墟、文化墟、布贤墟、大风墟等,与此同时,部分墟镇还出现了专业化市场,旧称行市,如米行、柴行、牛岗行、鸡鸭行、杂货行等。

源于韶州商贸的飞速发展,明代官府开始在韶州选址设立税关。韶关最早建关征税是在明天顺二年(公元1458年),由于当时每年经由北江水路运输至南雄过大庾岭路行销到江西一带的广盐近1000万斤,两广巡抚上奏朝廷获准,于南雄保昌县城南太平桥置关榷盐,叫太平桥关,亦称盐关。至明朝万历六年(公元1578年),太平桥关收盐税、铁课税等达43000两。明嘉靖二十六年(公元1547年),官府又在西门外"由楚入粤要津"设遇仙桥关,对过往船舶征收货税和船税。当时,遇仙桥关年征税定额一年下来约3000两,分淡、旺季,以冬季税额为最高,约占全年银税总额的36%左右。自天启到明末清初,遇仙桥关年税均有不同程度的增加。如天启元年(公元1621年),春、夏、冬三季各增银50至200余两不等,崇祯九年(公元1636年)每季增税额50两。清初,遇仙桥关税额初为3140两,后又"续议加增二百五十二两三钱"。

清代,太平关管辖水陆三个税口,即太平桥关〔又称东关,清康熙九年(公元1670年),太平桥税关从南雄移至韶州府城〕、遇仙桥关(又称西关)以及设于英德的浛洸税厂。不久又在韶州府城北门增置陆关一处,称早关(又称北关),收取陆路出入口货物税。民国三十年(公元1941年),国民政府在曲江增设海关,即曲江关,关址最初设在曲江马坝。民国三十一年(公元1942年)移至今韶关市区的黄田坝。曲江关及所属各分卡、支卡,都具有内地税关和沿海海关两种职能。民国时期的曲江关,按照有关税则、进出口管理条例征收关税。征税项目主要有进口税、出口税、转口税、进出口税附加税和救灾附加税以及战时消费税。

三、建设生态文明以来的韶文化

(一)生态转型

韶关拥有丰富的森林资源和独特的森林生态系统,素有"南岭生物基因库"和"珠江三角洲生态屏障"之称。全市林业用地面积、活立木蓄积量和森林覆盖率三项指标,均居广东省前列。在《全国主体功能区规划》和广东省"一核一带一区"空间发展格局中,韶关被定位为生态发展区、南岭山地森林及生物多样性生态功能区、粤北生态屏障和重要饮用水源保护区,乐昌、南雄、始兴、仁化、乳源被纳入国家重点生态功能区,社会经济发展方式面临转型。因此,韶关人民果断地承担起了生态保护责任,在加快传统工业转型升级的同时,积极发展生态农业、特色农业和旅游业,走绿色崛起和生态发展的新路,体现了韶关人民极强的大局意识和勇于牺牲、敢于担当的善美之心,为珠三角地区保护粤北生态屏障做出了积极贡献。

为适应生态发展区的功能需要,韶关各地加快了农业供给侧改革,不断优化农业结构,特色农业、高效农业和生态农业得到长足发展,韶关农业特色日益明显,无公害农产品、绿色食品和有机农产品得到大力发展,韶关农业区域品牌知名度日益提高。大农业发展新格局正在逐步形成。立足资源优势、区域农业条件,韶关市构建并依托优质水稻、优质蔬菜、优质畜禽、特色精品农业等农业产业基地,以市场需求为导向,积极发展壮大优质稻、有机蔬菜、优质畜禽、烟叶、优质鱼、特色水果、竹子等七大主导产业以及中药材、园艺花卉、油茶等特色产业,成效明显。仁化红山和城口、乐昌九峰和大源的白毛茶,曲江罗坑、新丰黄礤、乳源必背和洛阳的高山茶已形成规模。以翁源粤台农业合作试验区为核心的国兰生产基地,已成为全国最大的国兰生产基地。曲江马坝油黏米,乳源山茶油、南水三角鲂,乐昌北乡马蹄、张溪香芋、黄金奈李,仁化黄坑贡柑、白毛茶、长坝沙田柚,翁源九仙桃和三华李,始兴枇杷,南雄板鸭等100余种农产品,充分体现了韶关特色、粤北文化和现代农业科技的发展成果。2019年,省级现代农业产业园和电子商务进农村综合示范县实现县域全覆盖,走在全省前列。翁源兰花产业园纳入国家级现代农业产业园管理体系。创建国家级农业示范镇村2个、省级农业专业镇12个。新增省特色农产品优势区6个,仁化贡柑被评为中国特色农产品优势区。22家企业入选粤港澳大湾区"菜篮子"生产基地。新增省级农业名牌产品42个,连续三年全省第一;创建全国农产品区域公用品牌2个、"粤字号"名特优新品牌16个。乳源成功创建国家农产品质量安全县。

在生态发展区,旅游业被认为是发展经济、改善生活的重要途径。韶关是广东省旅游资源最丰富、旅游文化品位最高的地区之一,拥有世界级、国家级景区景点17处和省级及以下景区景点100多处,包括丹霞山、南华禅寺、珠玑巷、马坝人遗址、梅关古道、广东大峡谷、满堂客家大围、必背瑶寨等大批旅游景区。全市拥有上规模景区40个(其中国家AAAAA级景区1个,AAAA级景区9个,AAA级景区11个),有世界自然遗产和世界地质公园1个、国家级文物保护单位11个、国家自然保护区4个、国家森林公园4个、国家矿山公园2个、国家湿地公园4个。2009年,丹霞山被评为全国十大文化生态景区,并与美国泽恩国家公园缔结为国际姊妹公园;广东大峡谷成为国家AAAA级旅游景区。2010年,丹霞山作为"世界地质公园"被联合国教科文组织正式列入《世界遗产名录》。在生态环境的约束下,韶关市利用丰富的旅游资源,积极发挥已有的资源和品牌优势,积极发展生态旅游、乡村旅游和全域旅游。旅游业蓬勃发展,为韶关经济社会转型发展发挥了重要作用。在"十二五"期间,韶关游客接待人次、旅游收入分别增长13%和20%。旅游业成为战略性支柱产业。"十三五"以来,韶关实施大旅游发展战略,着力推动旅游业与第一、第二产业的融合发展,重点打造广东生态旅游休闲区、广东度假胜地和国家旅游产业集聚区,突出"大丹霞、大南华、大南岭、大珠玑、大马坝"旅游区建设,凸显名山、佛韵、温泉、风情旅游特色。在城区,以韶文化为核心的"古虞名都""矿冶名都""生态休闲之都"的三都旅游文化形象正在建立。在市域范围内,红色(革命纪念地)、绿色(自然山水)、古色(古建筑遗址)、黄色(银杏、枫叶)和蓝色(温泉漂流)"五色"和禅宗祈福游、自然生态风光游、历史文化名城游、参与性主题公园游、红色旅游和休闲度假旅游"六特"系列产品,正以人性化的服务和多样化的特色产品吸引众多的海内外游客。在乡村,充分发挥韶关市农业和旅游两个行业的优势,将韶关丰厚的人文底蕴、多样的自然景观与现代特色农业发展相融合,构建以休闲、度假需求为主要功能,包括果蔬采摘、特色餐饮、乡村休闲、农事体验、乡村娱乐、科普教育等多种产品组合的高水平农业观光项目,培育休闲观光旅游龙头企业或社区。

同时,韶关加快推进全域旅游示范区建设。2016年10月,韶关市被列入国家全域旅游示范区创建单位名单。包括丹霞山旅游区、南华禅寺旅游区、南岭国家森林公园、云门山旅游度假区在内的众多旅游区在"十三五"期间作为国家级全域旅游示范区加以建设。同年11月,仁化县、始兴县、乳源县被列入广东省首批"省级全域旅游示范区"创建单位名单。在广东省制定的《广东省贯彻落实国家〈"十三五"旅游业发展规划〉实施方案》中,韶关市丹霞山旅游区、南华禅寺旅游区、南岭国家森林公园、云门山旅游度假区等四个项目入选广东省旅游业"十三五"重点项目。至2020年末,仁化县成功入选国家第二批全域旅游示范区名单,仁化、乳源入选第二批广东省全域旅游示范区名单,南雄、始兴入选第三批广东省全域旅游示范区名单。

(二)城乡融合

韶关位于粤北山区,属于典型的山区市,总面积1.8万多平方千米,山区面积约占韶关市总面积的80%。由于自然、社会和历史原因,韶关各地社会经济发展不平衡不充分,城乡差距依然存在。为此,韶关人民积极利用国家政策,通过完善城乡交通基础设施、全面覆盖城乡公共服务设施、实现精准帮扶和乡村振兴等措施,积极推进城乡融合、城乡一体和城乡社会经济协调发展,体现了韶关政府和人民强大的责任心和使命感以及团结一致、积极上进、克难攻坚、敢于担当的善美之心。

作为经济欠发达的山区市,韶关曾以山路崎岖、交通不便而著称。因雄踞粤北,韶关历来是中国北方及长江流域与华南沿海之间最重要的陆路通道。在现代化交通出现之前,西京古道、梅关古道等陆上通道和浈江、武江及北江水运发挥了关键作用。随着粤汉铁路、京广铁路的通车,韶关古道和水运逐渐由繁荣走向衰落。当前,完善的现代化交通体系已成为地区社会经济发展的基础和前提。韶关人民利用国家政策,加快了以高速铁路、高速公路、民航为骨架的现代化交通体系建设,为建设国家铁路枢纽城市、粤湘赣区域性交通枢纽和广东省航空线网贡献了智慧和力量。与此同时,韶关人民积极推进以公路为主体的交通网络向乡村延伸,实现村村通,并在此基础上努力构建城乡交通一体化网络,服务居民出行和城乡社会经济发展。目前,韶关已形成以京广铁路、武广高铁、京珠高速、韶赣高速为主骨架,国道、省道为干线,县、乡公路为脉络,内接珠三角、外连周边省的四通八达的陆上交通运输网。韶关是粤港澳辐射内陆腹地的"桥头堡"和"广货北上"的战略通道,在南融珠三角、北联湘赣、东承海西、西拓西南中发挥了交通枢纽作用,在泛珠三角经济合作圈中,成为承东启西、沟通南北的陆上交通枢纽。此外,韶关新港(大坑口港区)、北江航道、武江航道整治等系列重大项目的推进,以及韶关丹霞机场、南雄机场的筹建复航进入议事日程。至2020年,我市已基本形成以"六高四铁两航"①为骨架的综合交通运输体系,并通过综合运输枢纽使各种运输方式形成有机整体。韶关市将合理地组织多种方式的联运,充分挖掘和发挥各种运输方式的最大运输效能,进一步完善综合运输体系,实现运输过程的"无缝衔接"和"零距离换乘",促进运输过程一体化发展。这对于促进韶关旅游业的发展和老工业基地的产业转型升级,促进粤北地区的对外开放和振兴发展,具有十分重要的意义。与此同时,韶关进一步加大了城乡公路建设,争取资金积极推进县(城)—乡(镇)通路、乡(镇)—乡(镇)通路、行政村—自然村通路,公路通车里程逐渐增加,公路覆盖范围逐渐增大,公路密度和通达度进一步加大。以"十二五"期间为例,至2015年末全市公路通车里程16043千米,为2010年的1.17倍;公路密度的均值为88千米/百平方千米,人均值为48.8千米/万人,分别是2010年的1.17和1.16倍;通公路乡镇数达104个,通公路行政村达1428个②,实现了村村通公路。

---

① "六高"是指京港澳、广乐、韶赣、大广、汕昆、武深高速公路;"四铁"是指京广、武广、韶赣和韶柳铁路;"两航"为北江航道和韶关机场。

② 资料来源:《韶关年鉴2011》《韶关年鉴2016》。

长期以来,韶关致力于九年义务教育、城乡基本医疗保险、公共文化服务、城乡卫生服务网络、保障性住房等方面的建设,取得了长足的进步。韶关是粤东西北地区首个省教育强县(市、区)全覆盖的省教育强市。"十二五"期间,韶关全力推进教育创强争先,率先在全省山区市普及十五年基础教育,实现省教育强县(市、区)和国家义务教育发展基本均衡县(市、区)全覆盖;完成第三次全国文物普查和各项文化惠民工程任务,19个项目入选国家级或省级非物质文化遗产名录;成功承办广东国际旅游文化节、禅宗六祖文化节、2015年中国佛教讲经交流会,成功创建第九届全国双拥模范城,成为全省首批"全国文明城市提名资格"地级市;基本养老保险制度改革进一步深化。在市级统筹框架下,新型农村养老保险制度开始建立,社会保障体系进一步健全,民生福祉得到改善。2015年末,参加基本养老保险者67.8万人,参加基本医疗保险者283.5万人,参加城乡居民社会养老保险者91.1万人。基本养老保险参保人数为2010年的1.7倍。"十三五"期末,红色教育基地、红军长征粤北纪念馆、广东南岭干部学院及10个县级公共文化场馆、71间风度书房、1430个基层综合性文化服务中心建成并投入使用,进一步提升了韶关的美誉度和知名度,增强了韶关的文化凝聚力和影响力。韶关在粤东西北率先创建成为省推进教育现代化先进市。基本医疗保险参保率提高至98.9%,城乡居民大病保险报销比例提高至75%。群众安全感居全省前列。

　　保障性住房建设是事关民生和拉动经济增长的一项长期而艰巨的工作。韶关充分结合本市实际,制定了一系列政策文件,加大保障性安居工程土地供给,拓宽资金筹集渠道和房源筹措渠道,加强保障性住房管理和制度体系建设,住房保障事业取得巨大发展。"十二五"期间,韶关基本上形成由廉租房、公共租赁住房、经济适用房、限价房和棚改安置房构成的城镇保障性住房供应体系。全市城镇保障性住房覆盖率约为11.5%,保障性住房人均居住建筑面积约为23平方米。农村居住条件大幅度改善,2015年,农村居民卫生厕所普及率为96.7%。2019年,拆除农村破旧泥砖房66.3万间共1631.7万平方米,搬迁"两不具备"贫困村庄277个。农村面貌发生根本性变化。

　　城乡居民福祉整体提升。近年来,韶关市出台了一系列便民、利民、惠民、富民的政策,在就业、增收和脱贫等方面,实现精准帮扶,给人民群众带来真真切切的实惠。在就业方面,韶关市在鼓励企业吸纳下岗人员再就业、帮助下岗人员自谋职业或自主创业、促进城乡劳动技能培训和转移就业、降低企业负担等诸多方面出台了许多相关政策促进就业。2016年,韶关城镇新增就业人数3.48万人,城镇失业人员再就业2.97万人,其中就业困难人员再就业2666人。城镇登记失业率2.45%,比上年下降0.01个百分点。全市居民人均可支配收入约2万元,增长10.1%。其中:城镇居民人均可支配收入2.59万元,增长10%;农村居民人均纯收入12790元,增长10.2%;城镇和农村居民人均可支配收入分别是2010年的1.81倍、2.02倍。城乡居民收入比由2010年的2.26:1减少到

2.02∶1,城乡居民收入整体增加且差距进一步缩小。居民家庭食品消费支出占消费总支出的比重(恩格尔系数)为38.5%,比上年下降0.5个百分点,居民幸福指数大幅提升。至"十三五"末,韶关城乡居民人均可支配收入达2.73万元。

"小康不小康,关键看老乡"。至2018年上半年,韶关市有省定相对贫困村278个,相对贫困户3.49万户8.99万人。其中:有劳动能力的1.91万户6.62万人,占比54.73%;无劳动能力的1.58万户2.37万人,占比45.27%,贫困发生率为4.95%。脱贫攻坚和乡村振兴任务艰巨。然而,韶关人民并未退缩,而是以崇高的使命感、责任感积极主动加入精准扶贫、脱贫攻坚战当中,并通过创新实践,摸索出了脱贫致富的"六种帮扶"模式①。2016年,韶关市获得广东省委省政府脱贫攻坚工作通报表扬,在全省综合评价较好的地级市中位列第一。2017年,韶关市在全面复制推广"六种帮扶模式"的同时,通过谋划一批产业、培育一批主体、筹措一批资金、提供一批服务、打造一批品牌、探索一批机制等"六个一批",同奏贫困村户产业精准扶贫"攻坚曲"。2016年,全年落实帮扶资金5.8亿元、落实贫困村帮扶项目1674个,贫困村集体经济平均收入3.3万元,贫困户人均纯收入6725.4元。2017年,韶关市被新华社半月谈杂志社评为中国扶贫榜样优秀案例之"十佳精准扶贫创新城市"。2019年,韶关扶贫工作考核综合成绩名列全省第一。至2020年末,韶关全市278个省定贫困村和32376户82823名贫困人口全部脱贫。

(三)和谐发展

党的十八大以来,国际国内环境发生了重大变化。"粤港澳大湾区"成为国家发展战略。为更好地推进粤港澳大湾区建设,广东推出了《广深科技创新走廊规划》,力图将广深科技创新走廊建设成为粤港澳大湾区国际科技创新中心的主要承载区,对标美国硅谷、波士顿地区,打造成中国"硅谷"。为此,韶关政府和人民审时度势,利用共建"一带一路"和建设"粤港澳大湾区"的契机,提出积极对接"一带一路"倡议、主动融入珠三角、融入粤港澳大湾区的发展思路,着力打造珠三角融合发展区、国家生态文明先行示范区、"一带一路"重要节点城市、珠江西岸先进装备制造业产业带配套区、珠三角生态休闲区和珠三角连接内陆腹地桥头堡。韶关人民以更开放、更包容、更和谐的善美之心,迎接社会经济发展的新时代。

1. 借势发展:落实"一带一路"倡议

2013年9月和10月,国家主席习近平在出访中亚和东南亚国家期间,先后提出共建"丝绸之路经济带"和"21世纪海上丝绸之路"(简称"一带一路")。韶关旅游产业正在"一带一路"倡议中谋求新的发展。2015年3月,国家发改委、外交部、商务部联合发布

---

① 即"农村改革+美丽乡村+基层建设"整村推进模式、"互联网+电商+股份合作社"模式、"产业+金融"模式、"党建+致富能手+外出乡贤"模式、"行业组织+社会力量"模式和"旅游+教育+产业"模式。

《推动共建丝绸之路经济带和21世纪海上丝绸之路的愿景与行动》,从时代背景、共建原则、框架思路、合作重点、合作机制等方面全面阐述了"一带一路"的内涵与布局。

韶关位于粤北山区,历史上是岭南与中原社会经济和文化交流的必经之地,也是海上丝绸之路的重要途经地。自隋唐以来,韶关因独特的地理位置,担负着以广州为主要口岸的中国海上丝绸之路"上足以备府库之用,下足以赡江淮之求"的重任。当时波斯、天竺、阿拉伯、南海诸国以及岭南贡品,从广州进贡、货运至都城长安(今西安),均要经过韶关。在"一带一路"倡议下,作为历史上海上丝绸之路的重要节点,韶关立足于岭南门户城市的区位优势,迅速确立了建设"一带一路"重要节点城市的战略定位,利用国家"一带一路"倡议所带来的新一轮对内、对外开放机遇,积极推进"一带一路"建设,推进与共建"一带一路"沿线国家在产业投资、经贸、科技、体育、旅游等领域的务实合作,以更开放和更广泛的区域合作,拓展海外空间,解决韶关社会经济发展中的不充分不平衡问题。

为贯彻落实"一带一路"倡议,帮助韶关企业"走出去",韶关市贸促会与韶关市有关公司经多次协商,签订了共同建立韶关(迪拜)机械境外销售中心的协议,并于2015年4月9日上午正式在迪拜挂牌,成立韶关首家境外销售中心。又如,韶关市利用自身在开发水电资源方面产业链齐全、经验丰富和技术成熟的优势,成立广东水电产业科技创新与国际合作联盟,积极落实共建"一带一路"倡议,寻求与沿线国家开展项目合作。2017年5月,韶关市组团出访"一带一路"沿线国家格鲁吉亚,就其丰富的水电资源和全流域梯级开发模式问题进行了深入交流,受到了格鲁吉亚相关部门、城市和议会的积极响应。双方承诺为加强经贸、科技、体育、旅游等领域的交流合作提供方便和协助,拓展"一带一路"倡议下的产能合作领域。双方就韶关企业在格鲁吉亚建设水电站、设立电力装备生产企业、参与城市电网改造以及钢铁产能合作等方面进行研讨,同时签署了中格一揽子合作框架协议。

2. 融合发展:主动融入珠三角、服务粤港澳大湾区

自《珠江三角洲地区改革发展规划纲要(2008—2020年)》和《关于进一步促进粤东西北地区振兴发展的决定》出台以来,"融入珠三角"不仅是广东省委、省政府对包括韶关在内的粤东西北12市的殷切期望和迫切要求,也是各市加快发展的必然选择和客观需要。2015年,广东省委书记胡春华来韶关调研时指出韶关要主动融入珠三角。随后,韶关市委、市政府对未来发展提出了"主动融入珠三角,加快实现融合发展;以产业、市场等全面对接实现互补发展;以建设生态文明示范市为目标,努力建设珠三角北部生态休闲区"的谋划,将"主动融入珠三角,加快与珠三角地区的融合"写入韶关市"十三五"发展规划,并确定为韶关"十三五"时期社会经济发展的基本原则、重要发展战略。

在进一步加强新一轮莞韶对口帮扶、深度合作的基础上,韶关积极寻求与珠三角其他城市的合作。2015年,广州市政府与韶关市政府正式签订了战略合作框架协议,并将

韶关纳入广佛肇清云韶"3+3"经济合作圈。两市所签订的战略合作框架协议,将充分发挥广州国家中心城市辐射带动作用,加快两市全方位、宽领域、多层次合作,推动韶关融入珠三角。在交通上,依托广州市的全国交通枢纽地位和韶关市作为广东北大门的地理区位优势,争取资金,加快两市间公路、铁路、航道的对接,构建两市间更加便捷的交通网络,促进韶关无缝对接广州机场、广州南站、南沙自贸区和广州港,降低大宗商品进出口物流成本。在产业上,依托韶关市资源优势和产业基础,共建两市"菜篮子"基地、农产品产销体系,打造珠江西岸先进装备制造产业带韶关配套区,积极引导广州汽车等优势产业链向韶关延伸,整合两市旅游资源、共同策划和推广区域旅游精品线路,拓宽旅游客源市场。

融入珠江西岸,积极参与产业合作配套分工。在充分考虑产业基础优势及与珠三角分工协作的基础上,韶关市确定把特钢产品及装备制造业作为重要发展方向,将韶关市纳入珠江西岸先进装备制造产业带配套区,积极参与珠江西岸先进装备制造产业的分工与合作,打造跨区域的产业共建格局。2015年9月,韶关市获批成为珠江西岸先进装备制造产业带配套区。2016年4月,韶关市人民政府出台的《韶关市发展先进装备制造产业打造珠江西岸先进装备制造产业带韶关配套区行动计划(2016—2018年)》,提出到2018年力争实现规模以上工业产值250亿元,2022年规模以上工业产值500亿元,累计引进落地5000万元的装备制造产业项目150个以上,引进资金105亿元以上。

2016年,第二届珠江西岸先进装备制造业投资贸易洽谈会(简称"珠洽会")在佛山举办,韶关首次作为"珠洽会"的成员参加了此次装备制造业盛会,并有所收获。其中,韶关市获包括韶关紧固件产业园、铸锻基地、白云电气生产基地、新能源汽车及机器人等在内的装备制造业签约项目4个,总投资达50.83亿元。2017年,第三届"珠洽会"继续在佛山举办。这次韶关派出了最具代表性的先进装备制造企业共计28家参展,基本涵盖了韶关整个装备制造产业体系。在签约项目方面,韶关市准备了6个亿元以上的新签约项目,包括投资3.5亿元的新能源用锂离子电池正极材料建设项目和投资3.1亿元的"10.5万吨实型精密锻造项目"等。

2018年,"粤港澳大湾区"国家战略正式提出,随后广东省提出"一核一带一区"空间发展格局。与此同时,韶关市提出"争当北部生态发展区高质量发展排头兵"的战略构想,进一步强化主动融入珠三角、对接服务粤港澳大湾区的发展理念。从产业角度上讲,韶关深化"生态优先、绿色发展"理念,加快产业生态化、生态产业化转型升级,以特色农业、旅游、先进装备制造、生物制药、新能源、新材料、文化创意、现代服务等为重点,吹响了产业兴韶的号角。"十三五"期间,南雄、乳源成功创建省级高新区,仁化被评为国家全域旅游示范区。今后甚至更长时间,韶关市将重点依托现有优势企业,着力培育、发展和壮大绿色产业、生态产业、康养产业。

3. 和谐发展：生态文明之路

生态文明是工业文明之后的文明形态。生态文明建设，是关系人民福祉、关乎民族未来的长远大计。树立尊重自然、顺应自然、保护自然的生态文明理念，把遵循人、自然、社会和谐发展的生态文明建设与经济建设、政治建设、文化建设、社会建设融为一体，构建起"五位一体"的和谐发展理念，是建设美丽中国、实现中华民族永续发展的重要前提和基本保障。

凭借丰富的森林资源和优质的生态环境，韶关获得了"广东省卫生城市""全国卫生先进城市""中国优秀旅游城市""广东省文明城市""广东省园林城市""中国休闲城市"等称号。近年来，韶关以创建国家卫生城市、国家园林城市和森林生态市为契机，围绕生态发展区的功能定位，组织编制并启动了《韶关市生态文明建设规划（2021—2035年）》和"百千万工程"计划。按照生态文明建设规划，把生态文明建设纳入国民经济和社会发展规划体系，提出实施优化生态环境、提高空气质量、改善环境卫生、推动节能环保的"绿色韶关"战略，科学利用环境资源，努力构建系统安全的绿色生态，发展循环再生的绿色经济，培育人与自然和谐相处的绿色文明。构建经济发展、生活宽裕、环境优美、社会和谐、行为文明的生态经济体系、生态功能体系、生态人居体系、生态文化体系，将韶关打造成生态经济发达、生态环境良好、人居环境优美、生态文化繁荣、人与自然和谐相处的现代化生态文明城市。

韶关正以深化生态文明建设作为推动振兴发展的重要抓手，按照以人为本、共建共享的原则，通过"善美韶关"建设，满怀信心地朝着全国文明城市、中国美丽乡村目标迈进。针对韶关城市框架较小、城市容量有限、功能不完善等问题，韶关市委、市政府实施"双核驱动"城市发展战略，一手抓扩容，一手抓提升。以芙蓉新区为城市扩容平台，围绕"三年基本成城"目标，举全市之力，加快新区路网、客运枢纽等基础设施建设，引导老城区教育、医疗等资源落户新区，逐步实现"拉大城市框架、增强城市承载能力、提高城市竞争力"的目标。老城区则以完善城市功能为抓手，全面实施三年行动计划，投入数百亿元，实施118个提升项目，涵盖市政基础设施、公共服务等方面。通过"善美之城"建设三年计划，将重点实施建设城市善美环境、弘扬善美文化、塑造善美品格、宣传善美形象，开展城市提升、文明同心结等13项行动，努力打造友善之城、和美之地。在做好城市创建工作的同时，美丽乡村行动、三清三拆、精准扶贫、道路沿线村庄房屋立面改造等一系列行动让农村村容村貌、环境卫生等发生了根本性的变化。与此同时，为补齐乡村振兴的短板，提升乡镇（镇街）承载能力，改善乡镇（镇街）生产生活条件，强化乡镇（镇街）在县域经济发展中的辐射作用，促进城乡融合，近年来韶关正式启动了县城品质提升"439"行动和乡镇（镇街）提升"139"行动工作，计划用五年时间解决乡镇规划建设无序、环境卫生脏乱差、公共服务配套不足等突出问题,实现全面提升乡镇面貌的目标,效果已经显现。森林覆盖率、活立木蓄积量、有林地面积稳居全省前列,跻身全国绿化模范城市行列,韶关成为全省首个完成全域创建国家森林城市备案的地级市。"十三五"期间,韶关"四沿"区域美丽乡村建设加快,"兰乡古韵"廊线等乡村风貌示范带基本成型,实施山水林田湖草生态保护修复试点工程。新建森林公园38个、湿地公园7个,新增省级森林小镇4个、国家森林乡村48个,森林覆盖率达74.43%,位居全省前列。打造省级乡村绿化美化建设示范点128个、绿美古树乡村15个,打造干净整洁村643个、美丽宜居村144个、特色精品村34个。翁源荣获"全国村庄清洁行动先进县",创建省休闲农业与乡村旅游示范镇(点)6个。始兴县马市镇红梨村入选中国美丽休闲乡村,始兴县隘子镇满堂村被评为全国生态文化村。仁化县瑶塘新村入选全国乡村旅游重点村。8条线路入选省乡村旅游精品线路,7个村入选省文化和旅游特色村。

随着韶关国家生态文明建设示范区、国家卫生城市、国家园林城市、历史文化名城、全国绿化模范城市、最美中国文化旅游名城、广东省唯一国家产业转型升级示范区、全国绿色矿业发展示范区、国家山水林田湖草生态保护修复试点市以及丹霞山世界遗产的系列申报和顺利推进,韶关生态环境进一步得到有效保护,城乡基础设施进一步完善,社会保障体系等功能设施更为健全。在建筑风貌、街区风格、历史文化保护和绿化美化等诸多生态文明要素的支撑下,韶关正以园林型生态宜居城市和美丽乡村形象,吸引更多的国内外游客来韶观光休闲,集聚众多商家和各行业精英来韶创业和定居。未来,韶关必将成为你我共建的友善之城、记忆之乡,成为你我共享的和美之地。

四、小结

韶关地处粤、湘、赣三省交界处,位于南岭山区。独特的地理位置和优越的自然条件,塑造了韶关悠久的历史,也给后人留下了光辉灿烂的历史文化。马坝文化扩大了我国早期智人的分布范围,填补了我国华南人类进化系统的空白。新石器时代和青铜文化遗存特征明显的石峡文化,是岭南地区史前文化的一种,对岭南地区乃至中国文化意义重大,影响深远,为后人研究韶关乡村传统文化提供了极其珍贵的自然土壤和人文资料。

在漫长的封建时期,韶关是岭南文化与中原文化沟通交流的重要通道,也是岭南地区最早受到中原传统文化影响的地区。南越文化积极与中原地区加强社会、经济和文化交流,在文化特性上明显存在着与汉文化的趋同性。但由于南岭的阻隔,南越文化在汉文化主流体系中仍然保留了某些文化符号的独特性。自汉武帝后,韶关传统农耕文明快速推进,和中原地区一样进入以农业为主、自给自足的封建社会,形成了具有岭南特色的耕读文化,"耕读传家"蔚然成风。唐宋期间,凭借丰富的矿藏资源,韶关矿冶文化得到了快速发展。明清时期,得益于大庾岭路、骑田岭路水陆联运的拉动,韶关等地商贸繁荣,各县流行设墟开市,商贸文化盛行。

改革开放后,韶关立足于生态发展区、南岭山地森林及生物多样性生态功能区、粤北生态屏障和重要饮用水源保护区功能定位,主动融入珠三角,对接和服务粤港澳大湾区,积极寻求生态转型、城乡融合和和谐发展,开始进入生态文明时代,正着力打造善美、和谐的韶文化。

参考文献

[1] 梁健,何露. 韶关印象:历史与文化[M]. 广州:广东人民出版社,2008.

[2] 苏秉琦. 石峡文化初论[J]. 文物,1978(7):16–22.

[3] 陈乃刚. 岭南文化[M]. 上海:同济大学出版社,1990.

[4] 黄俊贵. 对振兴耕读文化的思考[J]. 图书馆,2016(2):1–4.

[5] 张履祥. 训子语[M]. 陈祖武,点校. 中华书局,2002.

[6] 曾国藩. 曾国藩家书[M]. 昆明:云南人民出版社,2011.

[7] 陈乃刚. 改革开放与岭南文化[J]. 深圳大学学报(人文社会科学版),1989(2):81–89.

[8] 劳格文,谭伟伦. 中国客家地方社会研究:四[M]. 北京:中国人民大学出版社,2017.

[9] 韶关市地方志编纂委员会. 韶关市志[M]. 北京:中华书局,2001.

[10] 张建. 余靖《韶州新置永通监记》考略[J]. 韶关学院学报(社会科学版),2002(8):86–90.

[11] 邱敏. 六朝矿冶业的发展[J]. 历史教学问题,1992(4):7–11.

[12] 谢庐明. 明清赣南农村墟市的发展与社会经济的变迁[J]. 赣南师范学院学报,1998(5):66–71.

[13] 毕小芳. 粤北明清木构建筑营造技艺研究[D]. 广州:华南理工大学,2016.

[14] 谢斌. 韶关创建国家历史文化名城的禅文化载体思考[J]. 韶关学院学报,2012,33(11):11–16.

[15] 涂智苹,吴素琴. 韶关旅游业发展现状及对策[J]. 当代经济,2014(19):93–95.

[16] 许张龙. 5年来韶关共开工建设保障性住房56918套[N]. 韶关日报,2017–05–29(A01).

[17] 韶关市人民政府. 韶关市2016年国民经济和社会发展统计公报[EB/OL]. (2017–03–28)[2023–05–09]. https://www.sg.gov.cn/zw/sjfb/tjgb/content/post_1347081.html.

[18] 韶关年鉴编纂委员会. 韶关年鉴:2016[M]. 北京:方志出版社,2016.

[19] 韶关市:六个一批 奏产业精准扶贫"攻坚曲"[EB/OL]. (2017–12–25)[2023–05–02]. http://www.banyuetan.org/chcontent/jzfp/fpsj/20171224/242475.shtml.

[20] 王善业,李荣臻. 韶关首家境外销售中心迪拜揭牌[N]. 韶关日报,2015–04–12(01).

[21] 王彩丽. 我市代表团出访格鲁吉亚 助力韶关企业开启"一带一路"合作项目[N]. 韶关日报,2017–05–15(A01).

[22]张文.韶关主动融入珠三角,甘当装备制造产业带配角[N].羊城晚报,2016-09-26.

[23]潘俊宇,袁少华.抢占粤北先进装备制造业高地[N].韶关日报,2017-8-25(A04).

[24]谷立辉,王俊峰,黄德山,等.融入珠三角韶关总战略[N].南方日报,2015-11-10(A12).

[25]凌尔杉.韶关:践行新发展理念,建设"善美之城"[J].南方,2017(7/8).

[26]毕式明.韶关启动"礼让斑马线"活动[EB/OL].(2017-07-10)[2023-05-28].https://culture.southcn.com/node_42c29b4693/744aae8626.shtml.

[27]韶关乡土文化教材编写组.善美和谐的家乡:韶关[M].广州:花城出版社,2016.

[28]许树辉.全面推动韶关产业高质量发展[N].韶关日报,2020-12-05(A4).

第三章　韶关乡村传统文化空间区划

在文化地理学者看来,文化空间是具有某种共同文化属性的人群所占据的地区,是在政治、社会或经济方面具有独特的统一体功能的空间单位。这种文化空间往往表现为文化区。乡村传统文化区属于形式文化区的范畴,在空间分布上会出现集中的核心区与边界模糊的文化区。在乡村传统文化核心区,文化特质的同一性、文化机能的一致性和文化认同的统一性表现尤为明显;自核心区逐渐过渡到文化区边缘,乡村传统文化区的文化特质、文化机能和文化认同越来越模糊,甚至会出现不同类型的乡村传统文化区重合即文化融合共生的现象。

一、韶关乡村传统文化空间划分原则

韶关地处粤、湘、赣三省交界地带,受中原传统文化、湖湘文化、客家文化和岭南文化的共同影响。在韶关市域1.8万多平方千米的范围内,各种文化融合发展,并形成了地域文化特色。尽管如此,在韶关三区七县(市),依然存在一些文化气息浓厚、特质明显且相对独立的文化单元,如始兴、南雄的客家文化,乳源的瑶乡文化等,为韶关乡村传统文化空间研究提供了实践依据。因此,理清韶关乡村传统文化的文化特质,实现乡村传统文化空间与具体的地域空间一一对应,为推进乡村传统文化的保护、开发、传承与活化提供空间依据,是韶关乡村传统文化空间研究的当务之急。

目前,从文化地理学角度来看,文化空间尚未建立起统一的划分原则。借鉴国内已有研究成果,综合已有的文化空间划分原则,本书确定韶关乡村传统文化空间划分的基本原则如下:

(一)文化标志性原则

乡村传统文化是物质文化、制度文化和精神文化的综合体现,有着文化符号、文化元素的多元性,文化现象、文化活动的多维性。在众多的文化符号和文化现象中,其中具有标志性的文化符号或文化现象,既是乡村传统文化特质的集中体现,也是辨识乡村传统文化的重要依据。如在客家文化中,围楼、宗祠是常见的文化符号,也是客家文化区别于其他乡村传统文化的代表性文化元素,即文化标志。因此,在进行乡村传统文化空间划分时,要在多元的文化符号、元素和现象中,寻找最具有代表性的文化标志,关注文化标志的识别与成因分析,从而快速准确地把握文化空间的基本特征和共同属性。这是乡村传统文化空间划分的首要原则。

(二)文化认同性原则

乡村传统文化具有相同的传统生产方式、相同或相近的乡土文化气息和精神特质,是乡村传统社会文化、历史风貌、思想内涵、观念形态和行为方式的具体表现。在乡村传统文化核心区域,村民往往会对乡村传统文化表现出高度的认同感、强烈的文化归属感和自豪感,并会通过言行举止呈现出相对一致或相似的乡村传统文化特质。如呈现出相对一致的村落肌理与建筑格局,相同或相近的生产方式、饮食习惯,使用相同或相近的地方方言,遵循相同的民俗规范、价值观念等。因此,从文化认同性出发,寻找并关注文化特质相对一致,具有高度的文化认同感、强烈的文化归属感的一群人及其所在的地域,是乡村传统文化空间划分的另一个重要原则。

(三)文化传承性原则

乡村传统文化是乡村地区劳动人民在长期与自然环境和谐相处的过程中所创造、提炼出来的,集中反映了古代先民们对自然、社会及环境的情感、态度和认知,是乡村地区劳动人民智慧的结晶。乡村传统文化无论是在器物工具上、礼制规范上,还是在精神追求上,都存在许多值得后人学习、借鉴和思考的东西。乡村传统文化的文化精髓和优秀特质,不会随着时间、环境的变化而弱化或消失,具有相对稳定的传承特性。因此,从文化传承性出发,关注器物文化、制度文化和精神文化的传承与发展,寻找并挖掘相对稳定且年龄结构合理的乡村传统文化传承者、传播者,是乡村传统文化空间划分的另一个重要原则。

(四)地域完整性原则

乡村传统文化需要具有一定数量和规模的人群来传承与弘扬,需要一定的地域范围去承载、去呈现。从某种程度来讲,乡村传统文化空间是一定地域范围内拥有相同或相近文化特质的乡村居民聚居空间。因此,乡村传统文化空间划分应从地域完整性出发,强调文化在地域空间分布上连成片,拥有相对集中的地域范围和一定数量的人口规模,同一文化空间不被其他文化空间分割,形成较为独立、完整、连片的地理环境单元。

二、韶关乡村传统文化区的主要类型

基于对乡村传统文化空间概念和划分原则的理解,结合韶关实际,综合考虑广东省及周边地区的乡村情况,将韶关乡村传统文化空间划分为客家传统文化空间、瑶乡传统文化空间、红色革命传统文化空间三大类,分别简称客家传统文化区、瑶乡传统文化区和红色革命传统文化区。

(一)客家传统文化区

韶关地处粤北山区,历史上曾是中原人南迁岭南的主要通道,是重要的客家人聚居区。目前,韶关市域内客家人有近250万,占全市总人口的79.7%。从地域上看,客家人遍及韶关三区七县(市)。其中,新丰县100%为客家人,翁源县有99.2%的客家人,南雄市有97.6%的客家人,始兴县有96.8%的客家人,乳源瑶族自治县有76.1%的客家人,曲江区有72.2%的客家人,乐昌市有64.7的客家人,仁化县有30.6%的客家人。新丰、翁源、始兴、南雄四县(市)客家人占比均超过95%,这四县(市)在地域上连片分布。由此可以判断,该四县(市)为韶关客家传统文化区的核心地区。

具体到各县(市),客家人分布又呈现出一定的空间差异。在韶关市区,客家人主要分布在城区之外的乡镇,如曲江区的东、南部和西部乡镇。在七县(市),空间连片特性更为明显。其中:乳源瑶族自治县东部、南部客家分布区与曲江西部客家分布区连成片;乐昌市东部客家分布区与仁化县客家分布区连成片;仁化县西部客家分布区与乐昌市东部客家分布区连成片。

(二)瑶乡传统文化区

韶关境内的瑶族,大多集中在乳源瑶族自治县的东北部和中部400平方千米的崇山峻岭之中,瑶族村寨主要分布在瑶山深处的山头、山腰、山坑、山峒、山窝之间,高度一般在海拔500米以上。其中,东坪镇的溪背、上寨、中心坑等村寨海拔在1000米以上。因位居山区,交通不便,海拔相对较高,又有南水水库阻隔,故有"东边瑶"和"西边瑶"之分。在历史上,乳源一带的瑶族先民自宋元时期从湖南、福建等地迁入,"居山谷间","循山流徙,不能定居","环纡千余里,蛮居其中","不事赋役,谓之瑶人",人称"过山瑶"。目前,乳源瑶族自治县内有瑶族人口2.44万人,占全县人口总量的10.8%。在韶关,乳源瑶族自治县,可谓瑶乡传统文化区的核心区,其传统文化特质、风貌保存完整。瑶族刺绣、瑶族民歌成功入选国家级非物质文化遗产名录,乳源瑶族服饰被广东省人民政府批准列入第五批非物质文化遗产名录。目前,乳源瑶族自治县正积极推进广东省瑶族文化生态保护试验区建设。

此外,瑶族还散布于韶关境内的始兴、曲江、乐昌、翁源、仁化等地,并以瑶族村或瑶族乡的形式存在。如始兴县有深渡水瑶族乡、隘子镇瑶族村、沈所镇瑶族村等,曲江区有樟市镇芦溪瑶族村、罗坑镇瑶族村等,乐昌市有北乡镇下西坑瑶族村,翁源县有翁城镇了坑瑶族村,仁化县有董塘镇瑶族村等。他们的语言基本相通——同操"勉语",亦属过山瑶支系。

(三)红色传统文化区

韶关位于粤、赣、湘三省交界地,是粤北军事重镇,历来是兵家必争之地,也是一座具有光荣革命传统的城市,红色革命传统文化遍布全市。20世纪20年代,韶关曾是国民革命军北伐大本营,孙中山先生两次在韶关督师北伐。抗日战争时期,韶关成为广东省政府临时办公地,广东政治、经济、文化和军事的中心,是张发奎、余汉谋、李汉魂组织国民党第十二集团军阻击日寇三次大规模北进("粤北会战")以及共产党领导的风度大队、东江纵队深入敌后不断打击日军的前沿阵地。在新民主主义革命的历史进程中,毛泽东、朱德、周恩来、陈毅、彭德怀、邓小平等老一辈无产阶级革命家在这里奋斗过,留下了光辉的历史篇章、丰富的红色遗迹和精神财富。

在韶关浈江、曲江、南雄、始兴、仁化、乐昌、乳源等地,现存有重要事件发生地、机构旧址、纪念性建筑、战斗遗址等红色遗址 1245 个,其中列入"广东省红色革命遗址名录"的有 502 个,仅次于惠州、汕尾,位居全省第三。经认定命名的红军遗址(旧址)文物保护单位 37 个,红军历史文物 1120 件,红军历史文献 50 多万字。尤其是北伐战争纪念馆、韶关市博物馆、韶关烈士陵园、仁化城口、南雄梅岭梅关、南雄水口、乐昌龙王潭、始兴红围、仁化双峰寨、仁化安岗、浈江犁市当铺等地,已成为民众缅怀革命先烈、开展爱国主义教育、红色革命文化研学旅游的重要去处。2016 年,韶关所有县(市、区)被中央老区办命名为革命老区县,南雄市被认定定为"中央苏区县"。目前,全市的红色遗址中,全国重点文物保护单位 2 个,省级重点文物保护单位 4 个,市级重点文物保护单位 3 个,县级文物保护单位 34 个;国家级国防教育基地 1 个,省级爱国主义教育基地 4 个,国防教育基地 1 个。

三、韶关乡村传统文化区的形成条件

文化地理学认为,文化的起源以及传播与其所处的自然地理环境、文化环境、政治环境、宗教环境有着密切的联系。乡村传统文化区的形成与发展受到自然地理环境、社会经济基础和历史发展条件等诸多因素的共同影响。各影响因素相互促进、相互制约,并在文化区孕育、形成、发展和消亡的生命周期中发挥着重要的作用。就韶关而言,独特的自然地理环境、粤湘赣三省交界的区位条件以及商贸繁忙、工矿发达的社会经济基础,对于韶关乡村传统文化区的形成、发展及时空演变有着极其重要的影响,在韶关乡村传统文化区形成过程中发挥了巨大的作用。

(一)自然条件

韶关位于广东省北部,地理位置介于北纬 23°53′~25°31′和东经 112°53′~114°45′之间,拥有土地面积 1.8 万多平方千米。韶关境内山峦起伏,高峰耸立,山地丘陵广布,面积约占全市总面积的 80%。地势北高南低,西、北、东三面山地为海拔 1300 米以上的中山,为南岭山脉的重要组成部分。其中,位于乳源瑶族自治县境内的石坑崆,海拔 1902 米,为广东第一高峰。往南,地势呈波状下降,由海拔 1000 米以下的低山丘陵过渡到海拔 50 米的平地。在山地丘陵之间,有河谷盆地分布。其中,位于北部和东北部的有南雄盆地、坪石盆地、乐昌盆地,位于中部的有仁化—董塘盆地、韶关盆地,位于南部的有翁源盆地等。韶关属中亚热带湿润型季风气候区,年均温介于 18.8 ℃和 21.6 ℃之间,年均降雨 1400—2400 毫米,气候宜人、雨量充沛。日平均温度在 10 ℃以上的太阳辐射占全年

辐射总量的90%,全年无霜期310天左右,年日照时间1473—1925小时,光能、温度、降水配合较好,雨热基本同季,自古有"无岭北之严寒,和分风霜;无海南之恒燠,凉兼冰雪"的佳誉。韶关属于全球同纬度地带自然地理条件最好的地区之一,有利于植物生长和农业生产。

韶关境内河流众多。全市集雨面积1000平方千米以上河流有8条,100平方千米以上的有54条,其余大小支流呈叶脉式密布。主要江河有浈江、武江、南水、滃江、北江及新丰江等,多属北江水系。北江由浈江和武江从东西两向贯穿市区,呈羽状汇入而成,全长468千米。韶关境内流域面积约为17299平方千米,占总流域面积的37.0%,广东省境内流域面积的40.3%,江阔水深、水量丰沛。浈江发源于江西信丰石碣大茅山,流经南雄、始兴、韶关市区和曲江区,总长211千米,集雨面积7554平方千米。武江发源于湖南省临武县三峰岭,流经湖南省的临武、宜章、郴县、桂阳、汝城等五县和广东省的乐昌、乳源、韶关市区,是北江流域的一级支流。武江全河长260千米,流域面积近7100平方千米。墨江是浈江的重要支流,位于始兴县境,由南向北流经隘子、司前、顿岗、始兴县城后,再从东向西于江口汇入浈江。全长89千米,流域面积1367平方千米。有清化河等支流汇入。上游河道弯曲,坡降大,林木繁茂,是木材重点产区之一;中下游河床平缓,是主要粮产区。墨江水量丰富,有利于工农业发展。锦江是浈江的另一条重要支流,发源于江西省崇义县。全河纵贯仁化县境,由北向南流经仁化县的高洞、木溪、长江、仁化县城,至仁化江口汇入浈江。全长108千米,有扶溪水、城口水、大麻溪、黎屋水及董塘水等5条支流注入,流域面积1913平方千米。滃江发源于翁源县船肚东,是北江较大的支流之一,集雨面积4847平方千米,属本市境内控制的面积为2703平方千米。河流由东北向西南流经连平、翁源,在英德市区东岸嘴汇入北江。南水河发源于乳源县的五指山安墩头,流经龙南镇、乳源县城,于龙归和龙归水汇合,再经曲江区孟洲坝汇入北江。全流域集雨面积为1489平方千米,在乳源县境内的为869平方千米,全长104千米。流域内有大型的南水水库,控制面积为608平方千米,总库容为12.15亿立方米。南花溪发源于湖南省宜章市莽山白公坳,是武江一级支流,流经乐昌市境内,由西南流向东北,在乐昌市水口汇入武江。新丰江发源于新丰县小正镇的崖婆石,属珠江流域的东江水系,集雨面积为5813平方千米,本市境内的集雨面积为1240平方千米。

韶关森林资源、生物资源十分丰富,森林覆盖率高达75%,拥有各类植物2000余种,各种野生动植物数量占据广东省首位,是华南地区的重要物种宝库。韶关土壤类型以自然土、旱地土壤和水稻土为主。其中:自然土面积1.53万平方千米,占土壤总面积的89.4%;旱地土壤面积533平方千米,占土壤总面积的3.1%,耕地总面积的29.3%;水稻土面积1287平方千米,占土壤总面积的7.5%,耕地总面积的70.7%。各河谷盆地,冲积性土壤相对肥沃,有利于农业生产。

同纬度相对优越的地理位置，温暖湿润的亚热带季风气候类型，山地丘陵为主和河谷、盆地相间分布的地形地貌，河网密布、水量充足的北江水系，丰富的森林、生物资源，适宜耕作的土地类型，等等，既是韶关的自然地理环境基本特征，也是韶关乡村居民赖以生存的基础，又是韶关乡村传统文化孕育与发展的重要前提，赋予了韶关独特的乡村传统文化孕育、形成与发展的自然条件。

（二）区位条件

韶关地处粤、湘、赣三省交界地带，被称为广东省的北大门。韶关西北和东北面分别与湖南省郴州市宜章县、汝城县，江西省赣州市大余县、信丰县相邻；东南面与河源市为邻，西南面连接清远市，南面紧靠广州市和惠州市。市域东西跨度直线长约186.3千米，南北跨度直线长约173.4千米。广东北部边陲、南岭山区、三省交界的地理位置和区位条件，对韶关乡村传统文化的形成和发展产生了重要影响。

在古代中国，陆上交通和内河航运是地区之间经济文化联系的主要通道。先秦时期，黄河—淮河流域一带因地形、气候等自然条件优越，经济相对发达，文化较为繁荣，成为中国文化的核心区。岭南地区的北界五岭，地处南岭边陲，远离中原地区，甚至许多乡村深处"南岭诸山"之中，气候过于湿热，不适于人类居住。在南岭山区地形阻隔、对外交通十分不便的区位条件下，岭南地区形成相对封闭的地理文化单元。由于与外界的文化交流，尤其是与北方先进文化、文化核心区的交流机会少，受核心地区的文化辐射、社会影响小，韶关相对独立的乡村地方文化，如马坝文化、石峡文化、南越文化等自然有了孕育、生根和发芽的土壤。"南蛮之地""百越之所"的乡村传统文化"蛮"味十足。无论是生产工具、生活器具上，还是风俗习惯、精神风貌上，乡村传统文化的韶关地理标记均十分清晰明了。

汉武帝之后，岭南地区被纳入北方王朝的版图。当时，寻找与中原核心地区的政治、经济和文化联系通道在岭南各地尤显迫切。韶关由于锁钥湘赣、南扼北江，处于岭南与中原地区经济、文化联系的陆上和河运的"咽喉"位置，交通要冲的区位条件开始显现。无论是南洋、广州各地的人员和商品北上湖南、江西，还是中原经济文化中心地区的人员和物资南下广州、南洋，都需要经过韶关。在很长一段时间内，韶关成为中国北方及长江流域与华南沿海之间最重要的陆路通道，是五岭南北地区进行经济文化交流的重要枢纽，是中原文化与岭南文化交流的中转站、缓冲地。现如今，韶关乡村遗存的西京、乌迳等10余条古道，以及浈江、武江水系的几十个码头遗址，是韶关承载中原文化与岭南文化的见证。这一时期，韶关乡村不断受到来自北方传统儒家文化、汉文化的教化，以及南洋、西洋海派文化的影响，是韶关客家传统文化形成与发展的重要阶段，更是韶关利用"边陲区位""交通咽喉"，广泛吸收中西方文化，形成具有"开放、包容、融合"特质的韶关文化的重要基础。

(三)社会经济条件

乡村传统文化区的形成与发展,既受自然条件的约束,也受人口、社会、经济发展条件的影响。人口是文化的载体。一定地域的文化传承与文化发展,需要一定数量的人口为基础。同样,人口迁移,无论是迁入还是迁出,都会通过接触扩散、等级扩散等方式将新的文化带入或将文化扩散出去,从而在人口的移入区和迁出地之间建立紧密的文化联系。当然,乡村传统文化区的形成和变化与该地区的乡村经济结构等有密切的联系。长期以来,中国乡村处于以种植业和畜牧业为主的农业经济时代,以农为本的乡村文化特性十分明显。与此同时,手工业、工矿业、商贸运输在特定的历史条件下在某些区域开始兴起并逐步发展,在当地的经济活动中占有显著的地位。这些经济活动一方面受乡村传统文化的深刻影响,另一方面也在孕育新的物质文明和精神文化,对乡村传统文化区的创新发展产生重大的影响。

自魏晋南北朝开始,中原人民为了逃避战乱,纷纷携妻将子甚至合族南迁,先后出现过五次大规模迁移。大量人口由黄河流域南迁长江流域,再由长江支流湘赣水系进入粤北韶关。与战乱频繁的北方相比,岭南地区"平且康"的生产生活条件为中原人南迁后"占据山林""落籍定居"提供了相对安定的生活环境,从而导致韶关人口大幅增加。据史书记载,西晋太康三年(公元282年),始兴郡共有5000户,至南朝时期(公元464年)增加到11756户,人口增加了1倍多,当时韶关的人口密度为2.2人/平方千米,远高于广东省平均水平。中原人南迁不仅带来了北方先进的农业生产技术、农业生产器具,也带来了先进的耕读文化、儒家忠孝思想。这些文化和思想随着中原人在韶关定居得以传承和发展,并形成韶关乡村传统文化中地域分布范围最广的客家文化。

韶关是"中国有色金属之乡",铅、锌、铜、钨、钼、硫、稀土、萤石等矿产资源丰富。隋唐时期,韶关乃至粤北山区丰富的矿藏逐步被发现和开发。韶关曲江、仁化至连州、连山一带,不仅产银,而且开采和冶炼水银、丹砂、铜、铁、金、钟乳等。宋朝,韶关矿冶开采与冶炼迎来了发展的鼎盛时期。位于韶关曲江的岑水、中子铜场是宋代规模最大、产量最高的大铜场,年产铜量一度达到1000万斤,占当时全国铜产量的93.36%。永通钱监是当时全国三大铸钱之一,为北宋铸钱能力最强、铸钱最多的钱监。韶粉是高质量铅制品,被称为"上等铅粉末",被广泛用于古代制药、化妆、颜料、香料等领域,对人们的生产、生活、文化产生过重大影响。唐宋时期,粤北地区人口规模大增。据史料记载:"岭南属州以百数,韶州为大。"隋朝大业五年(公元609年),包括韶关在内的南海郡,共有37482户,人口密度为3.1人/平方千米,高于同期的广东、湖南和江西各省平均值。至唐代天宝元年(公元742年),韶州六县共有31000户,户口总数与广州、连州同为岭南道之冠。苏东坡曾用"高岩夜吐金碧气"来形容岑水铜场壮观的冶炼场景。鼎盛时期,岑水铜场的工匠就超过10万余众。宋代元丰二年(公元1079年),粤北人口密度提高到16.8人/平方千米,高出同期的广东省平均数近6个点。隋唐以来,国家政治、经济和文化重心南移,韶关丰富的矿产资源,矿冶及矿冶文化的快速发展,促使韶关人口骤增。

自唐代张九龄组织民众开凿和拓宽大庾岭新路之后,北江—浈江—大庾岭新路—章水—赣江—长江—京杭大运河,成为宋、元、明、清时期商旅和货物北上的水陆联运的主要交通线路。明清时期,依托大庾岭新路与北江、浈江水系繁忙的水陆联运以及发达的转口贸易,韶关经济繁荣、商贸发达。湖南、江西、福建、浙江、广东等地的商人云集韶关,各地商业会馆林立,商号众多。在韶关乡村,沿浈江水运码头和陆上交通驿站,各种贸易市场、商业街市、专卖行随处可见。食盐、粮油、布匹、山货、海珍等商品贸易也十分盛行。韶关地处五岭南北交通的要冲位置,相对便捷的水陆联运系统、南来北往的经济联系和互补性的商贸产品需求,促使韶关迅速由农耕文明时代进入农商并举的文明时代,进一步加强了韶关乡村传统文化与外来文化的交流,促进了韶关矿冶文化、商贸文化的发展。

四、韶关乡村传统文化区的空间形态

乡村传统文化区的空间形态是指乡村传统文化区在空间上垂直投影所呈现出来的实体空间图案,含规则的几何图案和不规则图案,如四边形、回字形、三角形、线形、不规则多边形或多种几何图案混搭等。乡村传统文化区的空间形态由物质要素与非物质要素两种要素组成。从广义上讲,乡村传统文化区的空间形态既包含外在的、具体的物质空间形态,又包括内在的非物质空间形态,包括宏观、中观层面的村落自然山水组合、聚落空间走向、街巷肌理格局以及微观层面的房屋结构、建筑用材、细部构件等。从地理学角度来看,乡村传统文化区按不同的比例尺投影到地图上,会呈现出点状、条带状和块状(组团)三种不同的空间形态。但无论是几何图案还是非几何图案、外在的具体物质空间形态还是内在的非物质空间形态,抑或是点状、条带状和块状空间,都在某种程度上反映了乡村传统文化区的生产、生活和生态空间特性,体现了乡村传统文化区的文化意蕴、价值取向和精神状态。

（一）乡村传统文化节点

乡村传统文化节点,是指乡村传统文化区中一些具有代表性的传统文化符号、文化要素和文化现象在乡村地域范围内以文化单体的形式呈节点状分布的现象。这种节点状文化单体,在乡村传统文化区形成和发展的初期阶段,以强大的文化魅力对村镇周边产生巨大的文化吸引和集聚效应,是乡村传统文化成片成区的重要前提和基础。在乡村传统文化区核心地带,节点状文化单体,是显现乡村传统文化特色的典范,是游客进行文化体验和科考研学的重要去处。

在传统乡村考察中,笔者时常可以看到诸如古宗祠、古牌坊、古桥、古井、古楼台、古亭阁、古关隘、围楼、古城堡、古会馆、古书院、古寺庙、古码头、古石墩、古树、古池塘等一系列外在而具体的传统文化单体,在空间上呈节点状分布。这些节点状的传统文化单体在传统文化传承与弘扬中,发挥着极其重要的作用。如:古宗祠是乡村血亲家族祭祀、举办重大宗族活动的重要场所,是乡村宗族文化的重要支撑节点;古牌坊承载了乡村先民们的丰功伟绩,与古书院一道是乡村传统耕读文化的重要见证;古码头、古会馆,是乡村商贸文化的重要见证;古水井、古桥、古关隘、古树、古池塘,是乡村先民们在适应自然和改造自然过程中的理性表现,体现了中国传统文化中的"天人合一"思想,闪烁着先民们智慧的光芒;古关隘、古城堡、围楼集中反映了乡村居民抱团抵御外敌入侵、祈求平安与和平的美好愿望;古楼台、古亭阁、古寺庙,则更多地体现了乡村居民对美好生活和精神层面的追求。

如今,这些传统文化单体及其周边区域,已成为村民举办文化盛会、进行文化体验的重要场所,也是村民们日常休憩、闲聊的场所。在传统村落的村口、池塘边、水井旁、晒谷场、祠堂里、古树下、石墩上,笔者时常可以看到村民们或坐或蹲或站,或谈古论今,或下棋打牌,或手工制作,好不热闹。这些乡村传统文化节点,成为现代村民生活中最具有人性与活力的空间,记载和见证了乡村传统文化历史。其参与人员具有不固定性,但在乡村传统文化的传承、传播与弘扬中,发挥了很大的作用。

(二)乡村传统文化廊道

乡村传统文化廊道,是指乡村传统文化区中具有相同或相近风格的代表性传统文化符号、文化要素、文化单体和文化现象在乡村地域范围内呈条带状集聚分布的现象。这种条带状分布的传统文化特质或现象,多数以重要的传统文化节点为依托,以文化节点为载体,在乡村传统文化节点基础上自然形成或人为规划并不断发展壮大起来。乡村传统文化廊道在数量、规模、空间尺度上,具有比文化节点更强大的文化吸引力和感染力、更明显的空间集聚效应,是乡村传统文化区形成和发展的必经阶段。在乡村,利用好、发挥好条带状的传统文化廊道的功能,更能在规模上彰显传统文化特色。乡村传统文化廊道是进行乡村传统文化深度体验和系统研究的重要去处。

在传统乡村考察中,古驿道、古街巷、古渠道、古河道、古市场等文化廊道,曾在解决乡村居民生产生活基本需求上承担着重大的历史使命。如:古街巷在乡村生产与生活功能分区、居住单元分隔、交通出行、邻里交往等方面发挥着重要作用;古街巷的肌理走向、空间布局状况,不仅影响到乡村人居环境质量,而且在一定程度上反映了乡村的邻里关系、乡村性格和品格等文化内核。水系较为发达的南方乡村,利用天然河道水系,建立了以码头为中心的条带状市场。码头及以码头为核心的条带状市场,不仅解决了乡村居民的出行问题,同时也利用天然河道、码头和市场,实现了商品的交换,促进了乡村经济的繁荣与发展。从文化层面讲,古码头、古河道、古市场是乡村先民们与水共生、与人为善、和气生财的乡村文化理念的体现。走在山区的古驿道上,很自然会联想到在没有现代化施工工具的情况下先人们开凿道路的艰辛与不易。古驿道为"官道",在解决山区交通出行、对外联系上,功不可没。如今,古驿道上的车辙痕、马蹄印和被磨损的石条、碎块,无不再现了当时商贾如云的繁荣场景;驿道每隔五里或十里即设凉亭、驿站,可为远行人提供必要的驻足休息、挡风避雨的场所,充分彰显了予人方便、与人为善的传统美德。

从某种程度上说,乡村传统文化廊道,是乡村居民赖以生存和发展的空间载体,也是乡村出行与对外联系的通道,是乡村传统文化中宗族意识、集体观念、对外开放的重要体现,更是乡村居民勇于开拓、追求美好生活的重要体现。如今,部分乡村传统文化廊道因良好的通达性,依然承担着相当重要的交通任务。同时,还有一些文化廊道,作为乡村公共空间的一种补充,承担着举办乡村重大节庆活动的重要任务。部分廊道因具有乡村传统文化景观的空间串联作用,而被开发成乡村文化旅游的重要长廊。

(三) 乡村传统文化组团

乡村传统文化组团,是指乡村传统文化区中具有相同或相近风格的代表性传统文化符号、文化要素、文化单体和文化现象在乡村地域范围内呈组团、簇群状分布的现象。这种呈组团、簇群状分布的传统文化特质或现象,以乡村传统文化廊道为骨架、以传统文化单体为节点,是乡村传统文化节点和文化廊道在空间上的有机组合,善用地形、规划巧妙,在地图上呈面状、块状形态。乡村传统文化组团在数量上、规模上、空间上,会给人一种更强烈的感观冲击力、震撼力和文化感染力,是乡村传统文化区发展的鼎盛时期和成熟阶段。乡村传统文化组团,作为乡村传统文化的核心和主体,在彰显乡村传统文化特色上更具有代表性,是乡村传统文化内核体验和文化基因研究的重要去处。

在传统乡村文化考察中,乡村传统文化组团多以古建筑群、传统文化街区存在,甚至以古村落等形式存在。在韶关,很多村镇保留着一些明清以来的古建筑群。有的村镇古建筑数量众多、风格独特且保存完整,并在一定地域内集中连片,形成组团状的空间形态。如:南雄市乌迳镇新田村已有1600余年的建村历史,村内集中连片地保留着自唐代至清代的宗祠及各种古代建筑共200多座;仁化县石塘古村有集中连片式古建筑133座,其中保存完好的有106座;曲江区曹角湾古村也较完整地保存了明清时期的建筑20余座。韶关乡村古建筑群,多就地形、依地势而建。建筑多呈南北向排列,侧向开门,较为规整。古建筑与巷道间隔排列,如梳子般,故有"梳式建筑"之称。古建筑群的这种梳式布局具有鲜明的地方特色:前有池塘,后有林木,街巷交错,整齐划一,用地紧凑,形成岭南地区独特的建筑组团形式。建筑一般采用清一色的清水墙、青砖、灰瓦、木梁结构。青石条屋角、屋檐留有钩头滴水。巷道由青石板铺成,古色古香。古建筑群、传统历史文化街区和古村落是一体多面,古村落因数量众多的古建筑群和历史文化街区而闻名,通过古建筑群、历史文化街区将其蕴含的传统文化特质呈现出来。因地形、地貌、地势和地方小气候不同,韶关乡村古建筑群、历史文化街区和古村落在处理技法上、空间格局上有所变化,给人一种"十里不同乡,百里不同俗"的错觉。

韶关古村落传统文化组团,存在向心型、轴线型、自由型和复合型等多种空间形态。向心型是以传统文化节点为中心组成的形态,通过村主路与入口直接联系。传统文化节点多为祠堂、晒坪和风水塘的组合,村内其他建筑围绕主要节点周边布局,形成向心型的形态。典型例子有南雄市乌迳镇新田村、仁化县城口镇恩村、乳源瑶族自治县大桥镇柯树下村等。轴线型多出现在相对平坦、开阔的乡村。它是以纵向延伸的"祠堂—晒坪—池塘—村口"线性空间为轴,将村内重要传统文化节点串联起来,形成轴线型行列式形态。典型的例子有韶关市曲江区的上三都村、上伙张村、下丘村和始兴县的红梨村。在地形崎岖的山地丘陵地区,相当一部分村落的选址不易形成典型的向心型或轴线型的村落形态。这些村落在传统文化节点及廊道线性空间的组合上仍然处在村落的核心位置,但在平面布局上较为自由,建筑多沿主要街巷或地形自由分布。韶关古村落的传统文化组团形态不是一成不变的,初始形态并不就是最终形态。其空间格局的形成与演变,与后期村民的生活生产需要和人口繁衍有着密切的关系。如在仁化县城口镇恩村,古村落的整体布局是坐西向东,并通过街巷串联而成,向心型和轴线型传统文化特征突显。但自村西侧高等级公路修建之后,恩村传统文化组团以中轴对称的文化格局被完全打破,原有的空间序列随之调整,先前的拱北门(侧门)成了恩村的新入口,呈现出多种形态相融合的复合模式。

五、小结

文化空间是具有某种共同文化属性的人群所占据的场所。文化区是特定地理区域内不同人群的文化关联区。文化区大体可以分为形式文化区、功能文化区和感知文化区。乡村传统文化区属于形式文化区的范畴,在空间上表现为集中的核心区域和模糊的过渡边界。韶关地处粤、湘、赣三省交界地带,受中原传统文化、湖湘文化、客家文化和岭南文化的共同影响。在韶关市域范围内,各种文化融合发展,形成了地域文化特色。基于文化地理学视角,本章确定了韶关乡村传统文化空间划分的四项基本原则:文化标志性、文化认同性、文化传承性、地域完整性。基于对乡村传统文化区的概念和划分原则的理解,结合韶关实际,综合考虑广东省及周边地区的乡村情况,本章将韶关乡村传统文化区划分为客家传统文化区、瑶乡传统文化区、红色革命传统文化区三大类型,发现韶关乡村传统文化呈现出节点状、条带状、组团状的空间分布特征。这与韶关独特的自然地理环境、粤湘赣三省交界处的区位条件以及商贸繁忙、工矿发达的社会经济基础有着密切的关系。

参考文献

[1] 赵荣,王恩涌,张小林,等. 人文地理学[M]. 第2版. 北京:高等教育出版社,2006.

[2]周尚意,孔翔,朱竑.文化地理学[M].北京:高等教育出版社,2004.

[3]陈雄.文化地理学[M].北京:科学普及出版社,2008.

[4]吴必虎.中国文化区的形成与划分[J].学术月刊,1996(3):10-15.

[5]余英.中国东南系建筑区系类型研究[M].北京:中国建筑工业出版社,2001.

[6]梁健,何露.韶关印象:历史与文化[M].广州:广东人民出版社,2008.

[7]吴永章.客家传统文化概说[M].南宁:广西教育出版社,2000.

[8]吴永章.多元一体的客家文化[M].广州:华南理工大学出版社,2012.

[9]广东老教授协会,岭南客家文化研究院.客家文化大典[M].广州:广东教育出版社,2010.

[10]林平杰.韶关客家:韶关市第一届客家文化研讨会论文集:一[C].北京:中国国际广播出版社,2006.

[11]李筱文,赵卫东.过山瑶研究文集[M].北京:民族出版社,2008.

[12]梁健,邓建华.瑶乡乳源文化铭作选[M].香港:中国评论学术出版社,2009.

[13]苏胜兴.瑶族民间故事选[M].上海:上海文艺出版社,1980.

[14]韦祖庆.瑶族文化之教育传承[M].北京:中国文史出版社,2015.

[15]渠长根.红色文化概论[M].北京:红旗出版社,2017.

[16]黄业.巍巍五岭[M].广州:广东人民出版社,1982.

[17]杨尚奎.红色赣粤边[M].北京:作家出版社,1959.

[18]韶关市政协文史委员会.韶关文史资料:第二辑[Z].1983.

[19]左盘石,许树辉,李航飞.韶关学院自然地理实习指导书[M].长沙:湖南地图出版社,2018.

[20]许树辉.韶关学院人文地理实习指导书[M].长沙:湖南地图出版社,2019.

[21]余韵诗.粤北古村落传统公共空间形态研究[D].广州:广东工业大学,2012.

第四章　韶关客家传统文化区

韶关是客家人的重要聚居区，韶关总人口的90%属客籍。在韶关1.8万多平方千米的地域范围内，客家人分布广泛，并在地域上集中连片分布。韶关地区特色浓郁的客家文化是中原南迁汉文化与越族等本土文化、瑶族等少数民族文化相互融合的结果，是汉民族文化的重要支系。南雄、始兴、仁化、翁源、新丰等地客家传统文化源远流长，是韶关客家传统文化区的核心文化区。

一、韶关客家人的由来

(一)"客家"称谓探源

在语言学中，"客"是相对于"主"而言的。"客家"，从字面意义上讲是外来的人，如同"店家""船家"等称谓一样。据专家考证，"客家"之"客"来源于东晋元帝为流民诏定的"给客制度"。至宋代，与当地居民"主户"相对应，官方称流民为"客户"。实际上，"主""客"之分只是时间上存在着先后问题。谁先入驻扎根，即为"主"，与之对应的后来者，即为"客"。对于韶关而言，有比中原南迁汉人来得更早的居民——古越族人，可谓名正言顺的"主"；后有畲族人生活在这一带，因晚于古越族人，故被称为"山客""木客""畲客"。随着中原汉人的不断南迁，这些"客"与南迁汉人混居于此，长期融合，孕育出独具个性的语言和文化，因而又成了"客"之"客"，即客人、客户、客家。

著名语言学家王力先生在《汉语音韵学》中认为，"客家是'客'或'外人'的意思，因此，客家就是外来的人"。可见，客家是相对于当地居民，也就是"主"而言的一种对称。客家的"客"，即外来人的意思。"客而家焉"，客居他乡，并以之为家者，即谓客家。现在意义上的"客家"是汉族的一个民系，是客家民系、客家人的简称。在客家研究学者罗香林先生看来，"客家"的形成与中国历史上的移民运动有关。他认为，客家族群是汉民族内部具有独特个性的一个支系。明清时期，主客之争时有发生。在长期的主客械斗中，"客家"称谓开始盛行。当然，这也与客家自身的认同密不可分。"山为主，故我为客"。正如仁化县历林村《刘氏族谱》第19页"广传公家训"中所写的那样："年深外境皆吾境，经久他乡即故乡"不少南迁汉人开始欣然受之，自称客家人。

(二)广东客家源说

客家民系(俗称客家人)，为广东三大汉族民系之一。其来源存在着"土著说"和"中原说"两种代表性的说法。其中，"土著说"认为，客家是"闽粤赣三角地区的古越族汉化以后产生的共同体,主体是生活在这片土地上的古越族人民,而不是迁徙流落到这一地区的中原人"。而"中原说"则认为,客家主体构成为来自中原的移民。"中原说"又可细分为"秦汉说""唐宋说""明清说"等,大都是根据客家方言形成的年代来推断的。如支持"秦汉说"的学者认为,客家民系的形成应追溯到秦汉时期到岭南开疆拓土的戍卒(房学嘉《客家源流探奥》)。而支持"唐宋说"的学者罗香林先生则认为客家先民在东晋以前的居地,"北起并州上党,西属司州弘农,东达扬州淮南,中至豫州、新蔡、安丰",即"汉水以东,颖水以西,淮水以北,北达黄河以至上党,皆为客家先民的居地"。他认为,广东客家人是唐宋以来因战乱而纷纷南逃至粤东、粤东北地区的。

实际上,客家人是中原移民南迁并聚集于岭南地区,经过与古越族人及瑶、畲等少数民族融合后,逐步形成的具有有别于汉族其他民系的文化符号、生活习性和文化特质的一个汉族民系,是中原汉文化与南越文化、少数民族文化由各自独立走向相互融合的长期作用的结果。一方面,由于南岭山地相对闭塞,长期以来与外界交往相对较为困难,受其他方言的影响也相对少,客家人仍保留了较多的汉文化元素。另一方面,客家人因与畲族、瑶族和越族交往,同时吸收了少数民族、当地居民的文化符号,从而形成了独特的客家方言,即客家话。如何在众多的汉族民系中辨识客家民系?有人认为,凡是具有客家血统、客家文化素质和客家认同意识三个条件中的任何两个条件的人,便是客家人。其中:客家血统是指形成客家民系的各族成员血统的总称;客家文化素质主要表现在语言和生活习惯方面;客家认同意识,即是自我承认是不是客家人。在这三要素中,最重要的是客家文化素质和自我认同意识。

(三)韶关客家的由来

按"中原说"观点,韶关客家人的由来,应与历史上时长达170年、规模达100余万众的几次中原汉人大规模南迁有着密切的关联。韶关地区首次迎来中原汉人,可以追溯到秦始皇时代。在任嚣、赵佗率秦军统一岭南时,有近50万的六国"逋亡人、赘婿、贾人"随行,后又有大批罪人被充军至此,再加上赵佗向秦始皇申请送到岭南与留置岭南的秦军官兵婚配的1万余名年轻女性。这些中原汉人"与越杂处",促进了岭南汉族与越族的融合与发展。西晋末年"八王之乱""五胡乱华"爆发,中原地区陷入动荡局面。汉人大举南迁,由中原经河南南阳,进入襄樊,沿汉水入长江,迁往湖北、安徽、江苏一带;由九江到鄱阳湖,或顺赣江进入赣南山区,其前锋抵达粤北,进入湘赣边境的岭南门户——始兴郡(今韶关一带)。至南朝宋大明八年(公元464年),始兴郡人口规模增至11756户76328口人,比西晋太康三年(公元282年)增长了1倍多。

唐末"安史之乱"至五代时期,因战乱频繁,中原汉人再次大举南迁。客家先民溯赣江而上,抵达赣南、闽西定居,部分客家先民经大庾岭新路进入粤北(今韶关所辖地区)。两宋时期,全国政治、经济和文化中心南移,韶关客家人开始稳定下来,并迅速成为客家人继续南迁的重要中转站。在宋太宗太平兴国至神宗元丰元年(公元976—1078年)的百年间,南雄人口规模迅速由8368户增长至20339户,新增11971户,居广东各州户籍增长率之首。靖康二年(公元1127年),百万臣民随宋高宗南渡,韶关迎来宋代第二次人口迁入高潮。宋末元初,由于文天祥等组织人马在闽、粤、赣山区力抗外族入侵,三省交界处成为宋元双方攻守的重地。先至闽、赣的中原氏族再分迁至粤东、粤北,甚至向珠江三角洲大规模迁移。明清时期,在粤北韶关,自始兴到英德形成了一条客家人的居住带。与此同时,客家先民继续向珠三角迁移,还有一部分客家人迁移到粤北、粤中和粤西地区。清康熙年间发起"移湖广、填四川"的移民运动,部分客家人由粤北韶关开始移居到湖南、四川等地。清中后期,客家人进一步南迁到广西、海南、云南、贵州乃至港澳台和东南亚。

如,始兴县澄江村聂氏,据《姓氏急就篇注》所载,出自姜姓。又据《聂氏四修族谱》之《聂氏源流序》记载,在东汉之前,聂姓基本以北方为繁衍发展的中心地带。魏晋南北朝时期,聂姓在今山西的夏县一带发展迅速,并呈现族大人众、枝繁叶茂之势,于是产生了聂姓历史上的第一大郡望——河东郡。由于此际社会动荡,聂姓已有播迁江南者。其中,落籍于新安江流域的聂姓,经繁衍发展,逐渐形成了聂姓新安郡望。此际聂姓已南迁至今江苏、浙江、江西、安徽一带。隋唐之际,聂姓在上述两大郡望依旧繁衍兴盛,并以两地为中心,向周边地区播迁。两宋之际,见诸史册之聂姓以南方人居多,福建、湖南、湖北等地为前三位。明朝正统七年(公元1442年),聂氏三世祖志善公、志运公从福建长江带领四子宗仁、宗海、宗兄、宗显及族人择居始兴良源。明朝弘治年间,七世祖贻锦公以县衙粮差身份被派遣至跃溪都(即今澄江)驻扎征粮。弘治九年(公元1496年),贻锦公正式择居始兴跃溪都(即今澄江)。据《聂氏四修族谱》之《子政公长子润珊公房世系支派》记载,"公原居跃溪都,于嘉靖七年(公元1528年)二月,公凭中人买到南雄河南梅魁街彭阿周南康保户内亩,上名跃溪都大小油草等处,计亩不计丘坡,载粮壹石六斗,凭中人引至南岸都,聂贻锦前承买价银玖拾两正。当日立契人:萧昌、信弟、昌贤、昌达在场,同见上手彭阿周南康保说合中人吴链,并上手中人胡引、唐俸、刘岸等。嘉靖九年(公元1530年)二月十六日。税田印契。"这段文字记录了聂姓贻锦公买田置业之事。聂姓七世祖贻锦公1496年择居始兴跃溪,生五子,长子祖毓、四子祖耀留居跃溪,次子祖哲分居小油草,三子祖玺分居大油草,五子祖晓分居南雄武台岗,各自分守家业。自此,澄江聂氏家族门庭高大,枝繁叶茂。贻锦公五子后裔生生不息,并多有迁徙南雄、信丰定居者。清代以后,聂姓分布更广。据《聂氏五修族谱》之《子政公长子润珊公房世系支派》记载,澄江聂姓迁出派包括:南雄大坪村,传至今25世,人口319人;南雄勋口村,传至今25世,人口453人;南雄二塘村,传至今25世,人口468人;南雄横水、龙头、上泷村,传至今25世,人口299人;南雄小岭、大源等公房世系不详;江西信丰丝茅坪村,传至今25世,人口270人

（数据源于《聂氏五修族谱》之《五修族谱编后补充》，1999年7月11日）。如今，聂姓在全国分布较广。尤以湖北聂姓为多，约占全国汉族聂姓人口的15%。聂姓位居中国姓氏排行榜第125位。

综上所述，韶关客家人是自秦朝末至宋朝初，黄河流域的汉族居民数次从北方大举南迁，经赣南到达南雄珠玑，或经闽西到达粤东，再由粤东北迁至粤北韶关，抵达粤北韶关之后放缓脚步，逐渐定居下来，并与当地的南越族、瑶族、畲族杂处，互通婚姻，相互融合，经过千年演化，最终形成相对成熟的、具有很强稳定性的客家民系。此后，客家人又以南雄珠玑、韶关为基地，南迁至珠三角、港澳台，甚至东南亚等地，向北向西迁到湖南、广西、四川、贵州等地，形成韶关客家人集聚与分散相结合的局面。

二、韶关客家传统文化的外在形式

（一）客家围屋

客家围屋，是指那种四周封闭，以前门为主要出入口，有些还带有碉楼，用泥土或三合土（泥、灰、沙）夯筑，用泥砖、卵石或青砖砌筑的防御性很强的大型客家居屋。客家围屋是多种多样的客家民居中的典型。"有村必有围，无围不成村"。在粤北韶关，客家围屋数量众多。仅始兴县就有客家围屋200余座，是韶关围屋现存最多、最集中、最有地方建筑文化特色的地区之一。在韶关客家乡村，现存客家围屋大部分为明清时期兴建。围屋规模有大有小，一般设多层防御门。外墙多用青砖构筑，高大厚实，墙上布满各种大大小小的瞭望口、射击枪眼。整个围屋具有较强的防御性。从整体空间形态看，韶关客家围屋大都呈正方形、长方形、凸字形、品字形，统称方形围屋。为增强防护能力，围屋多设炮楼等附属建筑凸立于围屋四角，故又称"四角楼"。

在韶关客家乡村，有的围屋独立于客家民居之外，平时闲置不用，遭贼盗兵匪进村侵扰时，供村民暂时避难所用。围屋内一般开挖水井、构筑民房、设储存室，生活设施相对齐全，确保村民避难时能够在一段时间内维持正常的生活。对于条件不错的客家望族，围屋集居家生活与防御庇护于一体，规模宏大、设计精致，井然有序。韶关客家围屋一般以宗祠为核心，居屋紧靠祠堂左右或后面整齐排列，偏房在外面呈围合状态，布局上左右对称，规规整整。族人生活于其中，前后左右来去方便。有的围屋围绕几栋房屋而建，有的在围屋两旁独立兴建，形成规模宏伟的客家围屋建筑群。

始兴满堂客家大围（图4-1），为一方形大围，属清代砖石结构的四合院式围楼，由青砖、河石、瓦木等构筑，并由上、中、下三个小围楼连接构成，俯瞰时呈"屋包围、围包屋"的"回"字形格局。围楼面阔178.8米，进深83.4米。楼层由二层和五层不同的规格组成。中间围楼高16.9米，另两座稍矮的围楼拱卫其前后。围内则由"中心围""上新屋"和"下新屋"3个建筑群组成，每个建筑单元各有4个角，共计12座观望楼。围楼中有栽花种树的大院 4 个,祠堂 6 个,议事厅 17 个,天井 16 个,水井 4 口,寝室、厨房、储粮间、杂物间、厕所、牲畜栏舍等大小房间 777 间。

图 4-1　满堂大围

图 4-2　长围围屋

长围村围屋(图 4-2),由围楼和民居组成,坐北向南,建于清代。面阔 52 米,进深 92.2 米。围楼呈长方形,共四层,高 15 米。门楣刻有"人文蔚起""清咸丰五年(公元 1855 年)乙卯岁柱吉旦曾盛堂立"等字样。整座民居由河石、瓦木构筑。围内中间有天井,二层四周出靠栏(走廊),有木梯可登楼。围墙牢固结实,底层外墙厚 1 米。中间的祖堂,为三厅二进。两侧的民居,为二厅四房组合,地面铺薄青砖。长围村围屋是始兴县第三次全国文物普查的重要新发现。整组建筑保存完好,是典型的客家围屋,对研究清代客家民居建筑有重要价值。

高山门围屋(图 4-3),在曲江区乌石镇濛浬村委会高山门村,是一座坐东南向西北的清代建筑。它是曲江区两座马蹄形围屋之一,其墙体由沙灰混鹅卵石夯实而成,外围呈马蹄形,为五开间,三进,中间是祠堂,总体布局尚算完整,前低后高。据《曲江文物志》记载,整个围屋的面积为 2027 平方米,通面阔 41.8 米,通进深 48.5 米。沿外围可走进处于围屋中央的祠堂,堂口匾额上的"永兴堂"三个字仍依稀可见。满地的杂草之上,杉木柱子历久弥新,没有遭到白蚁侵蚀。2012 年,高山门围屋被列入曲江区第三次全国文物普查不可移动文物名录。

图 4-3　高山门围屋

客家围屋是韶关客家人同族先辈新建,子孙后代不断修缮、扩建甚至新建的结果,是客家族人南迁后"抱团自卫""聚族而居"的需要,更是客家后人人丁、事业兴衰的集中体现,是韶关客家文化的重要见证。韶关客家围屋在建筑形式和技法上,既有中原文化典型建筑形制如徽派建筑风格的传承,也有适应地方气候条件、本土化元素的体现。风水塘和围屋拼在一起,是典型的客家建筑风格。风水塘既有消防作用,又能调节气候。形式多样、内涵丰富的韶关客家围屋,是韶关客家文化区人居环境、客家文化结构与变迁、客家文化区与其他文化区关系研究的重要载体。

(二)客家祠堂

在韶关客家人居住的乡村,有村庄就有祠堂。一般而言,祠堂多为同村同姓同族人共建。一个客家村庄至少有一个祠堂,多姓村庄各姓氏族人一般会自建祠堂,因而会出现同村有多个祠堂的现象。此外,随着子孙后代的繁衍,分房分户后新建祠堂现象也十分普遍。与此同时,同村不同姓氏共建一个祠堂的现象,也时有发生。在乳源瑶族自治县一六镇的下社村,清嘉庆十七年(公元1812年),村内秦、付、陈、黄、林、朱六姓出资共建三进式祠堂——"六合堂"(图4-4),成就了一段"关起大门六姓人,打开大门一家亲"的佳话。祠堂造型和结构十分讲究,砖木混合建筑,具有浓郁的岭南客家民俗建筑风格。祠堂正屋自入口、大门至大厅,布局在同一条中轴线上,为二进式或三进式布局。厅间设有1—2个天井。祠堂正前方有影壁,壁上绘制吉祥图案。祠堂大门上方安放匾额,冠以祠堂名。规模较大的祠堂大门左右各安排一个侧门。祠堂门口放两只石狮或圆形石鼓,预示威武严肃,让人心生敬畏。门内厅前设置屏风,厅前小后大,层次分明。各厅左右用木柱或石柱支撑,柱上有嵌入式或木板式楹联。屋顶雕梁画栋,飞禽走兽栩栩如生,是富裕显赫的象征。

图4-4 六合堂

以始兴县司前镇刘屋村为例,刘屋现存祠堂三座,分别是:老祠堂(宗祠)(图4-5),坐落在屋场南端,坐北朝南。正面望去有大门三头。门顶硬山式,中门略大略高,左右门略小略矮。中大门门楣上书"刘氏宗祠",左右大门门楣上书"履泰""恒升"。大门前有一块由鹅卵石铺成的地面,约42平方米。左右两侧是锅耳形山墙。祠堂分三厅二进,总面积182.4平方米。进大门处为前厅,宽7.5米,深9米,中有20平方米的天井一口;中厅宽7.5米,深9.6米;一木质大门把中厅与上厅隔开;上厅宽5.5米,深7.8米,与中厅木门间有3平方米的天井一口。上厅北面靠墙约1.3米处有木屏风一扇,正面中间上书"彭城堂"三字。下面设刘氏开基祖牌位,左昭右穆。屏风左右立柱有楹联:"溯尧祖以追宗文德武功动业独超江左右,自彭城而分派光前裕后源流直接汉西东。"整个祠堂,有立柱10根。为防腐防蛀,各立柱底部皆用石墩托住。石柱形状特别:上层为圆鼓形;中层为八角形,并镌刻有各种精美图案;下层为方形。

图4-5 刘氏宗祠

一般而言,客家祠堂选址十分讲究,尤其注重风水、强调吉位。事先要请人择地、选好位置、定好朝向。动土时,同姓同族的人都聚在一起。祠堂做好后,大摆酒席庆贺。祠堂是村里同姓同族人安放祖宗牌位、缅怀先烈、祭拜祖先的集中地,也是同姓同族人聚会、议事的重要场所,是乡村血脉相连、家族治理的重要精神体现。每年清明节的集体祭祖仪式,往往从祠堂开始,再到祠堂结束。客家人逢年过节要穿戴整齐到祠堂上厅祭祖,祭以"三牲"(肉、鱼、鸡)、各式糕点和水果等,烧香、点烛,读祭文、行跪拜礼,门口贴对联、放鞭炮。利用祠堂,族长可召集同姓族人召开大会,共商族内大事。此外,同姓同族的年轻后生婚嫁生子,在祠堂内大摆酒席也是常有的事。年老的族人因故去世,祠堂则成了族人搭建灵堂、停放灵柩的重要场所,孝子们穿白丧服、扶杖、披麻、戴孝,利用祠堂完成死者入殓、扬幡出殡等系列土葬仪式。

(三)客家村落

韶关客家村落,从空间分布上看多集中在地势开阔、平坦,有肥沃土地和充足水源的平原、盆地地区,江河岸边、陆上古道旁等交通沿线地区,以及粤、湘、赣三省交界地区。这与南迁客家人秉持耕种为主、商贸为辅的农耕文化有着密切的关系。地势低平且水源充足的平原、盆地地区,有更多可用于耕作的土地,能够养活更多的人口。同样,水道陆路旁甚至边境地区,是客家人进出的必然通道,也是农产品和生活必需品的重要交易场所。从空间形态看,韶关客家村落因所处地形地势不同而呈现出块状和条带状两种主要类型。选址在地势低平、开阔平坦的河流汇合的三角洲、山间盆地和平原地带的客家村落,少受地形条件限制,新建住房可以祠堂为中心向四周拓展,因而在空间上容易形成集中紧凑的块状村。那些选址在山区古道两侧或狭长的河谷地带的村落,受地形和交通条件限制,新建住房往往只能安排在狭长有限的空间内,因而在空间上容易形成相对分散的条带状村。除此之外,在山区也可以看到独户的单幢建筑散落在山林之中,呈现出散点状的散村特性。

以始兴东南部的澄江村为例,澄江村因澄江得名。澄江(古称墨水,后又称跃溪)由发源于雪峰山的方洞河与白眉寺的暖田河汇合而成。澄江河水清澈纯净,流经地区地势低平,山川河淤冲积,形成澄江盆地。盆地土地肥沃,雨量充沛,河网密布,森林茂密,适宜农耕。澄江村的邓氏祖先自南宋淳祐十二年(公元1252年)从福建上杭迁入此地开基立户。到了明朝中后期,邓姓人丁大发,财力充足,邓姓子孙开始建市场,划地建邓家门店,建立边境墟场(澄江墟),至今已有760余年的历史。正所谓:"寺背岭上看澄江,田园广袤绿翻浪。两江夹流汇福地,清澈河水奔远方。掀开历史看澄江,南宋时期有村庄。人杰地灵千载久,钟灵毓秀美名扬。"同样,始兴县司前镇刘屋村,坐落在清化河与黄沙河交汇的司前盆地上,江草河自东侧流入。明洪武十五年(公元1382年),清化巡检司在此设立,农业商贸相对发达。明朝嘉靖十七年(公元1538年),刘姓族人从江西吉安来此经商,见此地地处"三江口"("向三江结蕊"),山清水秀,风景秀丽,于是择地建村,至今繁衍480年。当然,许多地势低平、水源充足的地区,开村定基前多为林草丛生、水患无穷的"沼泽地",其艰苦条件可想而知。尽管如此,在乡村贤达看来,这也是可置居之处。乾隆四十七年(公元1782年),兴仁里陈氏远祖购黄所小井一箭①沼泽地,翌年携老小迁入此地,筑室为里,成就了一段"置田产,买山林,家资益富,又积德息讼,助贫穷,和睦四邻,远近称道,遂定里名曰'兴仁'"的佳话。

在粤赣、粤湘边境,因为贸易迅速发展起来的客家村落有不少。澄江村靠近南雄的保昌、南山一带和江西省的虔南(今全南)的上窑、青山、石背、凉山寨、黄沙和龙源坝一带,地理位置特殊,很快发展成澄江墟——一个繁荣的小市场。到了清代前期,市场发展很快,南雄的保昌、虔南的上窑、青山、石背等地人,都到澄江墟赶集,福建、江西等地的商人来此开店经商。澄江墟一般能够提供日常生活所需要的物品,如油、盐、粮、火柴、煤油、各种饼食等,有许多盐埠、当铺,甚至是金铺。在粤湘边境的城口村,位于韶关通往湖南汝城的陆上古道上,是粤湘两省边境山货、食盐、海珍、农具交易的重要场所,迅速成为韶关重要的边境口岸。城口村也迅速成为城口镇,甚至一度成为乐昌县城所在地。至今

---

① 古人用箭射出的长度做度量,每箭的距离约130步,相当于130米左右。

仍可看到古盐街、古秦城、古城墙等遗迹。

在浈江、武江两大水系大大小小的江河岸边，或西京、乌迳、梅关等诸多陆上古道旁、山坳处，也到处可见客家传统古村落。夏富村位于锦江河（浈江支流）下游冲积平原上。南宋理宗时期（公元1275年），李姓族人从江西吉水迁居建村于此。经数代人的经营，夏富村很快成为锦江下游的第一商埠和仁化县较为富裕的村庄。如今，夏富村（图4-6）已成仁化县历史相对悠久的古村落，数百年前的历史古建筑、古街巷依然彰显着其曾经的繁荣。下社村位于韶关乳源至湖南的西京古道旁，秦、付、陈、黄、林、朱六姓先贤共同开基建村，共建共用祠堂大厅，造就了具有230年历史的"西水名村"，不仅给后人留下了"关起大门六姓人，打开大门一家亲"的"六合堂"精神，还流传着"无论是官宦、商贾、游子、路人，凡经过此地，必下马拜谒"的传奇故事。新田村在江西信丰往南雄的乌迳古道旁，有"迁雄第一村"之称。"先有新田李，后有浈昌县"。早在西晋愍帝建兴三年（公元315年），李姓族人便于新溪建村（今新田村）。在新田村，有一条街名叫"永镇街"，是乌迳古道上十分热闹的一条街。街上店铺比比皆是，有饭店、酒店、茶店等。近处有一口清澈如镜的古井，用井水酿出来的酒醇香清甜，吸引着不少过往的宿客。如今，鹅卵石铺成的古道，仍保持着古镇的风韵。有的古村落选址在水岸边，同时又临近古道。陆上交通与水运码头相连，水陆运输"一体化"带来便利，加快了客家村落的发展。武阳司村位于西京古道旁，其南侧有一条清澈见底的武江河宛如一条玉带绕村前流过，故称"武阳"（民国时期改称龙阳）。南宋初期，早有林姓祖先在此定居，后有袁姓族人于南宋淳祐十二年（公元1252年）迁来此处定居。至明朝世宗嘉靖八年（公元1529年），官府在此置武阳巡检司。由于地理位置优越，许多客商纷至沓来，"梅寮四地，龙阳八甲"。此地更成了士、农、工、商、艺各显其能，众望所归的百家姓村落（集市）。

图4-6 夏富古村落

客家传统村落（图4-7）在韶关密集分布，成为乡村传统文化集聚区，与客家人善于择良地建村有关，也跟客家人定居后人口剧增，子孙繁衍生息、就近迁移有一定的关系。在靠天吃饭的农耕时代，韶关客家人不断"开疆拓土"，寻求可供耕作的土地，同时又"视田如命",新建房屋尽量不占用农田,以求获得更多收成。尽管如此,随着人口的增多,村庄无法支撑更多人口的基本生活时,客家后人便又开始迁移,就近重新择地置业。如自北宋元符三年(公元1100年)从江西乐安通过乌迳古道迁入南雄松溪的董姓客家一族,为经乌迳古道在南雄聚居的60余姓氏之一。董氏子孙繁衍、人口剧增后,为了生活,其后裔分迁于南雄的乌迳、界址、孔江、新龙等镇,发展到1699户,占南雄总户数的2.04%。

图4-7 方洞古村落

客家村落建筑十分强调因势而建、就地取材,结合自然环境合理安排生活空间。方洞村居民开渠将上游溪水引入村庄。村内屋前巷边,形成自流的水网,既解决了村民的生活用水问题,又能够调节村里的小气候,起到冬暖夏凉的良好效果。这种生活与生态和谐共赢的布局,也可以从客家村落一口口形态各异、面积大小不一的村口池塘体现出来。村口池塘是村民生活用水的重要来源,也是建筑失火进行扑救的重要水源地。客家建筑一般就地利用石材、木料甚至竹林作为建筑材料,建成相对简单但又独具特色的客家石室、木屋、竹楼。明清以来,有条件的客家村民开始自制泥砖,搭建起相对牢固的泥砖木梁式结构的房屋。在现存的客家传统民居建筑中,砖石木混合运用,青砖替代泥砖的现象较为普遍。客家传统民居外墙,大都用大鹅卵石垒砌墙基和墙脚,墙体夯土而成,里面添加稻秆、糯米、红糖、猪血等材料,犹如一堵由自然材料构成的混凝土墙,坚实厚重。

客家村落建筑形制,严格遵守中国传统民居建筑形制要求,强调尊卑有序、不与官争,虽显简单,但寓意深刻。典型的传统客家民居建筑在空间布局上一般以祠堂(或大厅)为中心,民宅分幢建于祠堂左右及其后,整齐排列,形成檐街。随着人丁增长,各房往往于总祠堂附近另建分祠堂或门楼(大门),本房人再围绕分祠堂或门楼另建新宅。新建房屋同样整齐排列、井然有序。始兴县兴仁村祠堂两侧,有二厅二房、四房、六房等不同的民房,排列整齐且通过檐街与祠堂相通。每条檐街都像"一"字这么直,房屋像"日"字,有"一字檐街日字厅"之说,整个村庄的房屋呈现出"田"字形的空间形态。"一""日"

"田"字形的空间设计,时时提醒后世子孙谨记每一日当"日出而作"的务农之本。在兴仁里村,光正檐街就有20多条。其中,最长的檐街叫"长檐街"。檐街雕龙画凤,沟坑用河石砌成,坑边全部用麻石铺垫。檐街用鹅卵石和青砖铺设。整条檐街为南北走向,全长173米,是始兴县村庄中最长的檐街。后人在考证兴仁里时曾留下一句顺口溜:"一字檐街日字厅,规规矩矩有田耕。四平八稳六大顺,十全十美好人家。"规规矩矩做人,老老实实做事,勤勤恳恳发家,是我们后辈所遵循的家训。

(四)客家习俗

传统饮食。客家饮食习惯与当地的自然环境及社会环境密切相关。因为交通不便、条件艰苦,客家食品大都取材于当地。客家饮食可用"素、野、粗、杂"四个字来概括。其中"素"主要是指少吃肉、少用油。以前生活困难,除了过年过节和宾客临门时,客家人很少买肉或宰家禽家畜。客家人炒菜很少放油,食用的一般是植物油,主要是山茶籽油和菜籽油。客家地区多山林,野菜、野果、野生动植物资源非常丰富。"野"的一个重要特点是新鲜、无污染,这正是当代营养学家所提倡的。客家人常食用的野菜和野果有两三百种。这些野菜和野果不仅含糖、脂肪、蛋白质、维生素、无机盐等,而且营养成分高于常见蔬菜和水果。如客家人常食的沙棘果,维生素C、氨基酸等含量非常丰富,长期食用可延年益寿。"粗"和"杂"主要是指客家人饮食范围比较广:就粮食而言,除了主食稻米外,还有当地种植的玉米、红薯、木薯和芋等杂粮;菜肴方面,则有茄子、豆角、白菜、萝卜等蔬菜以及山中的蕨菜、竹笋、野菇、木耳等野菜。客家人践行"医食同源"的饮食理论,利用当地丰富的中草药资源,做成各种既美味又滋补的菜品和汤水。由于主粮供应有限,客家人往往不得温饱,需掺以杂粮、野菜充饥,故有"番薯芋头半年粮"之说。在食用蔬菜方面,村民们大多自种自食,且有腌制和加工蔬菜的习惯。除菜干以外,还有酸菜、榨菜、萝卜干、豆腐乳等,别有客家风味。

每年春节前,客家人有自制过年糕点的习惯。较有地方特色的过年糕点有炒米饼、炒米、油炸番薯片和芋头片等。炒米饼是将黏米用开水浸泡片刻,捞起后炒熟,磨成粉;把花生米碾碎,掺入适量芝麻,连同米粉和黄糖或白糖水拌匀;再将加工好的米粉用饼模印成一个个米饼,烘干后就成了炒米饼。这种炒米饼,久放不坏,既可自己食用,也可送礼。炒米是把糯米蒸熟、晒干,用锅炒爆;把花生米碾成粗粒,和上糖水与面粉,用油炸成花生球;再将加工过的糯米和花生球拌匀,用铁罐或瓦缸密封储藏。炒米可用来待客,出工时也可做点心。番薯片、芋头片的做法如下:把番薯和芋头削皮、洗净、切片(可以和上米粉浆或面粉浆,也可单用芋片与薯片),用油炸。冷却以后即可食用,也可密封保存,适时再吃。除年糕外,客家人还善于利用本地出产的大米、豆类、花生等原料,制作各种类型的糍粑,用于待客或自家食用。其中特有客家风味的糍类有油糍、灰水糍、艾糍等(图4-8)。

图4-8 客家传统美食

在南雄、始兴各乡镇,到处可见客家传统美食,例如南雄米糕、铜勺饼、板鸭。相传,明弘治年间,南海解元伦文叙赴京考试,路过大庾岭时吃了南雄米糕,后来中了状元,人们就把这种糕点称为状元糕。南雄状元糕以糯米粉、杏仁粉及白糖调制而成,每块如手指般大小,印有"吉祥如意"的字样,香甜可口。铜勺饼,俗称铜铁勺米果,是韶关客家人的特色传统小吃。南雄"珠玑"铜勺饼为特色品牌。铜勺饼色泽光亮、香酥可口,是老少皆宜的休闲食品,也是居家、休闲、旅游、馈赠朋友的上选食品。南雄板鸭,以造型美观、颜色金黄、香气浓郁、油尾丰满、皮薄肉嫩、肉红味鲜、骨脆可嚼而著称。全蛋煲鸡、荷包蛋鲫鱼汤是始兴县流行的民间传统名菜,也是客家穷苦人家生活中的奢侈品。"十二月里来十二月花,准备过年乱如麻。有钱郎子斫(买)猪肉,郎子冇钱褪鸡妈"。全蛋煲鸡虽是农家自有,但也要过年才舍得吃。山水豆腐,是用山里的溪水采用农村传统方法酿造的豆腐,与市场上贩卖的豆腐大不相同,鲜嫩可口,爽滑细腻,略加煎煮,表皮带香。酿豆腐、莙荙包,用豆腐或莙荙菜叶包裹馅料制成。馅料以萝卜、芥菜头、芋头为主料,加上少量肉、虾米、香菇和青葱等香料,有的还加点儿冬笋。馅料备好,煮熟再上粉勾芡。然后用豆腐或莙荙菜叶把馅料包好,放入锅里用文火煎一会儿就可以吃了。

传统服饰。清代末年,客家男女都穿花边大襟衫(图4-9):素色或深蓝色,圆领,大袖,衫长过膝,衫纽右扣,正中绣四方图案,衫沿绣有花边。大边大襟衫,多以家居布料为主,衫长过膝。有"衣长可及膝,袖宽可藏身"之说。小边大襟衫,多以士林蓝、糙热布(即苎麻布)为料,衫长短于大边大襟衫。大襟衫的用色:老者多用黑色、深蓝色,年轻人偏爱浅蓝。大襟衫装饰精巧,偏爱绣花。男人穿牛头裤,女子裤腿边缘绣上花边。民国初年,客家大襟衫样式有所改革:四方图案取消了,衣领和衫边加饰与衫不同颜色的花边(俗称栏杆),而衣宽、袖大、衫长的特点则没有改变,称为老式大襟衫。新文化运动后,大襟衫的大花边改为小布边(有些完全不镶花边),宽衣改合身,大袖改小袖,裤腿的花边也已去掉。新中国成立前后,客家城乡妇女都喜欢穿改良的大襟衫:矮领,小袖,衫宽合身,衫长过臀,衫沿、裤沿加饰不同颜色的"小栏杆",又称新式大襟衫。

图 4-9　客家传统襟衫

客家布鞋(图 4-10)用纯布制成,大致有做样片、鞋底、鞋面及绱鞋、规鞋等工序。依照脚的长短和鞋的样式,取旧衣裤或边角废料,用稀饭作糨糊将其叠好,做成样片,晾干备用。鞋底是通过取一定数量的样片外加新布包装成初样,用手工搓成的黄麻绳衲制而成的。取一块样片用新布包装贴于鞋面。鞋口用异色布条衲好,并与鞋跟缝合。鞋头部分缝成拱形。最后用麻绳将鞋底和鞋面缝合,此道工序俗称绱鞋。为使新鞋定型,上好鞋后需用木制"鞋规"加以定型,叫"规鞋"。鞋一般由家庭主妇负责制作。布鞋的美观程度,反映了主妇的手艺和心灵手巧程度。心灵手巧的妇女不仅能够做出扣子鞋、布拖鞋等多种样式,而且还能在鞋头或鞋面上绣上凤凰或双龙吐珠等图案。婚期将至的女孩,一般会为男方家准备一些布鞋,多则四五十双,少则二三十双。

图 4-10　客家布鞋

客家风帽多由妇人手工制作。在帽的额门位置以异色布作底,另用彩色布条框着用彩线刺绣的生肖与祥云等图案。全帽均以里外颜色各异的棉布包棉花缝制而成。平檐、角顶、三角尾,背面颈部中央位置安有两条异色布带,以调节颈部的宽松,并系成蝴蝶结做装饰。帽的后面饰有两条小布带,并吊有两个小铜铃,当地人称之为"风帽"。因其长度过颈,能遮头掩耳,形似狗头,故又俗称"狗头帽"。据老人说,风帽原系大人所戴。因在生产劳动中,戴着风帽不方便,大人便把这种帽子给小孩戴。客家风帽名称众多,如绣花帽、状元帽、有尾帽、轿顶帽、荷包帽等。风帽做工精细,保暖,耐用。风帽一般会绣一些花草动物之类的吉祥图案,给人以欢乐、愉快、吉祥的感觉。风帽系上两个小铜铃,有防小孩走失的作用,又符合小孩天真烂漫、活泼可爱的特征。

在新中国成立前,韶关客家妇女无论寒暑,都爱包扎"冬头帕"。"冬头帕"以一块一尺见方的绲边蓝布包头,用红白色线由额裹至髻下打结,让髻尖翘起。冬头帕分为单帕和双帕两种。单帕长70厘米,宽27厘米;双帕宽为单帕的2倍,折成单帕样使用。布料多为士林蓝,两端用红白相间的丝线绣上牙官(牙形边条)。三角帕长60厘米,呈等腰三角形,腰高约30厘米,以花布为主要用料。三角帕多为未婚女青年的头上饰物。冬头帕和三角帕使用时自扎成结,不另用小带扎。而头上扎冬头帕则是已婚妇女的特征。此外,在已婚妇女额头上,也常常可见一种叫"额栏"的特殊饰物。额栏长43厘米,宽6厘米。额栏以布壳(废旧布料加米浆叠加数层晒干而成)做底,外用红色布料或士林蓝贴面缝实,形成基色。豪华的额栏正面周边会缝上五色牙官,牙官上再饰银色圆形小珠串,两额位置用异色布料以牙官框出图形,并用彩色丝线在图内绣上祥云、凤凰等吉祥图案,配上金色小圆镜片。中间脑门位置裹6条长5厘米的棉芯带,用线缝成3排,每排2节,呈凹凸状,以突出6条明显的棉芯带,叫"蓝官"。蓝官形如八卦中的"坤",代表"天地"中的地。2节蓝官之间的中央(即额栏正中)由1朵直径约2.7厘米的地钢片叠制而成。额栏小,却体现了图案设计、颜色搭配等刺绣水平和缴金嵌玉的奢华装饰,因此是绣女才艺和主人贵气的展示图,同时也是婚后产妇用得最多的头部防风御寒之物。布带也是方洞妇女系在腰上的一种饰物。布带长3.3米,宽40厘米,使用时折成10厘米宽。布带也多为已婚妇女和老年人作装饰和御寒之用,有时也可做背带用来背小孩。产后妇女也常用布带裹紧腹部,减少产后腹内器官下垂,帮助恢复身体。

客家歌舞。每年八月中秋,村民们(妇女、小孩较多)便自告奋勇地找来台凳,在大门坪中央摆好。八仙桌上放有圆锡盘并装有大米(插香用),还有供奉的食品和其他道具。开始唱《请月歌》:

> 月姑姊,月姑姊,请倌下来照月亮。
> 我家门前又有树,请倌下来做屋住。
> 我家门前有口塘,请倌下来做屋场。
> 我家门前好多竹,请倌下来住两宿。
> 我家门前有口井,请倌下来照身影。
> 又有花鞋点脚趾,还有罗裙照地拖。
> 又有耳环吊叮当,长麻有倌织,短麻有倌耕。

反复唱三遍,直到月姑姊"下凡"来为止。月姑姊不与男人"接触",只和年轻姑娘"结伴"做游戏。如果说话不文明、没礼貌,她会发脾气、不理你。只有好言相劝,她才会如实回答你所提出的问题。这项民间活动从八月十三日夜开始,连续进行三夜,每夜请来的名字各不相同。活动结束时,要唱《送月歌》:

月姑姊,夜已深,脚下无鞋冷到心。

我家门前没有树,不敢留倍下来住。

我家门前没有塘,不敢留倍做屋场。

在仁化县石塘村,月姐歌是一种带有神秘色彩的民间音乐形式,数百年来当地女性群体以独特的演唱方言、演唱形式传唱,独具唐朝宫廷韵味,形成了独特的音乐风格和特点,是客家民歌中一朵独一无二的艺术奇葩。相传,唐代一个名叫月莲的宫女流落到石塘村,在日常生活劳作中将宫廷的一些曲调传授给村中妇女。月莲除精通音律、歌唱得好之外,还乐于助人、细心传教,受到石塘妇女的爱戴和崇拜。后人为纪念月莲,把月莲传授的歌曲命名为"月姐歌"。旧时,女性受封建社会礼制的种种束缚,借助"月神"的威严,唱《月姐歌》成了当地妇女宣泄内心情愫的一种方式,渐渐地形成了中秋月圆时妇女聚集在一起唱歌的习俗,并成为石塘村妇女欢庆中秋佳节的独特形式,传承至今(图4-11)。

图4-11 客家妇女在唱《月姐歌》

每年中秋时节,石塘村的妇女们都会聚在一起设月姐歌坛、唱《月姐歌》,活动由农历八月初一持续到八月十五。她们边赏月边演唱,一边自由地歌舞和做游戏。活动只允许女性参与,尤以年轻女性为主,男性绝不允许进入歌坛。因信奉"月神",故《月姐歌》只在晚上唱。《月姐歌》以当地独有的方言演唱,无伴奏,清唱,有独唱、合唱、对唱、表演唱等形式。歌词涉及大量的农业生产、生活、节气的内容,或叙事抒情,或叙述时令节气,或描写人间的冷暖世态,或歌唱爱情。《月姐歌》活动由准备活动、接月姐、迷月姐、送月姐四部分组成。其中迷月姐为活动的重要环节,包括"绣香包"调、"石榴打花"调、"睇龙船"调三大部分。"绣香包"调属于宫调式,内容主要表达男女之间的纯真爱情;"石榴打花"调属于徵调式,最具代表性,内容多表达人们对美好生活的向往;"睇龙船"调属于羽调式,主要描写人们赛龙舟时的热闹情景。

采茶戏。这是广东粤北客家地区的小戏剧种,是广东重要的戏曲剧种之一,旧称唱花灯、唱花鼓、采茶戏、大茶或"三脚班",已有200多年的历史。其起源是移居在粤北山区的客家人在采摘茶叶的过程中所传唱的采茶歌,之后融合花鼓戏、祁剧以及粤北当地的灯会歌舞、民间说唱、山歌小调等发展成为一种地方戏剧。明嘉靖年间的韶州地方志中就有这种小戏演出的记载。初期较为著名和古老的采茶戏戏班有清代康熙年间南雄南亩区里溪村的灯班等,后流行于南雄、始兴、曲江、仁化、乐昌、乳源、新丰、连平、和平、龙川、清远、英德、连南、连山等县,曾有"韶南大茶""南雄灯子"及"连阳调子"三大流派。嘉庆、道光年间,采茶戏曲由一旦一丑为角色的"两小戏"发展为小生、小旦、小丑为角色的"三小戏",分布地区进一步扩大,表演水平迅速提高。清康熙二年(公元1663年)版《乳源县志》记载:"立春先一日……里市各扮故事彩架表曰庆丰年,是夜会文武诸生饮春宴于公署演戏。"清康熙十一年(公元1672年)版《翁源县志》"风俗篇"记载:"元宵各街悬灯,竞为巧丽……锣鼓彻夜,比之火树银花,踏歌兴尤不减。"演出的剧目都是歌舞小戏,如《卖茶》《打猪草》《小劝夫》《哨妹子》《补皮鞋》《装画眉》《阿三戏公爷》《双双配》等。从客家人在山区劳作、采茶时即兴传唱的采茶歌、采茶舞到采茶戏,如今,粤北采茶戏的辐射范围远及粤东、赣南、湘南与桂东客家地区。它是我国戏曲史上的一大瑰宝,更是粤北人民智慧的结晶,是客家人精神文化生活的重要组成部分,是客家民系的民风民情、观念信仰、风俗习尚的形象反映,为研究客家文化、历史与民俗提供了宝贵资料。2011年,粤北采茶戏(图4-12)被列入第三批国家级非物质文化遗产项目。

图4-12 粤北采茶戏

客家山歌,又称民歌、客家情歌。它以大胆的披露、热烈的追求、美好的期盼,体现着劳动者的本色,毫无虚饰,毫不矫情。而浓烈的乡土气息、鲜明的山区色彩和娴熟的比兴手法,形成了它突出的艺术特色。在澄江村,广大村民自古以来就喜欢唱山歌,只要出门到了山上就唱。唱山歌能抒发感情、消除疲劳,又能联络感情。澄江山歌包括单体山歌、情歌、寄语歌、搞笑歌、消夜歌等多种形式。以下是一首单体山歌:

冬头帕布士林蓝,做人媳妇好艰难;
一日三餐煮好饭,又话饭生菜又咸。
十八小姐少儿郎,睡在身边痛心肠;
等得郎大妹又老,待得花开叶又黄。

旧时婚姻父母定,细细妹子把婚定;
日晒太阳又淋水,再靓妹哩变乌身。
看牛细哩好可怜,戴顶笠帽烂了檐;
东道拿顶旧笠麻,东道吾拿戴到年。
长工妹子好可怜,年头到尾几块钱;
年关买板水豆腐,无肉无衣过个年。
细细妹仔到河边,含着泪花思眼前;
等到花开叶又黄,青春年华有几年?

以下是一首情歌:

澄江山歌花样多,情哥恋妹诗有歌;
有哥无妹难开口,有妹无哥唱唔多。
哥在山头妹在窝,四目相对情感多;
两厢有情来相会,哥出诗来妹唱歌。
日头落岭过坳背,唱支山歌送老妹;
老妹好比相思鸟,明天应约到转来。
上了埂顶就下窝,满山竹子尾拖拖;
竹子尾拖食露水,妹子有心等哥哥。
满山遍野茶花开,为何花开哥唔来;
莫要听人讲闲话,见到哥哥心花开。
六七月哩最热天,晒黑老妹哥唔嫌;
石灰再白食唔得,蔗梗皮黑心也甜。

以下是一首寄语歌:

诚信守法讲道德,哥守边疆妹守节;
国家太平有哥份,哥妹同心又同德。
正月里来是新年,金字对联贴两边;
祝福大家行好运,出门打工赚大钱。
春暖花开石榴红,姊妹一同去打工;
见识社会学技术,回乡建设新农村。

在黄沙村,代表性的客家山歌有《十劝郎》《十骂妹》《十二杯酒》等。如:

赤米煮粥满锅红,甘愿同哥唔怕穷;

总要两人情意好,郎是讨食妹挽筒。
郎心甘来妹心甘,情愿同郎睡秆棚;
情愿和郎喝粥水,情愿同郎食糠羹。
三间当铺喱唔爱,情愿跟郎挑石灰;
左肩抛到右肩转,磨牙唎齿心花开。
石砌檐阶不用砖,重甏老酒不会酸;
纸剪红花不会谢,甘愿交情不会断。
你就贫穷我唔嫌,别人富贵我唔贪;
无耳锅子当天煮,无鱼无肉也清甜。
赤脚过河知水深,心肝讲话动郎心;
阿妹人才天下少,花针落河哪里寻。
天榴开花慢慢红,冷水放糖慢慢溶;
总要两人心甘愿,做来做去天会红。
妹是喜鹊天上飞,哥是山中一枝梅;
喜鹊落在梅梢上,石磙打来也唔飞。
入山看见藤缠树,出山看见树缠藤;
树死藤生缠到死,藤死树生死也缠。
偏要连来硬要爱,石头咐硬烧成灰;
哥是石头妹是水,石头见水心花开。
客家山歌特有名,条条山歌有妹名;
有哥冇妹难开口,有妹冇哥唱唔成。
站在高岭唱山歌,树木几多情几多;
树下鹧鸪知情意,声声替妹叫哥哥。
哥系有心妹有心,一条丝线一根针;
哥系花针妹是线,针走三步线来寻。
豆腐开浆靠石膏,纸糊灯笼靠篾条;
人民富裕靠政府,政策放宽靠勤劳。

以下是兴仁村流传至今的客家山歌:
　　山歌唔唱唔风流,肥肉唔煎唔出油,哥唔想妹实呆仔,妹唔想哥水倒流。
　　东边热头西边晴,新作田基唔敢行,灯芯做桥唔敢过,心里想妹唔敢声。
　　老珠生得确实靓,梳条辫哩齐衫领,哥哥看到心头痒,食唔下饭田唔耕。
　　高山流水两边流,十八阿哥妹难求,十八老妹想得到,冷水洗面汗过流。

过了一岭又一埂,老妹砍柴在对面,想同老妹担一肩,又怕老妹唔拿面。
砍柴过岭又过坡,解久唔见亲哥哥,若要有心帮妹担,过来同偓坐一坐。
哥哥约妹去搓田,一直搓到食茶边,横行搓来直行转,单单搓到妹身边。
喊妹唱歌歌好多,屋家放驰几谷箩,等偓担来同唔唱,唱到明年割早禾。
老妹着她两条裤,一条红个一条乌,行去面前撩起看,好像稔哩红又乌。
老妹着她两件衫,一件白个一件蓝,隔远眕眼瞄喵看,好像仙女来下凡。
哥有心来妹有情,扛担背勒样样成,唔学米筛心眼多,火点蜡烛一条心。
耕田要耕大块麻,一边莳田一边耙,阿哥耕田抵头牛,阿妹牵地唔脱梐。
日同做工夜同床,有福同享难同当,水煮盐捞心甘甜,夫妻和气家兴旺。
鸡公打架胸对胸,羊俚打架角乱冲,男人打架争夫娘,女人打架争老公。
热头射眼看唔清,唔晓老妹系哪人,有情老妹过来料,有情老妹调转身。
老妹坐在树头下,好像一朵玫瑰花,阿哥有心想去摘,又怕有筋督双手。
太阳一出红彤彤,阿哥出门打虾公,上河打来下河转,邀起老妹齐收工。
老妹生得肥嘟嘟,犁耕辘轴样样懂,厅堂厨房好手把,最难得保是老公。

在仁化县恩村,富有特色的传统习俗包括福主庙谯会、清明祭祀、七月十五中元节、八月十五水陆山歌会等。每逢佳节,村民都会组织火龙庆瑞、水陆对歌和龙狮舞等表演。舞香火龙,是恩村独特的传统民俗。传说恩村的蒙氏子孙后裔繁盛,是源于恩溪乃潜龙之地,故每年大年初二开始至正月十五晚上,恩村都舞香火龙,至今已有300多年的历史。香火龙采用竹编和稻草绑扎而成,分为龙头、龙身、龙尾三大部分,共七段。恩村福主庙供奉福、禄、寿三神,左右再奉五谷丰登神和判官,近年来加了观音菩萨和送子娘娘,以满足恩村村民祈福所需。在每年农历八月至十二月间,恩村百姓会选择吉日举办谯会,称为"打谯"。举办谯会当日,村里的信男善女,会在脖子上系红领带,带着礼品来到福主庙接龙、舞龙、入庙祭拜、盘龙。双龙庆瑞活动寄托了村民期盼来年五谷丰登、阖家幸福的深切愿望。恩村水陆对歌等传统民俗文艺精粹,利用客家方言唱出了村民的喜怒哀乐。

在始兴县黄沙村流行"舞阿妹""打锣鼓"活动。"舞阿妹"的道具由村民自己制作,先用竹篾扎成一匹马,马要求扎得生动。然后,制作推车,车上面摆放一双花鞋。阿妹(新娘)站在车中,车夫推着车,伴娘们载歌载舞地上场表演,远看就像新娘坐在车上一样。演唱内容以二十四节气的农事活动为主。这个流传在清化河流域的传统剧目,深受群众欢迎。黄沙自古以来有演奏鼓乐——"打锣鼓"的传统。锣鼓由大鼓、锣、铙等组成。逢年过节和红白事时,打锣鼓可增强气氛。演奏节目有《狮头》《行锣》《拜神》《三扳头》等。

三、韶关客家传统文化的内在精神

(一)敬畏自然,尊重生态

客家先民相信万物有灵,并且人的灵魂与万物是相通的,人是宇宙万物中的一种。客家人没有把人凌驾于万物之上,并从珍惜人的生命出发去珍惜万物,可以说这是生态智慧的体现。客家人奉行多神崇拜,因为时常受到天灾人祸、疾病虫害等威胁,相信"举头三尺有神明"。天地山川、日月星辰、动植物、亡灵、祖先等,都可成为崇拜的对象。客家人普遍认为,吉祥美好的人生际遇是与平安、富贵、多子、多福和长寿等密切联系在一起的,并借助一定的自然物如谐音植物、长寿植物来表达求吉禳灾、追求幸福的美好愿望。如榕树和万年青、柏树和长命草、桂和桃等分别象征着家业兴旺长存、长命百岁和花开富贵等。客家人对植物的崇拜是自然崇拜,大多出于早期客家先民和环境相互作用的结果。客家人认为灵魂可以栖息在植物的身上,于是就自然而然地保护起这些植物和生态来。基于对自然的敬畏和对植物的保护,客家人往往会在村口、屋后、山坡、沟渠、河道,种植具有象征意义的树木,并自发地保护起来。参天古树(图4-13)已成为客家古村落的重要标签。

图4-13　村口的参天古树

据《兴仁村村史》记载:新中国成立前,兴仁里对面的赤脚岭,屋后的老虎坑、大坑原是大森林,树干有60厘米的水桶一般大。在始兴县司前镇刘屋村,下斗门楼东黄沙河边现存古榕一棵,需6人环抱,高约20米,枝繁叶茂,绿树成荫,覆盖面积上千平方米。20世纪60年代以前,澄江村四周的山岗上都长着茂密的树林,特别是村庄星背岭的林木长得更加茂密高大。如黄坑的老屋背、沙排屋背、瑶前屋背、上厅下屋背、聂屋屋背、澄江中学背、小学背、黄泥岗、祠堂下屋背、杉树下星背(河背村)、小陂坳和小陂老屋背等,都长着树龄上百年的松树和大荷树、大枫树。在寺背岭庵坪里,现在的澄江小学东侧有一棵大枫树,树高40多米。据村民说,树空心,里面可容纳4名成年男子围坐玩扑克,说明这棵枫树大得惊人。

客家人对祖坟山、水源地及附近的某些植物给予特别的保护。在聚族而居的宗族主持下,客家人还自行制定了乡规民约,明确禁止任何破坏耕地和偷盗林木的行为。不管是国家封山育林区域,还是"公偿林"和"公偿田"周边的树林,抑或是自留林,偷砍山林树木的行为都在乡规民约的禁止范围内。在始兴县武岗村,村规规定不准烧樟树和野生果树。因为灶神姓张,樟树谐音"张",烧了樟树全家不得安康,烧了果树则会夺人食粮。这些看似迷信,实则蕴含大道理:樟树可做药,果树是山间鸟类的粮食,肆意砍伐它们则会破坏生态平衡。这些简单的道理细思即可明白。种种宗族制度的约束不但保证了客家农作物的正常生长,还进一步保护了当地的自然环境,为客家人提供生活所需的同时,保护了水源、土地、动植物乃至整个生态环境。

(二)遵从礼制,注重传承

韶关客家人深受中原汉文化的影响,崇尚汉文化传统,遵从汉文化礼制,重视建宗祠、修族谱、祭祖先、定族规,通过一系列仪式和规范,要求自己和后世子孙,遵从礼制伦理,传承传统美德,树立良好风尚。

客家人要求世代分明、伦理有序,强调字派的"朝廷封赠"名分,以彰显出身名门,深受皇帝器重。始兴县司前镇黄沙村《曾氏族谱》记载:曾参公为开派始祖,历代祖辈重视修订族谱,使之脉脉相传,伦派有序,世代分明,各代字派均出于明廷封赠。乾隆九年(公元1744年)二月十七日,皇帝下旨赐孔府20个字——"希佰公彦承,宏闻贞尚衍,兴毓传纪广,昭宪庆繁样"作为孔、颜、曾、孟四姓辈分排行,曾姓一族由63世开始以宏字派排传。清同治年间(公元1862年),湖南设立南宗谱局。在重修族谱时,曾国荃认为前赠20个字不足以应用,再请朝廷赠赐10个字,即"令德维垂佑,钦绍念显扬",合赠30个字。民国九年(公元1920年),孔子第76代衍圣公令贻又续订20字即"建道敦安定,懋修肇彝常,蔚文焕锦瑞,永锡赐绪昌"。1927年,曾姓一族贤达鉴于现派语不予绵延,又续订20字,即"世代朝廷赠,辅阎尽忠良,鼎新开国运,克服振家邦"。前后70个字,作为辈分排行(图4-14)。

58世	59世	60世	61世	62世	63世	64世	65世	66世	67世
希	佰	公	彦	承	宏	闻	贞	尚	衍
68世	69世	70世	71世	72世	73世	74世	75世	76世	77世
兴	毓	传	纪	广	昭	宪	庆	繁	样
78世	79世	80世	81世	82世	83世	84世	85世	86世	87世
令	德	维	垂	佑	钦	绍	念	显	扬
88世	89世	90世	91世	92世	93世	94世	95世	96世	97世
建	道	敦	安	定	懋	修	肇	彝	常
98世	99世	100世	101世	102世	103世	104世	105世	106世	107世
蔚	文	焕	锦	瑞	永	锡	赐	绪	昌
108世	109世	110世	111世	112世	113世	114世	115世	116世	117世
世	代	朝	廷	赠	辅	阎	尽	忠	良
118世	119世	120世	121世	122世	123世	124世	125世	126世	127世
鼎	新	开	国	运	克	服	振	家	邦

图4-14 黄沙村曾氏世派表

又如,兴仁村聂姓一族,在《聂氏五修族谱》之《字派》中写道:

人既生面有姓也,当名以命之,则称呼不紊,族之大有伦也;宜派以别之,则世系始清。我族先世立有亿万志宗子润六字以后,字派各书尊卑上下,未免茫然莫辨。迨至乾隆辛丑间修造谱牒,维时家老先生遂为之仿古人五言作排律六韵,俾河东聂氏一脉而来者,徒此照派列名循分命字,虽族属殷繁,共识某名为某辈等,杀异致减;知某字为某名,情则蔼然,分则秩然。远近洽而彝伦叙,名分正而纲纪彰,兹重理乘余小子等何敢贤知先人安为变更,况前智遗立目下尚有四十字为后裔分派,爱尊旧典仍照刻人谨:

    亿万志宗子 润贻祖泽长

    祥开应淑世 荣发兆齐邦

    馥郁金兰秀 琼英玉树芳

    祚传华绪萃 庆衍贤嗣昌

    忠信遵庭训 谋谟作殿梁

    箕裘诚克振 嘉誉永旆常

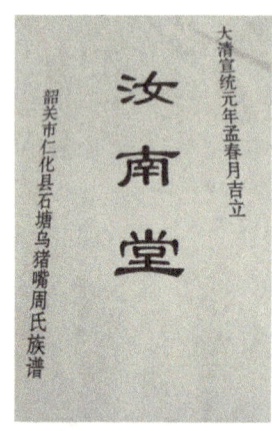 

图 4-15　族谱、族训与家规

  族规和家训(图 4-15)是客家先辈留给后人的为人处世宝典,最早可追溯到周公告诫子侄周成王的诰辞,绵延数千年,精深宏富,在中国传统文化中地位彰显。关于族规家训的重要性,仁兴村贵子岭谢氏《家训引》中如此表述:"从来子弟之率不谨,由于父兄之教不严,人欲子弟伦饬纪,砥行砺节,振家声,恢先绪非教不能,非严不可,盖上哲固罕有,下愚不概见,中人居多矣,惟以中养不中,以才养不才,乃能相与以有成,故面命耳提,俾之向善而去过,亦垂谱铭牌,使之触目而警心,爱刊家训,以示规戒云。"如今,族规、家训,多见于客家各族族谱之中,既有具体的内容要求、理由解释,又有对违背者的惩罚办法。在兴仁村,在《兴仁里陈氏族谱》中可见道光二十七年(公元 1847 年)制定的 12 条陈氏家训,要求后世族人敦孝悌、睦宗族、重业儒、务本业、崇节俭、讲礼让、正学术、急较收(交纳钱粮)、习常业、端品行、息争讼和戒赌博。在《寨子下邓氏族谱》中,也可看到 9 条祖训:祭祖宗、孝父母、友兄弟、正夫纲、睦宗族、守国法、守国课、务农桑、勤教诲。在《下增光陈氏族谱》中,有陈氏文珊公祖训 5 条:忤逆不孝、倚力犯尊、行奸乱伦、鬻卖祖坟、至期失祭。其中:第一条是"忤逆不孝",其解释是"父母恩深,罔极为人,岂无报本?故不孝无律可造。凡子孙有奉养缺父母衣食并怨怼父母,当面抢白父母,一经赴告族老,锁至祖堂,决杖三十。如不悛即行处死";第二条是"倚力犯尊",提出"凡子孙务必循子弟礼""如倚力犯尊,一经赴告族老,拿至祖堂,决杖三十"。

光绪三十三年(公元1907年),聂氏一族在主纂《聂氏四修族谱》之《家训》,主旨乃推崇忠孝节义、教导礼义廉耻。家训小引中写道:"窃查,凡例既胪列于前,家训宜详陈于后。谨述先哲遗规,著为家训二十一则,备载谱中,俾族中览谱戒昭然。倘背章违训,处治从严,虽良楛异致咸遵礼让。从此恢厥先绪丕振家声之大,而蕃昌族之巨者日益巨而未艾耳。我族人其监戒于兹","以下条规乃治家至要格言,原族人奉为箴规毋忽"。

[敬天地]凡人富贵贫贱命各不同,顺逆穷通境时或异,切不可因我之失意遂怨天而骂地。须知非天则雨露且无施,非地则托足且无所事。天地固万物之父母,岂可忽乎?尚其敬之。

[修祖祠]祖祠有合族共建者,有一乡各造者,要皆灵爽式凭,厅内须时勤洒扫,免致秽污不洁;早晚务点灯,朔望宜礼拜;稍有坏漏,必请工匠修整,毋令瓦解土崩,庶先灵而后裔克昌矣。

[勤祭醮]自来坟墓独穴者少,大抵非与同姓相连即与异姓共壤者为多。每年春分时候,无论远近,务宜登坟祭醮,拨开荆棘清界限,自不致日久遗忘,以启外人迁葬,以累后人争端。尚其遵之毋忽。

[振蒸尝]蒸尝有先人所遗者,有后人所起者,要皆宜设立规条,始得永久弗替。今与族中约,递年祭祖,所有领借、尝杀、尝钱以及值理尝数、收捡钱谷者,春分时务宜交清,毋吞骗庶,或丰或薄,年年得以享祀不忒矣。

[尽孝道]父母之恩,昊天罔极,凡为人子,即循分尽孝犹难酬报,岂可不听教训,忤逆时形乎? 故必承欢观志,始为无忝所生。

[笃友恭]兄弟如同手足,兄友其弟,弟其兄有事则相商,一团和气,外侮不得而入,家道自然兴隆。苟听妇言,伤骨肉,因小利而致墙,则有乖天显矣。族其凉之。

[睦宗族]亲戚故旧,尚宜接之以礼,况在一本,岂可视如路人乎? 惟原同宗族人等,伯叔不以远而或侮,兄弟不以疏而或轻。长幼必以序相接,尊卑必以分相连。喜则相庆,以结其绸缪;戚则相联,以通其缓急。斯雍睦昭而仁让之风见矣。族其知之。

[设学校]子弟年方幼冲,智识渐开,成败未定,故必设立学校,延师教训。纵不是毕业而所游有常,所置有业。亦不放走入非为。且人在其中,应多认得几个字,日后也省得许多求人。况又入官者,原由学古历、观古今,满朝朱紫贵,尽是读书人,则学校之设不重乎?

[重绅耆]绅士为一族之望,入里而问其族之有无绅士,及有绅士之多少,即可知其族人之盛衰若何。至若耆老历世日久,族中兴败之故。目击详明。我从而问之自可援为法

戒，所虑为绅者自身不正，变为士劣，不堪作仰先自侮也。果公正廉明，品行端方。乡党将视为礼仪风俗，且由是表率，毋可不重视其人乎？

[课农桑]衣食之道，虽生于天，养于地，然衣之所由成，必资乎纺绩；食之所从出，必籍乎耕耘。惟愿族中人女勤绩而男力耕，勿好逸恶劳，勿始勤终怠，则饥自不患无食，寒自不患无衣矣。

[务勤俭]勤则有功，戏而无益，古有明训。然使勤而不俭，衣好鲜丽，食求甘美；一日之费，终年积之不足，则虽取尽锱铢，安能当此用如泥沙乎？故又必量入为出，举凡房屋器用、衣服饮食之类，务以俭约为主。至于冠婚丧祭，贫富不同，厚薄亦要各随其家，庶富者不致贫匕者，可致富矣。

[寻职业]凡人群读而外，手艺亦可以谋生，实卖亦可以度日。苟不寻职业，游手好闲，坐吃山崩，衣食何从而兴乎？

[完钱粮]开疆辟土，君上之耗费由来甚多，而又复为之，颁官禄以治我民，给兵饷以卫我民，则知其仓廪府库诚非厉民自养而封纳钱粮，实为惟正之供也。故必依限而纳，非顽梗闾阎，倘或预期先封，尤是淳良百姓。

[端族习]学龙学狮本是戏耍，犹为无害。近来族内好学戏文，到处演唱，在彼自以为乐事，父兄自以为有荣，讵知上抬弹唱，贱之者。且目为优家，作色装形称之者亦止呼为班子，究其途本同娼，及其后不得试捐，此种陋俗切莫再蹈。

[禁赌博]盗贼为乡中所患而要莫患，与乡之有赌博，引类呼朋，彻夜通宵，门户不关，往来无度，善良实在难以防。闲宵小自易乘间行窃，况乎赌博者。即多穿窬，始而变卖祖宗田产，一掷而尽。继则盗典妻孥服饰，孤注复空，从此计生鬼蜮或私自偷乎村内，或勾夥窃乎族中，赌博场里往往出此。凡我族人尚其禁之。

[戒洋烟]洋烟一项，实属番奴噬毒中国物。试观世人吃之者，身本魁梧，忽变为瘦弱；家原丰厚，须臾立见消亡。分明是烧人场、陷人井，何竟甘投其所溺，其中尚其戒哉。毋曰：逢人凑乐，事在不妨。即使上瘾已久，亦宜力绝斯，身家可保，而俗无偷薄矣。

[惩淫风]万恶淫为首。人苟日出夜游，奸淫为事，虽属异姓之家，或强或和，亦必分究。况在同宗非我婶嫂即我女媳，岂可渎如禽善乎？凡我族人，务宜秉礼度义，须知男女有别，内外莫紊。倘乱伦不顾，定出族不容！尚其凛之。

[正闺门]妇人言不出阃，男女授受不亲，理所宜然。乃有不避嫌疑，好出闺而称长说短，甚而入寺烧香随他抛头露面，搭棚看戏任人擦背挨肩。此种妇女，必非贞静之流。凡我族人，务各惕其妇女，毋或蹈此为幸。

[定婚嫁]男大当婚，女大须嫁，情本亦然。嫁女只取佳婿，毋索垂聘；娶亲务求淑女，勿计厚妆。此文公治家之训，实千古不易之规。至若同姓联姻，分明渎伦，禽兽岂独羞？贻于族党，亦且见笑于名门。凡我族人，慎毋出此。

[息争讼]凡人非有深渊大仇,只此些小相争,自宜听家庭劝释,不可过为执拗。须知近来有一种搬弄是非之人,倒想于中取利,无事唆成有事,小事挑成大事,倘或误信其言,纵使打赢官司,而衙门费用已不知送了许多银两矣。更难解者,有等徒逞一时之小忿,遂斗殴以丧身;又或止因一时之口角,竟自尽以毙命。如此轻生,尤属愚昧。凡我族人,尚其戒之毋违。

[惕酗酒]敬客宴宾,酒以合欢固不能废,饮而有节,不可过量,不然流连无制,必将致丧德失仪而贻笑高朋,甚且犯上作乱,无所不为,及至酒醒悔之已晚。凡我族人,尚其惕之。

祠堂、大厅,是客家人规劝后世子孙遵从礼制伦理、传承传统美德、树立良好风尚的重要场所。客家先贤常常利用厅堂立柱、门额、内墙,甚至堂前照壁,或单体或楹联或字画,引导、劝诫后世子孙遵从伦理、传承美德。如,仁化县石塘镇石塘古村的贻德堂,建于清咸丰年间,是石塘古村保存最完好的一座祠堂。祠堂对面有大照壁,祠堂上的横梁用一整根圆木做成,雕花漆绘双鱼戏珠及鱼跃龙门。正门上方门额上书"贻德堂"三个大字。左右廊门上方各书"入孝""出悌"字样。祠堂外门柱有民国时仁化县县长李汝梅所撰的石刻对联。祠堂内有天井。墙壁有彩塑12幅(图4-16),塑二十四孝图、二十四孝字。在上厅祖坛旁,分别有木制《李氏家规》《李氏家训》分置左右书桌之上。《李氏家规》曰:"敬祖宗,敦孝悌;睦宗族,端伦常;友昆仲,和夫妇;教子孙,尚勤俭;恤孤寡,戒唆讼;安生理,勿非为;忌毒染,慎嫁娶;勉诵读,重交游;谨丧祭,远酗酒;出异教,省自身。"《李氏家训》曰:"凡李子孙,父慈子孝,兄友弟恭,夫正妇顺,内外有别,尊幼有序,礼义廉耻,兼修四维。士农工商,各守一业。气必正,心必厚,事必公,用必俭,学必勤,动必端,言必谨。事君必忠吁,居官必廉慎,乡里必和平。人非善不交,物非义不取。毋富而骄,毋贫而滥,毋信妇言伤骨肉,毋信人过长薄风。毋忌嫉贤能,伤人害物。毋出入公府,营私召怨。毋奸盗谲诈,饮博斗讼。毋满盈不戒,微妙不谨。毋坏名丧节,灾己辱先。善者嘉之,贫难,死丧,疾病周恤之,不善者劝诲之,不改与众弃之。不许入祠,以供锦诗礼仁厚之泽。敬之,戒之,勿忽!"

图4-16 贻德堂墙体彩塑(二十四孝图)

(三)勤俭友善,重视教育

韶关客家人,农耕时代自中原南迁而来,一路条件艰苦,风餐露宿,到达韶关定居下来之后,限于农耕技术和产出水平,生活条件仍然艰苦。因此,勤俭持家成了客家人重要的生存法则和基本理念。客家人不仅要求自己和家人勤俭,而且通过家规、家训,告诫后世子孙要"勤俭"。如:道光二十七年(公元 1847 年)兴仁里陈氏重修族谱时,"崇节俭"被列为 12 条陈氏家训的第 5 条;"教子孙,尚勤俭"在石塘村李氏家训中位列第 4 条。贵子岭谢氏家训规劝后世子孙"切戒嫖、赌、吸毒、贪污盗窃、腐化堕落,要勤俭节约,创造美满幸福家庭,为族争光"。在寨子下邓氏祖训看来,"农桑为衣食之本。虽君公之尊尚耕籍田,夫人之贵且亲蠹缲",后世子孙不应"废时失业",更不应"日作游惰之民,坐致饥寒之迫"。1907 年,聂氏修族谱中的家训,规劝后世子孙"务勤俭"的理由是"勤则有功,戏而无益,古有明训。然使勤而不俭,衣好鲜丽,食求甘美;一日之费,终年积之不足,则虽取尽锱铢,安能当此用如泥沙乎?故又必量入为出,举凡房屋器用、衣服饮食之类,务以俭约为主。至于冠婚丧祭,贫富不同,厚薄亦要各随其家,庶富者不致贫匕者,可致富矣"。在宗祠门匾、墙体、立柱上,也不难发现勤俭、耕读等劝诫警句,如:曹角湾古村落的古祠堂——南阳堂,有楹联"耕读传家承祖德,勤俭创业振宗风";石塘古村的贻德堂内墙上,镶有"勤俭公厚"等大字。

包容、友善也是韶关客家人的重要性格特征。在韶关客家村落,村民之间互帮互助、救弱扶贫现象比比皆是。在传统农耕时代,各家各户基本上没有什么值钱的东西,一头耕牛可以算得上是一半家产。除耕牛之外比较值钱的东西是煮饭用的铁锅、耕田用的铁把木犁、打禾用的木桶房、晒谷用的竹筐和谷箩等。这些与传统农耕相关联的物件,百分之七十以上的家庭不是样样都齐备的。如家里有一头牛的是少数人,大部分人家要几户共养一头耕牛。犁、耙、桶房也是几户人家共用。兴仁村有一个好风俗,就是不管大事小事,大家都会互相帮忙,叫"换工",又称"教工"。以前做屋是用泥砖。在打砖做屋时,有时几家人一起互相帮忙。农忙时也一样,劳动力少的与劳动力多的一起割禾、莳田。在兴仁村,这种做法一直保持到现在。

在澄江村沙田祠堂,有一口直径 1 米的圆形水井,因是邓氏祖上五兄弟共同挖的,被人们称为"兄弟水井",距今已有 300 多年的历史。水井位于沙田邓氏祠堂门外的南面,水井井口用弧形花岗岩筑成。井坪已用混凝土铺盖。井深 6 米,井口直径 1 米,由弧长 104 厘米、88 厘米、100 厘米、78 厘米的 5 块弧长不等的红色岩石合并筑成。5 块石头筑成井口护栏。据村民介绍,清朝初期,沙田祠堂下居住着邓姓五兄弟,因村里人多,用水相当困难,特别是冬春季节。于是五兄弟决定挖一口井,为村民解决用水问题。井挖好后,为防井日久崩落,同时也为了让后人记得五兄弟的功劳,村民们按兄弟长幼排序定制 5 块厚度和高度一样但弧长不等的红麻石做井栏。新井建成后,解决了半数村民喝水的问题,邓氏五兄弟也因此受到了村民的赞誉。每当井水不干净时,村里都会组织年轻人洗井,派年轻力壮的后生下到井底,清除淤泥、苔藓。洗井是每年必做的义务,也是体现客家人团结互助的一个好传统。在乳源下社村,甚至还出现了六姓共建祠堂"六合堂"的事,成就了一段同村异姓和平共处、共同发展的"关起大门六姓人,打开大门一家亲"的佳话。

受中国儒家文化影响,韶关客家人十分看重教育,耕读文化特征也十分明显。自唐以来,韶关民间已有书院、书堂,作为藏书、读书的地方。始兴、翁源等县均创建有书院和书堂。宋代,韶关正式创建官办书院等培养人才的院所,并置学田,设儒学官员,鼓励读书,"府学""县学"蔚然成风,并建立了正式的府学制度。在元、明、清三代,韶关建有地方基层设立的初等学校——"社学"。据翁源县"仁川社学"简介:元制每五十家为社,每社设社学一所,择"有学行者以教",请通晓经书的儒生为师,农闲时令子弟入学。明、清两代因袭此制,由地方士绅捐资创办免费招收幼童入学的私塾。社学成为府州县学和书院赖以建立的基础。社学开设的课程,以《百家姓》《千字文》为首。明洪武中期,社学子弟学《孝经》《小学》诸书,并学《论语》《孟子》等四书。明初还规定社学、义塾都要学习《大诰》律令,学校又开设礼、乐、射、御、书、数等六艺课程。成绩优秀者,"可备大学之选"。社学是用于启蒙的一种教育组织形式,始创于元代,至清末终结。

客家宗族长老大多重视教育。例如,据《方洞村志》介绍,早在清嘉庆年间,海周公在槐花树头下(今大檐街河边)办有私人学堂,故方洞河有"书房潭"之称。清光绪元年(公元 1875 年),在天主教堂西侧专门建造占地面积约 200 平方米的两层木质学堂一栋,设有老师住房和课室。澄江村民间办学历史也较为悠久。清朝康熙年间,邓氏肇案公在振兴家业的同时,非常重视培养人才,请湖南田姓师博长住邓家传授武打功夫,还将债银放到京城,方便家乡人进京考试。新中国成立前,澄江建关爷庙,办有民国小学,后院村有私塾,下澄江村和小陂村还有书房。黄坑村有汇整学堂,称上、下书房。民国时期,学校更名为"始兴县澄江乡第一堡黄坑村国民小学",何明源任校长,黄复先任教员。嘉庆二十二年(公元 1817 年),下澄江的邓盛枞考取贡生,黄坑的何平臣为邑庠生,何乃光为国学生,何衍柱为贡生。"山脊好栽松,家贫好读书"。昔日的兴仁村人大部分是贫苦农民,想方设法让子女读书。村里许多人家都将子女送去私塾,以让子女出人头地。清末民初,村里办有一间私塾和一间学堂,学堂是以祠堂作场地、公偿财产作经费的义塾。道光二十六年(公元 1846 年),监生陈琼在北角建云山书院一座,占地 5 亩,设有课堂、住所、楼阁、水池、花园等。陈玉山在那讲学、读经。学生大多数是村里的儿童,前来求学的远亲近朋也有很多。1907 年,贡生陈及时与陈模、李玉勋等创办崇阳两等小学堂,1915 年又与凌应绍、饶振澜等创办始兴中学,于是民风大开,正义伸张。南北军阀混战于境,村民也不为所动。此兴学明德之力也。1934 年,兴仁村创办了学哲小学。为方便村中孩童求学,学堂设在村里的长檐街大堂,共两间厅堂,占地面积100多平方米。学校聘请了两位先生来教书。学生30余人,大部分是本村的,还有一些是邻村的。经过县里和村里批准的孩子,才有资格入学堂读书。

仁川社学(图4-17)又名"文昌楼",位于翁源县江尾镇南塘村,始建于乾隆五十年(公元1785年),距今约240年,因位于仁川河边上,故名。社学为四开间,传统中轴线四合院落式布局,典型的皇家建筑风格。四周墙体由青砖和沙石结合糯米浆砌筑而成,厚度为0.6米,冬暖夏凉。枕石为精美的红麻石,雕刻了装饰。主梁柱子以红麻墩作基础。前堂有两个立柱,并有雕刻了龙凤图案的屏风。社学二进梁架高6.5米,柱子为木柱,柱础为红麻石,额枋下雕刻了"富贵双全"的字样。二进间的木棚为教师的厢房。社学第三进高10.8米,坐像为孔子,学生每日上堂前必朝拜孔子,故名"三圣殿"。天井有四根柱子,两边为中堂,有四间教室。大堂高15米,宽6米,长13米,顶梁刻"天开文运"。社学为抬梁穿斗混合式结构,宽33.2米,长41.8米,面积1387.76平方米。梁架有驼峰、鲤鱼肚、二龙戏珠等纹样的精美木雕。社学左侧有一古井,常年泉水不断,清澈见底,井水甘甜可口,满足师生生活之用。社学后院有一棵百年香樟,占地100多平方米,树干需三人合围,叶子茂密,可避光,为翁源当地罕见之古树。

图4-17 学社与课程

不少地方和不少族规家训中有成文的条例,规劝本族子弟读书。在客家人的族谱、族规、家训中,甚至是宗祠建筑中,均可见到规劝后世子孙发奋学习、考取功名的相关话语或楹联。如光绪三十三年,聂姓家族在主纂《聂氏四修族谱》之《家训》时,"设学校"是其中重要的一条。其理由如下:"子弟年方幼冲,智识渐开,成败未定,故必设立学校,延师教训。纵不是毕业而所游有常,所置有业。亦不放走入非为。且人在其中,应多认得几个字,日后也省得许多求人。况又入官者,原由学古历、观古今,满朝朱紫贵,尽是读书人,则学校之设不重乎?"兴仁里村祠堂中厅上,有楹联"思祖宗艰辛创业众儿孙皆沾荫福,愿后裔戒毒戒赌齐发奋勤耕勤读",规劝"后裔齐发奋勤耕勤读"。与此同时,对于参加科考中考者,也有相应的奖励或资助。对于贫困人家,出贡生、监生也是常有之事。在清朝,曲江县狮堂村侯氏公堂曾规定,考中秀才者,奖谷一百担。民国时期,考上大学者,也奖励一百担谷。在不少地方,读中学者,亦可获得一定的资助。

附:民国三十三年《始兴县八约乡兴仁里村陈欧仰公偿奖学金给予办法》

第一条 为奖励欧仰公裔孙求学起见,特召集各绅耆房长议订本办法。

第二条 奖学金额在陈欧仰公户田产总收益每年除完纳地税及留为纪念陈欧仰公各种集会费用外,提拨稻谷三十四石支付之。

第三条 奖学金的分配如下:(一)每年奖学金所得总数分三级给奖:初级中学占40%,高级中学占30%,大学及专科占30%,按各级人数多寡均分之。(二)凡考入以上学校肄业,其肄业期限除政府也有明文规定,同时在当地县政府有案可查者可免于证明外,其在当地县政府无案可查者,须由肄业学校将其肄业期限证明方得领奖。(三)求学不力致被学校留级者,留级期内停止奖励。(四)中途退学,或已肄业者停止奖励。(五)每年收入奖学金之稻谷除上列各款规定奖励外,如有剩余由管理委员会运用生息或购置产业以充管理委员会基金。

第四条 奖学金稻谷设管理委员会负责管理,其组织章程另定之。

第五条 奖学金之领给,定于每年旧历正月初四发给。由管理委员会将去年分别上下两学期应奖名额及数目核定给奖,并定上学期以早谷匀奖,下学期以冬谷匀奖。

第六条 请求给予奖学金者,需由原校具备公函,于每年核发奖学金以前寄交奖学金管理委员会,以便届期提出核发。

始兴县八约乡兴仁里村陈欧仰公奖学金管理委员会常务委员陈遐球,"中华民国"三十三年元月十二日。

客家子弟,因科考成功走上仕途者比比皆是,甚至还出现了诸如"四士同登""叔侄亚魁"等佳话。宋代,粤北八县共有88名进士、325名举人、406名贡生。其中,四人同登不胜枚举,一时传为佳话。北宋天圣二年(公元1024年)有曲江人余靖、王式、黄正和翁源人梅鼎臣四士同登;元祐三年(公元1088年),英德人(当时属韶州府)李修、郑準、刘纬、王冕四人同登;南宋淳祐十年(公元1250年),曲江人邓益孙、欧阳一麟、乐昌人谭必、邓梦荐四士同登;宝祐四年(公元1256年),曲江人冯治,乐昌人黄梦冠、张宗大,仁化人蒙英昂四士同登。清朝时期,兴仁村的先辈就有重教的传统。兴仁里私塾——云山书院,以及学哲小学,早年为兴仁培养了许多有识之士:仅兴仁村考取国子监的有9人,邑庠生(俗称秀才)8人,还有增贡生、例贡生、附贡生、岁贡生等6人。

四、小结

韶关是客家人的重要聚居区。韶关客家人是自秦朝末至宋朝初,黄河流域的汉族居民数次从北方大举南迁,经赣南到达南雄珠玑,或经闽西到达粤东,再由粤东北迁至粤北韶关,抵达粤北韶关之后放缓脚步,逐渐定居下来,并与当地的南越族、瑶族、畲族杂处,互通婚姻,相互融合,经过千年演化最终形成相对成熟的、具有很强稳定性的客家民系。客家围屋是韶关客家人同族先辈新建,子孙后代不断修缮、扩建甚至新建的结果,是客家人南迁后"抱团自卫""聚族而居"的需要,更是客家后人人丁、事业兴衰的集中体现,是韶关客家传统文化的重要见证。客家祠堂是村里同姓同族人安放祖宗牌位、缅怀先烈、祭拜祖先的集中地,也是同姓同族人聚会、议事的重要场所,是乡村家族治理的重要精神体现。客家村落选址与布局,既充分体现了客家先民们的聪明才智,也符合传统农耕文化需求,遵循中国传统建筑和民居形制要求,因势而建,就地取材,尊卑有序,不与官争,虽显简单,但寓意深刻。客家传统服饰、传统节日、客家歌舞及风俗习惯,在粤赣地区影响深远。敬畏自然、尊重生态、遵从礼制、勤俭友善、重视教育、注重传承是韶关客家人精神文化的集中体现。

参考文献

[1]吴永章.客家传统文化概说[M].南宁:广西教育出版社,2000.

[2]曾汉祥.韶关客家文化概述[J].韶关学院学报(社会科学版),2001,22(8):63-66.

[3]梁健,何露.韶关印象:历史与文化[M].广州:广东人民出版社,2008.

[4]詹坚固.广东客家人分布状况及其对客家文化发展的影响[J].探求,2012(4):87-93.

[5]吴永章.多元一体的客家文化[M].广州:华南理工大学出版社,2012.

[6]广东老教授协会,岭南客家文化研究院.客家文化大典[M].广州:广东教育出版社,2010.

[7]林平杰.韶关客家:韶关市第一届客家文化研讨会论文集:一[C].北京:中国国际广播出版社,2006.

[8]曾汉祥.韶关客家:韶关市第二届客家文化研讨会论文集:二[C].广东省韶关市客家联谊会,2010.

[9]曾汉祥.粤北客家民俗文化研究的现状与展望[J].韶关学院学报(社会科学版),2001(1):29-32.

[10]柯钰祺,黎欢,林雅舒,等.韶关客家甜酒习俗的文化传承与适应[J].韶关学院学报,2016,37(5):9-12.

[11]冯敏.韶关动植物图腾和吉祥物研究[J].韶关学院学报,2015,36(11):5-8.

[12]杨俊文.韶关市新丰县客家传统民居中的装饰研究[D].广州:广东工业大学,2015.

[13]韶关市地方志编纂委员会.韶关市志:下[M].北京:中华书局,2001.

[14]朱雪梅.粤北传统村落形态及建筑特色研究[D].广州:华南理工大学,2013.

[15]卓元昊.韶关市杨家寨传统村落特色及保护利用研究[D].广州:广东工业大学,2017.

[16]曹胜威.文化线路的保护与开发研究:以韶关为例[D].广州:华南理工大学,2016.

[17]姚亚士.粤北民俗大观[M].广州:广东人民出版社,1994.

[18]赖井洋.乌迳古道与珠玑文化[M].广州:暨南大学出版社,2015.

[19]林伟新.满堂客家大围:广东最大的客家围楼[N].广州日报,2016-12-13(A6).

[20]钟雨.千年古县百年围[EB/OL].(2017-05-31)[2023-06-25].http://www.gdsx.gov.cn/xwdt/sxwy/content/post_142593.html.

[21]韩东.粤北采茶戏文献综述[J].中国民族博览,2016(1):109-110.

[22]马达,高群.文化地理学视阈下粤北采茶戏生存缘由研究[J].艺术百家,2018,34(1):88-93.

[23]澄江村村史编纂委员会.澄江村村史[Z].2016.

[24]刘奇.刘屋村史[Z].2016.

[25]陈锐.兴仁村村史[Z].2016.

[26]武岗村村史编纂委员会.武岗村村史[Z].2016.

[27]何振忠.方洞村志[Z].2016.

第五章　韶关瑶乡传统文化区

韶关是瑶族人，尤其是过山瑶的重要聚居区。韶关过山瑶散居于韶关境内的高山峡谷之间。乳源瑶族自治县和始兴深渡水瑶族自治乡因过山瑶相对聚居，故有"瑶乡"之称。韶关瑶乡文化是瑶族文化与中原南迁汉文化、越族文化相互融合的结果，是汉族文化的重要支系。韶关瑶乡传统文化区源远流长，是韶关乡村传统文化中的重要文化区之一。

一、韶关瑶乡的由来

（一）"瑶"字的由来

关于瑶族称谓中"瑶"字的来源，有学者认为：瑶族先民在新石器时代擅长制作瓦器、陶罐，故最早的瑶族先民称为"窑民"；后来陶罐坯料制作由手工发展为旋转摇动制作，窑民改称"摇民"；"摇民"是帝舜的一支，即《山海经》所说的"帝舜生戏，戏生摇民"。据说后来蚩尤率领三苗和摇民与炎黄大战失败，摇人历经夏、商、周征伐，一部分被当成劳役奴隶，称为"徭役"，即"徭人"（周去非《岭外代答》曰：徭人者，言其执徭役于中国也）；到了秦汉时期，瑶族与其他少数民族合称为"武陵蛮""五溪蛮"。到了南北朝时期，汉族史籍出现了"莫徭蛮者"称谓，意即不缴税赋、不服劳役之人。《梁书·张缵传》"零陵、衡阳等郡，有莫徭蛮者，依山险为居，历政不宾服"的记载。传说隋唐时期，瑶王率领瑶族子民从"苗众"分离出来，在长江中下游开辟了一方天地。由于瑶王治理有方，瑶民们在这里安居乐业，繁衍生息，狩猎耕种。皇帝非常赞赏瑶王，以"先有瑶瀛，后有朝臣"高度评价赞扬瑶王，并赐予他一枚方形印章，号令天下人以此为印信，免除瑶民的一切徭役。因此，当时瑶族又被称作"莫役"。这种说法在唐初魏征等人编纂的《隋书·地理志》中得到了印证："长沙郡又杂有夷蜒，名曰莫徭，自云其先祖有功，常免徭役，故以为名。"至宋代，瑶族人又有了"徭"的称谓，宋代范成大在《桂海虞衡志》中写道"徭本盘瓠之后，其地山溪高深，介于巴蜀、湖广间，绵亘数千里"。

综上所述，瑶族在历史上曾经有过多种称谓。其实，瑶族称谓中的"瑶"字首次使用是在民国时期。1933年，广西民政厅厅长雷殷在颁发给阳朔、恭城、平乐三县瑶民的布告中，首次使用"瑶"字称呼瑶族。由此可见，"瑶"字并非瑶族自称，而是其他民族（主要是汉族）对瑶族的称呼。在瑶语支语系中，瑶人自称"尤勉""腰门"等，其中"尤""腰"的读音与"犹"字相近，应是"犹"的变音，而"勉""门"都是"人"之意，"尤勉""腰门"即是"瑶人"之意。也有的自称为"布努""金门""瑙格劳""拉珈""炳多优""唔奈""藻敏"等。瑶族居住的地区多为亚热带,海拔一般多在1000米和2000米之间。村寨坐落周围,竹木叠翠,风景秀丽。因生产方式、居住习惯、服饰和经济生活、风俗习惯等方面的差异,其又有"盘瑶""山子瑶""顶板瑶""花篮瑶""过山瑶""白裤瑶""红瑶""蓝靛瑶""八排瑶""平地瑶""坳瑶"等称谓。新中国成立后,对有瑶族及其他少数民族的污蔑称呼均加以改正,将"摇民""徭人"及各种"瑶"称谓统称瑶族。在许慎的《说文解字》中,"瑶"为"石之美者",即美玉,寓意美好、珍贵、光明、洁白。从此,这个古老的民族,终于有了美好的名字。"瑶"的确定,体现了人们对瑶族这一古老民族的尊重。

(二)瑶族起源说

瑶族,是中国最古老的民族之一。传说瑶族为盘瓠和帝喾之女三公主的后裔。相传古时候,评王(一作平王)征战高王,出了一个公告:凡能杀死高王者,给予重赏,并将三公主赐予其为妻。文武群臣深知高王凶恶,无人敢应。瑶族始祖"龙犬盘瓠"应征计杀高王,取回首级。评王大喜,封盘瓠为"南京会稽山十宝殿"大王,并把三公主许配给他。盘瓠和公主生下六男六女,传下瑶家十二姓。关于瑶族始祖"龙犬盘瓠"的外貌特征,《连阳八排风土记》有较详细的描述,"瑶……始于古高辛氏。出猎,获大卵归,覆以盆。数日,视之,化为犬。及长,异状惊人,命名盘匏(瓠)。时南蛮叛,高辛榜谕:有能擒蛮魁者,妻之以女。盘匏(瓠)闻谕,遂衔蛮首以归。高辛以人不可配犬,欲更前谕,盘匏(瓠)摇首掉尾不去。女心许之,盘匏(瓠)即负入南山居焉。后生五子,分为五种:瑶、僚、苗、俍、壮,散居滇、黔、楚、蜀深山穷谷之中"。据《瑶族原稿》记载:"寅卯二年,速泰二岁,遍地洪水,天下无人。有胡蝶兄妹二人乘一大葫芦漂浮,得以幸免。水平后,不见一人,路遇乌龟,乌龟说,天下无人,你二人可配为一双夫妻,可传子孙。后生十二姓,先居湖广七宝山头,子孙逐渐增多,在七宝山因年成不好,疾病流行,人丁不得平安。十二姓子孙商量,移居高州石碉山。"关于瑶族的起源,《广东通志》载:"瑶本盘瓠之种,产于湖广溪峒间,即古长沙、黔中、五溪蛮也。其后生息蕃衍,南接二广,右引巴蜀,绵亘数千里。"意思是说瑶族先民原居洞庭以北山区,后因战乱及栖息地逐渐贫瘠,故出武陵、五溪,向今湘、粤、桂三省边境迁移。基于传说故事和文献资料中提及的"南京会稽山""南山""湖广七宝山头",我们似乎可以判断瑶族先民居住在华南地区。

然而,有人认为瑶族先民在原始社会就生活在黄河流域。有人认为瑶族人是在漫长的历史发展过程中,由于部落、诸侯割据,战事连年不断,被迫逐步南迁。这个观点可以从中华人民共和国国家民族事务委员会官网上关于瑶族的历史沿革的介绍中得到印证:瑶族的先人传说,是古代东方"九黎"中的一支,后往湖北、湖南方向迁徙。到了秦汉时期,瑶族先民以长沙、武陵或五溪为居住中心,在汉文史料中,与其他少数民族合称"武陵蛮""五溪蛮"。南北朝时期,部分瑶族被称为"莫徭",以衡阳、零陵等郡为居住中心。

《梁书·张缵传》说:"零陵、衡阳等郡,有莫徭蛮者,依山险为居,历政不宾服。"这里的"莫徭",指的就是瑶族。隋唐时期,瑶族主要分布在今天的湖南大部、广西东北部和广东北部山区。所谓"南岭无山不有瑶"的俗语大体上概括了瑶民当时山居的特点。唐末、五代时期,湖南资江中下游以及湘、黔之间的五溪地区,仍有较多的瑶族居住。宋代,瑶族虽然主要分布在湖南境内,但已有一定数量向两广北部深入。据《宋史·蛮夷传》载:"蛮瑶者,居山谷间,其山自衡州常宁县,属于桂阳郴、连、贺、韶四州,环纡千余里,蛮居其中,不事赋役,谓之瑶人。"元代,迫于战争的压力,瑶族人不得不大量南迁,不断深入两广腹地。到了明代,两广成为瑶族的主要分布区。明末清初,部分瑶族又从两广向云贵迁徙。这时,瑶族遍及南方六省(区),基本上形成了今天的分布局面,具有"大分散、小聚居"的特点。明中叶以后,部分瑶族由广西、云南进入越南、老挝、泰国等东南亚国家,成为他国居民。

不管是瑶族起源的"黄河流域"逐步南迁论,还是瑶族起源的"南京会稽山""南山""湖广七宝山头""湖广溪峒间"就近扩散论,单从目前瑶族广泛分布在广西、湖南、广东、云南、贵州和江西五省(区)130多个县的情况来看,我们至少可以肯定一点:瑶族先民及其后裔主要活动在华南地区。基于上述认知,许多学者认为瑶族与古代的"荆蛮""长沙武陵蛮"等在族源上有着较密切的渊源关系。

(三)韶关瑶乡的由来

韶关古时为长沙、豫章、南越之地,是古代中原文化和南方岭南文化交汇之地,也是广东瑶族人尤其是过山瑶的主要聚居地。关于韶关瑶族人的最早记载,可以追溯到南北朝时:梁大同中(公元538—541年),徐度随始兴(今韶关)太守肖介赴郡,"时诸峒瑶僚屡出剽掠,境内大扰,介令度率师讨之"。隋唐时期,瑶族主要分布在今天的湖南大部、广西东北部和广东北部山区。所谓"南岭无山不有瑶"的俗语大体上概括了瑶民当时山居的特点。南宋时韶州府属之曲江、乐昌、乳源及英德,不但有瑶族居住而且数量相当多,因而设有专门管理瑶族事务的官员。宋乾道三年(公元1167年),划曲江县西境、乐昌县南境之地置乳源县,当时境内已有瑶族居住。据1931年版《乐昌县志·卷十四》记载:"骆尧道,字中允,邑人……时山瑶为乱,蹂躏县境,尧道提所募兵连挫之,瑶遁入深山。"乐昌县瑶居东、西山,西山即今乳源县必背一带。明正德七年(公元1512年)周夔《乳源县重修庙学记》云:"乳源,广韶属邑也……宋乾道三年始分曲江、乐昌四都鄙封之,然地多长山邃谷,伏窜蛮瑶,版图之民仅千余户。"这充分说明乳源及其附近地区有不少瑶族人居住。明万历十九年(公元1591年),韶州府推官黄华秀在《乳源县志·序》中记载:"韶乳僻在山谷,民稀瑶夥。"清康熙版《乳源县志》记载:"瑶人一种,惟盘姓八十余户为真瑶,皆盘瓠之裔;别姓亦八十余户。……命曰板瑶。……采山为生者也。无板命曰民瑶,或耕山或耕亩……至今原设瑶总总甲,编入册籍。"

目前,韶关瑶族主要分布在乳源、始兴、乐昌、曲江、翁源、武江、仁化等8个县(市、区)的57个乡(镇)95个村委306个村民小组。乳源瑶族自治县为广东省三个少数民族自治县之一,有瑶族人口约2.5万人,约占全县总人口的12.2%(2006年)。始兴县深渡水瑶族乡有瑶民1500人左右,约占全乡人口总数的27.4%。这是瑶族人在韶关的两大集中聚居区,是典型的"瑶乡"。乳源瑶族人居住在境内东北部和中部高山上,又因居地的不同,分别被人们称为"东边瑶"和"西边瑶"。"东边瑶"又有"深山瑶"与"浅山瑶(又称半山瑶)"之分。据清代有关史志记载,人们过去还根据瑶族服饰的特点,把乳源瑶妇中头发挽于板上的称为"板瑶",把原曲江县西山(即今乳源游溪等地)瑶妇中以竹箭穿髻的称为"箭瑶"。聚居在韶关的瑶族人,自称为"mien"(音译为"勉",意译为"人")。所操语言为瑶语,属"勉方言",同属汉藏语系苗瑶语族瑶语支。历史上过着"今岁在此山,明岁又别岭"的游耕生活,通常每三五年要迁居一次。人们基于瑶民在生产、生活上的特点,泛称这种瑶民为"过山瑶"。

有关乳源瑶族人的来源,据《乳源县志》记载,存在三种说法:一种说瑶族"十二姓,先居湖广七宝山头"。子孙逐渐增多之后,十二姓子孙"移居高州石磡山",但后来"人丁不得平安"。于是,十二姓再移居,"乘船过海,经往广东察看,得见土地丰富,耕种也熟,求人也得,求神也安,买卖兴旺,回高州告知众瑶族子孙,在戊寅七月初八日三更半夜带着一十二姓子孙乘船过海①……过了十三天来到广东芦笛沙坝上岸。……又搬至福建省媒田上街,因疾病流行,又带子孙来到广东韶州府曲江县入公坑、茅坪乡居住"。证据之一是乌坑村赵姓瑶民自称其祖先来自湖南江华。

另一种说法是韶关瑶族来自福建。"十二姓自福建过海来到广东,中途翻船死了六姓,尚存盘、赵、邓、李、冯、王等六姓。"据调查,乳源盘姓、赵姓瑶族来自福建。如茶坪等地的赵姓,从祖先迁至茶坪算起,已传了16代。又如必背等地的赵姓迁来已过了18代。

还有一种说法是土著入瑶山居住而为瑶族。据《曲江县志》记载:"瑶人盘姓,古盘瓠之裔也,别种有赵、冯、唐、邓等姓,系以土著而隶于瑶者,俱居县西北境,幽溪、列溪、西山、草场坪、柳坑、水源宫、薯良坑、大料坑诸峒。"据调查,现游溪镇子背村的邓姓,是从汉区桂头黄甫岗搬进柳坑再搬到子背的。其祖先坟墓在桂头乌鸦塘附近。每年清明节,子背村的邓姓瑶胞与黄甫岗的邓姓汉人一起祭祖。薯良坑的冯姓瑶胞,是从曲江东七乡镬村汉区搬进去的。县城附近大东山兰厂的邝姓瑶胞,与城内的邝姓汉人同祭一祖坟,在今县城示范农场附近的邝家寮。

关于始兴瑶族人的来源,有一个民间传说:某年,昏天暗地,电闪雷鸣,雨下七天七夜,水漫天门,天下无人,寸草不生。只剩聪明的兄妹二人,乘自己种的桶房大的南瓜,漂

---

① 《瑶经》中叙述瑶族先民曾经"渡海",其实是渡过沅水或洞庭湖。

浮了七七四十九天,靠南瓜子充饥得以幸免。水平后,不见一人,兄妹俩漫无边际地寻找,走遍天下还是不见一人。路遇一座庙,精疲力竭的兄妹俩,进庙便蒙头大睡,足足睡了九九八十一天。他们都梦见了一只乌龟,只是乌龟对二人说的话不同。乌龟对哥哥说:如果你醒来见你妹妹怀孕,她一定会生出冬瓜,你就把冬瓜剖开,取冬瓜子,撒在路上和路下,就可造人,天下就会有很多很多的人了。梦里的乌龟对妹妹说:如果你醒来发现自己怀孕了,就一定要把它生下来,不管是什么,你都要高兴。八十一天后,兄妹俩同时醒来,哥哥发现妹妹真的怀孕了,过了些日子,果然生下来一只大冬瓜。妹妹见生下的是冬瓜,愁眉苦脸;哥哥见生下的是冬瓜,欣喜万分,急忙剖开冬瓜,取出籽,和妹妹商量道:以后,"路上""路下"分人住,你来分吧!妹妹想了想说:那就"路上"住瑶民、"路下"住汉民吧!哥哥按照妹妹的意思一边撒冬瓜籽,一边说:"路上"是瑶民、"路下"是汉民。不一会儿,只见"路下"平原浓烟滚滚,四处朦胧,等烟雾散去,到处是房屋,遍地是汉民。他们接着往"路上"看,只见山上点点浓烟,山头上东一间、西一间的木棚茅屋,住着稀少的瑶民。见此情景,妹妹对哥哥说:当时我说错了,我想说"路上"是汉民、"路下"是瑶民。哥哥说:现在只能将错就错了。就这样,千百年来,瑶民在"路上"一代又一代地繁衍生息。

二、韶关瑶乡传统文化的外在形式

(一)瑶族村寨

瑶族是个山居民族,自古就有依陡岭而居的习惯。靠山是瑶族村落(图5-1)的最大特点。除部分瑶族村落选在丘陵、河谷地带外,绝大部分瑶族村落位于海拔1000米左右的高山密林中。瑶族村落的选址依山势而定,山顶、半山腰或山脚溪畔,只要是靠近水源和耕作区域、易找建筑材料、野兽较少出没的向阳处,便可建寨。瑶村一般规模较小且相对分散,村与村的距离,近者两三里,远者30至50里。大部分瑶族村落一般住着十多户有血缘关系的同姓家庭或亲戚,最多二三十户。多数村落住户分散,户与户之间常相距半里至一里。有时一个村落的人家分布在数个山头或场里,每处只住一两户瑶族人。过山瑶尤为分散,三五户一瑶村,十余户一瑶寨,有的"吃尽一山而他迁"。瑶族村寨依山傍水,具有良好的自然景观和村落布局,因高山密林之中溪流密布,山清水秀,风景优美,气候宜人。瑶族村寨善于因地制宜,强调就地取材,富有地方特色。

图5-1 瑶寨全貌

依深山密林而建的瑶族住房,多采用"人"字形棚居建筑式样,常用杉木条支撑屋架,屋顶盖草或杉皮,周围以小杂木或竹片围壁,俗称"茅寮",多为围篱式结构。有坐地式和楼房式两种。坐地式建筑,是挨着地基建筑正屋,正屋一侧或两侧多用杉条另辟房间,用于烧火做饭、堆放杂物或圈养牲畜。楼房式建筑,是四个柱子落地,楼板与地面有一定的距离。楼下住人,楼上用于屯粮或储存杂物。畜舍多在住房背后。在大山里,还有一种名为"半洞居"的住宅形式,即依山挖洞,在洞外用杉木建住宅,上盖杉皮。日间在住宅活动,晚上入洞内住宿。在坡度较大的山岭地带,有"吊楼"式建筑,为干栏式结构。即房屋的一半建在坡地上,另一半则依山势和坡度大小建造吊楼,下围木板,上盖瓦(或杉皮)。"吊楼"式建筑分上、中、下三层:上层放杂物,中层住人,下层养牲口、家禽之类。在中层檐下,设干栏和长板凳,供人乘凉及活动等,俗称"瑶家吊脚楼"(图5-2)。居住在盆地、丘陵地区的瑶族,其住房多为土木或泥木结构。房舍建筑一般分住房、寮房。因地处高温多雨的南方山区,瑶家建筑屋顶均设计为"人"字形,以利于排水。房屋的坐向,以坐西向东或坐北向南的居多,利于采光和通风。

图5-2 瑶寨吊脚楼

乳源东边瑶历代都定居于一地,早已形成村寨。房屋依地势构建。有些地方的住户相对集中,有些则零星散布,村落不是很整齐。村寨的大小,视其宗支的人口规模和地理环境而定,有三四户一村的,也有六七十户一村的。乳源东边瑶建房,就地取材,以杉木、杉皮、沙、泥为主,通常以大石或少量火砖作基础,上砌泥砖或舂墙。较富裕的人家屋顶盖瓦,贫者覆以杉皮或茅草。砖瓦从汉区购进或请汉人到瑶山烧制。房屋的结构形式,普遍是多间排列的平房。厨房和饭厅居中,两边厢房作卧室,或做客厅、储物室。厨房不设烟孔,灶火不用时以灰掩盖,保留火种。每户都有神位,家具甚少。除自制床板、木盆与洗澡槽之外,其余日用品多购自汉区。乳源西边瑶在新中国成立前没有定居的村寨,都是三两户散居一处,每三五年又迁居他处。

乳源必背瑶寨位于乳源县城东北约50千米的大瑶山腹地。瑶寨所处之地崇山峻岭,松翠环抱。黄龙寨山峦起伏,层次分明,山顶云雾缥缈。必背河从两山之间穿流而过,清澈见底。必背,原叫"鳖背",因有小山形如鳖鱼背,故名。由于"鳖"字笔画多、难写,故取近音字"必",称"必背"。必背瑶族属过山瑶,是瑶族的一个分支,隋唐时期从湖南等地迁入。明代以后，因为灾荒和战乱，必背瑶胞又向广西、云南等地迁徙，后又流散到东南亚，并辗转迁移到欧美各国，是旅居美国、泰国、法国、缅甸、老挝等地的瑶族发祥地。必背瑶寨依山而建，瑶族的房屋大多以杉木、杉皮为原料建造而成，形成独特的"上居下牧"的双层房屋结构。有特色鲜明的竹房、杉皮房及别具一格、依山临涧的吊脚楼。

始兴县深渡水瑶族乡长梅村的瑶族人从英德、曲江迁入，已有200年的历史。长期以来，瑶族人一直居住在崇山峻岭之中，房屋依山而建，就地取材，采用"人"字形棚屋式样。大部分是竹木草屋，少数是舂墙的土木结构。上盖树皮、竹片、茅草。建筑形式是平房，一栋一大间。室内用竹片或小木条夹织墙体，分隔成卧室、厨房、客厅。厨房的炉灶没有烟囱，打在后厅中央，以便冬天围坐灶前烤火取暖。卧室不开窗，靠围在外墙上的竹木采光。房里没有家具，在地面打一些柱子，上搁木板，就成了台、凳和床。长梅村瑶族人口少，生活穷，不成村，不像寨，多则三到五户，少则单家独户。瑶民外出多走林间小路，即便是到最近的深渡水，虽然路途只有五六千米，也要翻山越岭。小路坎坷、狭窄，又要过坑蹚水，每出去一趟就要半天或一天时间，物资运输全靠肩挑背驮，交通十分不便。如今，在深渡水瑶族乡，瑶民已全部下山，集中居住。瑶族村落呈块状（四合院式房屋，又称瑶民场）、条形或半月形等多种空间形态分布。

（二）瑶族刺绣

刺绣工艺在瑶家流传已久。过山瑶刺绣（图5-3）用的布很讲究，大多采用布纹纵横分明、布眼清晰的布料，布色呈黑色、蓝色、白色。瑶家刺绣主要有头巾、腰带、上衣、围裙、吊帕、锦带、锦囊等。头巾的布料为白色布、青色布、天蓝色布或深蓝色布，长约2米，宽约30厘米，绣锁字格、藤花和万字格等五彩图案。正中全幅绣长约5厘米的正方形图案，两端绣3厘米的花纹。腰带布料、长宽及所绣之花纹与头巾相同，两端亦绣花边图案。男腰带图案长6厘米至10厘米，多为对称套格链锁花纹，也有象形花草。女腰带图案少则15厘米，以梅花、翠鸟为主。围裙布料多为藏青色或深蓝色，长0.8米至1米。裙头接上宽10厘米至20厘米的锦织花带，裙下两角刺绣鲜花、彩凤或飘动的云纹，并吊上红色流苏。男式上衣胸前、后背均绣有正方形图案，胸前图案边长约10厘米，后背图案边长约20厘米。女式上衣只绣背后一块，大小及花纹与男式上衣相同。吊帕为瑶家姑娘衣服的饰件，多用鲜艳的布料，形状为正方形，宽约40厘米，周边绣上花边。锦带是瑶家女子重要的服饰之一，工艺最为精致。锦带小的宽不过1厘米，长约1米，多用作"布草鞋"带、烟袋带、锦囊带。中号的宽约5厘米，长1.5米，多用作馈赠给小孩的系腰捆裙。大号的宽6厘米，长2米，多用作青年女子的围裙系头。一些青年女子编织的锦带佳品，留作馈赠情人的礼物。锦带也是女子做新娘时的嫁妆中不可缺少的服饰和馈赠礼品。

图 5-3　瑶绣

瑶族妇女都会刺绣。瑶族服饰的花纹图案,几乎都是妇女所绣。相传开天圣母目母婆见盘古王把天开凿得凹凸不平,便解下自己的围裙往天上一扬,就把天空铺平了。裙子上的锦绣图案,在天空化作七彩云霞,发出七彩光芒,美化了人间。瑶家姑娘为祭祀开天圣母开天的功绩,便把描绣彩裙和编织锦带传承了下来。瑶家女孩只要长到十一二岁时,母亲就会用染成彩色的纱线教她们刺绣。女孩长到十五六岁时,基本上能娴熟地编织出有花纹图案的头巾和腰带了。瑶族妇女闲时针不离手,平时亦将刺绣所用的材料用长巾包好,悬于腰间,无论在家中、在山野放牧还是在工作之余,都会将材料取出,席地绣花。每到农闲和寒冬季节,瑶家姑娘便结伴编织锦带。她们买来七彩丝线,在长凳上将带子的经线牵好,提前想好要织的花纹图案,然后套好梭子,认真地编织起来。刺绣虽然辛苦,但姐妹们在一起,一边刺绣一边交谈,也是一件无比快乐的事情。

瑶家刺绣的手法与其他民族的刺绣手法不同。刺绣是配色绣,用的丝线是红、绿、黄、白、黑五种。绣花用的底布颜色,一种是白色,一种是蓝黑色即俗称的蓝靛。在白色布上绣,用红、绿、黄、黑色线;在蓝靛布上绣,用红、绿、黄、白色线。各种服饰花纹,图案基本是定型的。花纹的配色及格式都有严格的规定,如人形纹、兽形纹限定白色或黑色,其他色绝不选用。在同类饰物中,整幅图案面积的大小,相差甚微。线条是对角线、垂直线与平行线,无弧线,角度是 45 度、90 度、180 度。刺绣时不用画底稿,先用黑线或白线依布纹绣出一行行大小相同的方格,然后在格中配入各种基本图形,常用意象化、象形化的图案作为主要内容。用以构成全幅花纹的基本图案是定型的。若最后容不下一个图形,则绣半个。从反面绣,不看正面,这种刺绣技术,比较罕见。花纹形状是从三种线条演变来的。线条无弧线,角度有严格的限制,只有三角形、四边形、长方形、菱形、齿状等基本图案形式。再配上飞禽走兽、花草虫鱼、行云流水等,图案便显得花团锦簇、鲜艳夺目。

瑶绣是瑶族古老的民间手工艺术,既是瑶族妇女智慧的结晶,也是瑶族标志性的民族文化品牌。瑶族没有自己的文字,却有自己的服饰语言。瑶族服饰中的刺绣图案记载着民族的历史,也记载着一个个美丽动人的故事和传说。在始兴深渡水瑶族乡,80 多岁的邵丁莲女士依然是个绣花能手,可以在一块空布上绣出一个个精美的吉祥图案。邵丁莲从小跟着母亲学习刺绣,9 岁时就会绣头巾。现如今,她不仅教女儿、儿媳学刺绣,还教村里的年轻人。这种与众不同的刺绣技法,就是在大山深处流传千年之久的神秘的"过山瑶刺绣"。2019 年 11 月 27 日,乳源县人民政府在乳源京珠高速出入口右侧规划用地约 500 亩,打造乳源县瑶绣服饰传承基地。

(三)瑶家医药

乳源瑶族传统医药(图 5-4),是乳源瑶族民众经过漫长的实践积累而形成的一整套民间医药诊治和保健方法,广泛流传于乳源县瑶族各乡镇,据传已有 1000 多年的历史。1875 年修编的《曲江县志》曾记载:"土人多以酒笼络之或负药入城,医治颇效。"掌握了医治疾病的方法和具有医疗经验的人,称为瑶医,所用的药物称为瑶药。乳源瑶民认为:人生病,除了与风、气、虫、毒、饮食和外伤有关,与体内的五脏六腑、气血也有密切的关系。乳源瑶民根据疾病发生的原因和症状,总结出风、锁、痘、痧等病症和名称。瑶医用药达 1000 余种。他们根据药物的性味、功能及所治疾病的特点,总结为"五虎""九牛""十八钻""七十二风"等 104 种常用药材。"虎类药"性猛效速,为攻药,但有一定的毒性,多为"打药";"牛类药"性强劲而持久,为补药;"钻类药"性强劲,易渗透,通络利关节,多为"打药";"风类药"多样,用途极广。各类药互相配伍得当,可取得理想的疗效。乳源瑶民总结了各种各样的诊断方法,除了望、闻、问、触外,常用的还有甲诊、掌诊、舌诊、耳诊和面诊等。除采草药内服、外洗、外敷和熏、熨、佩带等,还有放血、点刺、艾灸、骨灸、席灸、药物灸、药棍灸,以及拔罐、针挑、捶击、拍击、搔抓、滚蛋、推拿和指刮、骨弓刮、碗刮、匙刮、青蒜刮、秆草刮、苎麻刮等。治疗方法适用于内、外、妇、儿、皮肤、五官及神经等各科,疗效显著。乳源瑶族传统医药延续与发展了瑶族族群的生命,至今仍在瑶乡发

图 5-4　瑶药

挥着重要的作用。2009年,乳源瑶族传统医药被列入韶关市第二批非物质文化遗产名录。

瑶族人民长期生活在山区,终日在山上劳作,过于疲劳、全身疼痛、被蚊虫叮咬、被蛇咬伤是常有的事,风湿跌打伤病发生率也较高。始兴县深渡水瑶族乡的瑶胞们充分利用山上丰富的中草药资源,自行医治,经验丰富,形成了"内服、外敷、药浴"三种独特的瑶族民间治疗方法。用草药快速治疗风湿跌打是瑶胞的拿手绝活。

大部分瑶胞家里都备有草药,如止血的紫珠叶,止痛的双眼龙、三丫苦,治肚痛的仙鹤草、痧药草等。瑶民的草药中也不乏补药,如飞天驳、土巴戟等就是日常用来蒸瘦肉、煲骨头汤的补药。清凉降火的草药有土黄连、鱼腥草、淡竹叶、金银花等,煲水当茶喝,如放凉后加上蜂蜜,就是清凉的饮料精品,可清热解暑、清肝明目、消暑提神。瑶胞普遍掌握了草药的功能。所以碰到一般的小伤小病,瑶胞不用出村、不用花钱,自己就可以治好。随着文化水平的提高、医学的进步,有些乡村医生经过长期的学习研究和临床实践,用草药治病的水平大大提高,在各种恶性肿瘤、肝胆及泌尿系统结石的治疗方面取得了良好的疗效。不少疑难杂症,甚至绝症,他们都能治愈。始兴县深渡水瑶族乡盘王瑶药文化园(图5-5),继承了粤北瑶族百家家传秘方,2019年入选始兴县非物质文化遗产(传统瑶药)名录,并拥有5个"瑶山瑶济堂"商标专用权。

图5-5　瑶家药店

(四)瑶乡风俗

1.传统饮食

韶关瑶族人多居于深山,食物以玉米、大米、红薯为主,常将玉米、红薯等杂粮与大米掺和,做成"三夹饭""四夹饭"。瑶族人常吃的蔬菜有南瓜、萝卜、白菜、芥菜、辣椒、茄子、豆角、番茄等。此外,还采摘竹笋、蘑菇、木耳等作为菜食。瑶族人喜欢自制豆腐,冬天还会制作腊肉和熏肉。瑶族人善于用杂粮酿酒,也爱喝酒、劝酒,有客人至必以酒相待,与客人开怀畅饮。此外,瑶民们常有"喝泡茶""炒油茶"的习惯。每当饭后或劳动后,瑶民们便三五成群地聚在一起"喝泡茶",并佐之以酸菜、玉米或其他点心。有的晚上踏着月光或点着火把，到数里之外的朋友家，和朋友一起"喝泡茶"。边喝边谈，畅叙友情，其乐融融，往往一坐就是半夜，一喝就是数碗。炒油茶是瑶家人民在婚礼上的一种逗趣方式。新婚之夜，亲友中的年轻人，齐集洞房，打闹逗趣，新郎和新娘要共炒油茶待客。瑶族饮食文化别具一格，传统精美小吃也非常有名，瑶家腊肉、荷叶米粉肉、"圣水"豆腐丸、瑶家十八酿色美味佳，久负盛名。

在乳源必背瑶寨，苦爽酒、熏肉（图5-6）和豆腐被当地人称为三宝。瑶族的每个家庭几乎都会酿苦爽酒。每到腊月，心灵手巧的瑶族人就开始忙碌了：首先把自家种在高山梯田的糯谷碾成米，用清水洗去米皮后煮成饭，也有的用蒸笼蒸熟；将米饭放凉至不烫手后，再撒些许平时用来做烧酒的酒饼（俗称"酒曲"，起发酵作用），用手搅拌均匀；然后将米饭装到用来发酵米酒的大陶罐里；封存半个月，米饭充分发酵成酒酿后，将酒酿倒入布袋压榨，同时不断往布袋里加水，榨到挤出来的汁不白为止；然后把榨出来的汁水倒入大铁锅煮沸，就成了有酒香味的瑶族美酒——苦爽酒。在乳源瑶寨的长桌宴上，伴随着瑶族姑娘热情欢快的敬酒歌，客人们往往会品尝到一杯杯清香甘醇的苦爽酒。瑶族人喜欢自养家禽或猎杀野兽，在年终或猎杀到野兽一时半会儿吃不完时，就会将肉切成条块状，放盐腌制三四天，然后挂在炉灶上方，经烟火熏烤后便成了熏肉。熏肉易储藏，保鲜时间长，色泽金黄，皮脆肉爽，肥而不腻，醇香可口，是佐酒下饭的佳品。瑶族人精选本地黄豆为原料，利用山涧泉水自制豆腐。黄豆经水泡发后，用石磨细细研磨成浆，将生豆浆加热、入袋、压榨，榨到挤不出汁即可。然后把卤水倒入榨出来的汁水中，再把汁水入袋、压实，就成了白花花的豆腐。豆腐细嫩爽滑，鲜嫩可口，香味浓郁，是节日招待客人的必备佳肴。

图5-6 瑶家传统美食

生活在始兴县深渡水瑶族乡长梅村的瑶民，有一种独特的富有民族和地方特色的吃法——"和菜饭"和"炆骨头"。和菜饭制作简单，先将熏肉、芥菜、蒜苗、香菇、冬笋一起炒熟，然后倒在煮好的糯米饭上，边焖边把饭菜拌匀，直到水分拌干即可食用。这是瑶族人吃出来的经验——瑶族人喜欢做"大锅菜"。这道特色饭具有让人越吃越想吃、吃饱了还想吃的乡土风味。炆骨头的制作方法也非常简单，首先把骨头用盐巴擦匀，放在坛子里腌制两三天,再取出将盐洗净,斩成三四两的块状,放入大锅里,用柴火炆,待锅里的水煮干即可。这道菜原汁原味、味道特别。与其他地区的瑶家人一样,长梅村人不仅会做熏肉,还会做"油浸肉"和"烤肉干"。油浸肉的做法是把肉切成三四两的方块,放入大锅里,加上盐,煮两三个小时。煮干水、煮出油后即可把肉连油一起盛出来,放入缸里存放,可存放三至五个月。烤肉干指把在远处所猎的野兽或鱼、蛙烤干带回家。烤干的肉类才不会坏且好吃。烤制方法如下:把竹片编成竹板,支起两尺左右高的架子,然后把要烤的肉类放在竹板上,下面生明火烘烤,一夜即干。

2. 传统服饰

瑶族服饰作为民族文化的载体,自有一套鲜艳的标志。瑶族服饰大多在领边、袖口、襟缘、裤脚等处绣上五彩的图案。传说盘瓠就是一只五彩斑斓的龙犬。在服饰上绣五彩纹样是纪念盘瓠的一种形式。瑶族男女老少都有缠头巾、扎脚的习惯。其原因来自民间一个美丽的传说:盘瓠与三公主结婚后,白天是龙犬,晚上则变成美男子。有一天,三公主要求盘瓠变成人。盘瓠于是建议公主把他放在蒸笼里蒸七天七夜,三公主按照盘瓠所说的去做,可蒸到六天六夜时,三公主担心盘瓠被蒸死,迫不及待地去揭开蒸笼盖,发现盘瓠果然变成了人。可是蒸的时间不够,头上、小腿上的毛未脱落,盘瓠只好把有毛的头和小腿缠起来。

瑶族男子多穿蓝色大襟衫或背褂。上衣大多是矮领、对襟的式样。领口、襟边、袖口、裤脚都绣上五彩花边,背后嵌有一四方形的绣花图案。围巾缠于腰上。下穿宽大的裤,裤长及小腿。瑶族男子需扎绑腿、包头巾或戴礼帽。瑶族妇女上衣一般是青色布缝制的。无领大襟长及膝,钮在右边扣。下穿短裙,胸前挂一条围裙,围裙镶嵌梅花形银扣,然后扎条腰带。上衣的领口、襟边、袖口、围裙的四周全绣上五彩花边,上衣背后同样嵌有一四方形的绣花图案。年轻女子头顶绣花方头帕或青色绣花头巾;已婚女子头戴折叠成很多层布的头冠,扎绑腿。瑶族服饰体现了男人朴实、精干的阳刚之美,象征精悍刚强的性格,体现了女子俏丽多姿之美,象征温柔能干。服饰上的花纹图案,都是红、蓝、黄、黑、白等对比强烈的色彩,运用传统刺绣工艺制作,构思精巧、造型简练、美观大方。

乳源过山瑶的服饰(图5-7)在瑶族妇女的刺绣下装饰得五彩斑斓。乳源瑶族刺绣以黑色、蓝色、白色布料为底布,以红、绿、黄、黑、白五种色线作线绣,广泛用于衣服、头帕、围裙、腰带、脚绑甚至伞袋、挎包。瑶族刺绣有五彩图案花纹,显得花团锦簇、鲜艳夺目。在服饰上,女的统一穿长裙,男的统一穿对襟服,都有头饰和装饰品等,且形式多种多样、样式精致美观。据《乳源县志》记载:乳源瑶族女戴板为首,以黄蜡胶发,黏于板上,月整一次,夜以高物搁其首,采山为生,曰板瑶。称原曲江县瑶族即今乳源县的游溪、柳坑等地的瑶族为"箭瑶"。《韶州府志》云:曲江县属之西山,瑶妇髻贯竹箭,覆以花帕,重裙无裤,称箭瑶。男子将绣有花边的头巾扎于头前,形若触角,威武无比。女子将头巾两端图案垂于脑后,宛若佩戴五彩花髻,柔和而美丽。

图 5-7　瑶家传统服饰

3. 传统节庆:盘王节

"盘王节"(图 5-8)是瑶族人民纪念始祖盘王的传统节日。传说盘王与三公主婚后带着妻儿走进"草木丰茂,无人行迹"的深山,教会孩子狩猎、耕织、刺绣。有一天,盘王带着六个儿子上山打猎,在追赶一只受伤的大公羊时不慎跌下悬崖丧命,尸首挂在梧桐树杈上。其儿女们非常气愤,捕获羚羊,之后用羚羊皮做鼓面,用梧桐树筒做鼓身,制成长鼓,击鼓泄愤,以边打边舞边诉说的方式来追悼盘王。评王闻讯,深受感动,即下圣旨:"自今以后,一二年小庆,五年一大庆……摇动长鼓,吹唱笙歌,击锣擂鼓,务使人欢神乐,物阜财兴,五谷丰收。如有不遵者,盘王作怪生非,阴中检点,不得轻恕,自甘其罪。"从此民间祭祀盘王,唱盘王歌、跳盘王舞、还盘王愿等纪念活动自然兴起,逐渐形成了一种仪式,这些仪式统称为"盘王节"。过去,瑶族盘王节没有固定的时间,一般在每年的秋收后至春节前的农闲时节举行。

图 5-8　乳源盘王节

如今,乳源瑶族自治县每年 10 月 20 日至 22 日举办"十月朝"——盘王节,历时 3 天。届时,瑶族男女老少都要穿上自己民族的节日盛装,不仅可以参加盛大的盘王大典、大型主题盛会,一起唱歌、跳舞,"做盘王""祭盘王""拜盘王""还盘王愿""耍歌堂""跳盘王""踏歌堂",欢度盘王节,还可以参与体验独具文化特色的瑶绣艺术秀、瑶家千人长桌宴、瑶山彩石展等。乳源瑶族自治县必背镇桂坑村74岁的盘良安老人,从事拜盘王活动60余年,为"拜盘王"仪式第12代传人,是目前乳源必背唯一全面掌握主持"拜盘王"仪式的总师爷。他9岁开始拜师学艺,20岁便能独立主持整个仪式。他曾主持参加过县庆、瑶族"十月朝"、全市首届"文化遗产日"、第11届中国瑶族盘王节展演展示等活动。2021年,盘良安老人被评为广东省国家级非物质文化遗产代表性传承人。

4. 传统歌舞

瑶族是歌舞之乡。瑶族人民不论男女老幼皆能出口成歌,并且歌词十分精练,具有极强的韵律性。逢年过节时,歌声遍野(图5-9)。歌唱主题有很多:

(1)叙述远古开天辟地的人类创世史。如:

《造天地》:

第一平王造得地,第二高王造得天,第三竹王造得火,第四铜王造得钱(造得钱)……七星量天不量地,田螺量地不量天(不量天)。

《造水歌》:

香是不是非凡明香?香是还愿明香,未曾奉劝。水是不是非凡之水?水是九龙清水,未曾奉劝。茶是不是非凡之茶?茶是高山玉女清茶,未曾奉劝。花是不是非凡之花?花是玉女新花,未曾奉劝。果是不是非凡之果?果是石榴梅果,未曾奉劝。

图5-9 瑶族歌舞

(2)叙述瑶族人民对盘王的崇拜。如:

《吹角歌》:

一声鸣角喜兴兴,角盖香坛来接兵。上请玉皇来传奏,传奏玉皇到玉清。闻吾小师法角请,急请兵马护香坛,护香坛。二声鸣角喜欢欢,吹得天翻地也翻。祖师闻知各归位,畜牲喂饱各归栏。闻吾小师法角请,急请兵马护香坛,护香坛。

《跳神歌》:

嗬、嗬、嗬、嗬嘿,烈过上坛兵马圣,烈过下坛兵将神,上坛兵马,下坛兵将稳悠座,稳稳悠悠座香坛。稳稳悠悠座香坛,香坛内里好排神。嗬、嗬、嗬、嗬嘿。

《拜神歌》:

嗬、嗬、嗬、嗬嘿,圣王到,圣王面前微微笑。盘王圣帝上席坐,领受子孙跪拜礼。一拜圣王来路远,二拜圣王远路来,三拜圣王多辛苦。圣王受拜心花开。嗬、荷、嗬、嗬嘿。

《挂灯歌》:

好……一打凳头等师祖,二打凳尾物金栏,物得金栏师男座,师男座落守明灯。

好……一打凳头等师祖,二打凳尾物金栏,物得金栏师男座,师男座落取名字。

《上堂歌》:

好……拜得通、祖师哟通,师男来拜祖师公,师男来拜老师呀,香坛锣鼓闹荣荣。嗬、嗬、嗬、嗬嘿。人话神头何出处,神头出处何根源,神头出处何人画,何人画得好神头。何人画得何人用,何人接起复上头。嗬、嗬、嗬、嗬嘿。嗬、嗬、嗬、嗬嘿。人话神头有出世,神头出世有根源,神头初当匠人画,匠人画得好神头。匠人画得师人用,师人接起复上头。嗬、嗬、嗬、嗬嘿。

《敬神歌》:

嗬、嗬、嗬、嗬嘿。桃花谢了李花开,一神坐位二神来。打起铜锣来接我,走到上村买马骑。借你文曲唱文曲,借你文排唱文排。文曲文排借一船,水面有船又有排。手接铜铃去接圣,又接令牌接灵神。嗬、嗬、嗬、嗬嘿。

(3)用歌声叙述瑶族人民的思想感情(图5-10)。如:

《引歌出》:

引歌出,引出歌词声声唱。今夜唱歌众人听,主人贵地出黄金(出珍珠)。起歌唱,深山主人起歌头,起得歌头望歌尾,男女唱歌对歌喉(对歌头)。

《引娘唱》:

引娘唱,手拿笛子引娘争(引娘吹),笛子露头有句话,大师出声妹便行(妹便吹)。引娘唱,三斗油麻来引头,三斗油麻引出火,令夜引娘出唱由(出唱头)。引娘唱,光木造书来引由(来引头),光木造书引出发,今夜引娘出唱由(出唱愁)。

《齐声唱》:

起声唱,先唱一条同不同,第一唱条引入县,第二唱条引入京(引入州)。引娘唱,哥在湖南妹在京(妹在州),哥在湖南妹在县,妹在贵州来听南(双泪流)。引娘唱,哥在湖南妹在京,哥在湖南松柏县,妹在贵州来听声。

(4)叙述瑶族人民庆丰收的歌。如:

《问答丰收歌》:

问:好,上村摆到几双盏,下村排到几陈酒,家主今日今时、大厅堂上,蓝红蓝白,两名保佬跳上跳下做何事,家主轮年轮岁收到黄禾有几仓。答:好,上村摆到一双盏,下排

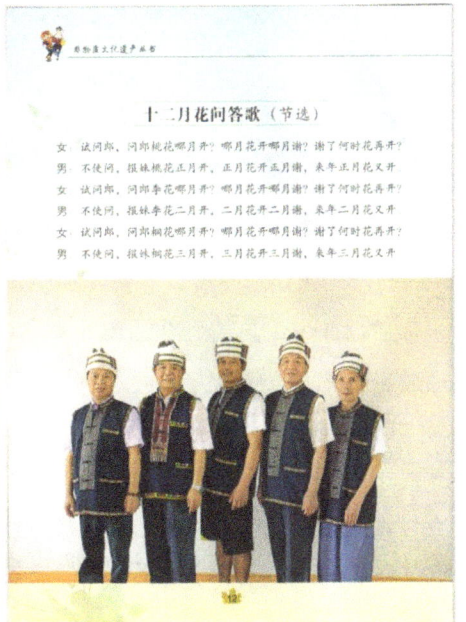

图 5-10　瑶族山歌

到二陈酒,家主今日今时、大厅堂上,挂旗蓝红蓝白,两名保佬扶起师棍跳上跳下完良愿,家主轮年轮岁收割黄禾千千万万哦仓。

又如《敬酒歌》:

好:台上摆满饮酒杯,台下摆满装酒陈。客人到家请喝酒,喝了一杯又一杯。人情人意说喝酒,亲戚朋友情意长。好:何物圆圆地下转,何样任任在台边,何物载酒何样载,何人托起敬客人。好:酒陈圆圆地下转,酒陈任任在台边,酒陈载酒金杯载,主人托起敬客哟人。

《祝酒歌》:

好:主人爱好轮年轮岁好,爱旺轮年轮岁哟旺,主人喝杯师人丰熟酒,千年万岁得风哦光。好:主人爱好轮年轮岁好,爱荣轮年轮岁荣,主人喝了师人丰熟酒,千年万岁得丰荣。好:欢喜真欢喜,众人齐饮丰熟酒,人丁兴旺岁岁哟安,五谷丰登平平喏岁。

《吹角贺客歌》:

好:水牛角吹喜连连,恭贺客人领金钱,金银财宝归纳库,人丁兴旺岁岁哟安,岁岁哟安。好:水牛角吹喜兴兴,恭贺客人万事兴,一年四季行好运,山岭农田出黄金,出黄金。

(5)叙述永恒的爱情。如:

《读下台书》:

起声唱,歌堂林里引歌来,黄雀起声在树尾,郎今唱歌在歌堂。新拜沙沙由,沙沙由。隔席唱,众人齐唱歌声扬,今日有缘来相会,不到天光不放娘。新拜沙沙由,沙沙由。轮妹唱,妹也唱条郎唱条,郎唱麒麟对狮子,娘唱金龙对凤凰。新拜沙沙由,沙沙由。

《哥妹情》:

大哥颠,大哥放妹下坎边,刘三妹娘手接快,一手接条过道腾。大哥颠,大哥搬凳拦门前,刘三妹娘来凳坐,大哥眼睡不知天。

《送娘归》:

归去也,官人装船送娘归,也有官船到水步,也有行路着风吹(着风吹)。归去也,踏上船头不舍归,踏上船头不舍去,哥妹缠绵船已归(船已归)。

(6)叙述瑶族人民热情好客的犁曲。如:

《相逢曲》:

深更半夜客来到,主人烫酒且煎茶。连罗,连罗,先饮茶来后饮酒,坐落凳头拉家常。连罗,连罗。

《梅花曲》:

风过树头叶细花,不有几日得梅花,一年三百六十日,盼望客人到我家。连罗路,连罗路。

(7)阐述生产生活常识的歌。如:

《十二月花》:

正月桃花发,正春二月李花开,三月桐木花过路,四月金斗发山开,五月南球花过路,六月芙蓉花正红,七月莲花塘下发,八月禾花谷里生,九月葛腾花过路,十月鸡公花正红,十一月梅花下地落,十二月山茶满树红。

《十二月花问答歌(节选)》:

女:试问郎,问郎桃花哪月开?哪月花开哪月谢?谢了何时花再开?

男:不使问,报妹桃花正月开,正月花开正月谢,来年正月花又开。

女:试问郎,问郎李花哪月开?哪月花开哪月谢?谢了何时花再开?

男:不使问,报妹李花二月开,二月花开二月谢,来年二月花又开。

女:试问郎,问郎桐花哪月开?哪月花开哪月谢?谢了何时花再开?

男:不使问,报妹桐花三月开,三月花开三月谢,来年三月花又开。

(8)表现大自然各种现象和事物的歌。如:

《月光照》:

月影光光照重样,铜镜光光照重身,大州买到光油伞,油伞撑开遮重人,月影光光亮亮样,铜镜光光照妹身,大州买到光油伞,油伞撑开遮妹人。

《吹春鸟》:

吹春鸟,吹下山底吃嫩草,吹得花开红艳艳,花开花落知多少。吹春鸟,也会吹春也会声,只见吹春不见面,吹得花草木叶青。

《高山树》:

松叶林林遮过路,遮过路头遮妹郎,人话高松不生子,妹郎生子一双双。高山高岭高松树,松乳带丝织细麻,松乳带丝织细布,柳花布面送新娘。

瑶族是善于用歌舞表达情感的民族。瑶族的歌舞与狩猎、农事和祭祀等有着密切的关系。同时,瑶族传统的鼓、歌、舞又常常融为一体,即鼓之、歌之、舞之。瑶族民间舞蹈来源于"跳王"祭祀活动,是师爷请神、娱神时的舞蹈。舞蹈都为道具舞,如请神、娱神则击鼓、敲锣、摇铃等,祭祖则跳法杖、吹银角,求五谷丰收跳法棍,镇邪则舞剑。传统的瑶族舞蹈具有古朴、简单、节奏感强等特点。有单人跳法和双人跳法,有只跳不唱和边跳边唱两种形式。跳舞时,以锣、角为伴奏,表演者一手持铜铃,一手拿令箭,走八字步。每走第二步,身体上前蹲,顿足,进两步、退两步,同时双手从左到右循环划动。铃声、锣声、银角声为节拍,与舞步混为一体,节奏强烈。边唱边跳是请神的跳法,师公手持银角、令箭边舞边吹,节奏明快,舞姿多颤抖、摇摆或晃动,包含了"文舞"和"武舞"的原始风格。近年来,瑶族各地文艺工作者吸取传统的民族舞蹈的精髓创作了《长鼓舞》《竹竿舞》等许多新的民族舞蹈。瑶族舞蹈是瑶族灿烂文化的一朵奇葩,突出地表现了这个民族所具有的明显的文化特征,对盘瓠的赞颂,以舞蹈的形式传播了民族淳朴的道德观念和精神。

长鼓舞(图5-11)是瑶族民间歌舞的典型代表。表演时,鼓手左手握住长鼓的鼓腰上下翻转,右手随之拍击,边舞边击。表演形式主要有四人合舞、双人对舞等。动作主要有造屋、制鼓、耍鼓、模拟动物、祭祀等。舞姿刚健,风格淳朴。有的还可以在一张八仙桌上手舞长鼓,边打边跳。一般以唢呐、锣鼓伴奏,有时也唱"盘王歌"来助兴。

传说很久以前,瑶山上住着父子三人,老人临终前把家产平分给两个儿子。哥哥贪图钱财,把家产全部占为己有,弟弟冬比只好流浪在外,给人做工为生。盘古王的女儿十三妹认为冬比人品好,下凡与他结为夫妻。冬比的哥哥想害死冬比,霸占十三妹。盘古王知道此事,帮助冬比击败了哥哥,并把十三妹召回了天庭。临别前,十三妹告诉冬比:南山上有棵树,可砍来做个长鼓,鼓上打360个套环;等到十月十六日那天踏环击鼓,跳

图 5-11 瑶族长鼓舞

360个圈,就可以像鹰一样飞上天与她团圆了。冬比按照十三妹的嘱咐,不畏艰险来到南山找到那棵树,做成了长鼓,在约定的时间跳了起来,果然飞上天与十三妹团圆了。人们为了纪念这对恩爱的夫妻,以后每逢盘古王婆诞耍歌堂时都要跳长鼓舞。这种习俗一直流传到今天。

过山瑶善用小长鼓。小长鼓又叫横鼓、花鼓,瑶语叫"汪嘟"。长鼓两头大、中间小,呈喇叭形。鼓身用沙桐木制成。两端蒙上牛皮或羊皮,作为鼓面。舞时,长鼓横挂在腰间,舞者右手五指并拢,以掌拍鼓,发出"比"声;左手持一竹片,敲打鼓面,发出"冬"音。这样有节奏地连续击拍,便发出"冬比冬比冬冬比"的声音。小长鼓舞是过山瑶广泛流行、花样最多的舞蹈形式,也叫打花鼓,一般在平地跳。两人一对,按东、西、南、北、中的顺序跳。还有的高手站在高台对打花鼓。表演者随着舞蹈动作,变换节拍,表现不同的内容和情绪,来达到艺术效果。长鼓舞节奏明快、奔放洒脱,舞蹈模仿上山落岭、过溪越谷、伐树运木、斗龙伏虎等,形象生动,令人印象深刻。长鼓舞反映了瑶家人的生产和生活习俗,充分表现了瑶胞的性格特征和气质,具有瑶族独特的风格。

在瑶族地区,流行着一种伴嫁歌舞的文艺形式——坐歌堂。瑶族的婚礼程序,有独特的民族礼仪,尤以"坐歌堂"别具一格。"坐歌堂"是在姑娘出嫁的前一天晚上,以新娘和伴嫁姑娘为一方,以新娘的嫂嫂、婶娘和已出嫁的姐妹为另一方,双方互相对歌。对歌分说郎、道情、盘歌三部分。"说郎"由婶、嫂一方提问,新娘一方回答新郎的人品、外貌及恋爱经过等内容。"道情"是对歌的中心。双方运用大量的比喻、双关等手法,回忆共同相处的美好岁月,表示依依惜别之情。父母兄嫂在道情中,把如何待人接物,尊老爱幼,勤俭持家,处理好婆媳、夫妻关系等内容唱给新娘听,新娘一一作答。这实际上是新娘离家前,长辈对她进行文明礼貌教育。新娘也可以向父母兄嫂提意见,无论意见多尖锐,父母兄嫂都不能生气。这些可以说是瑶家的好传统，也是瑶家母女恩爱、姑嫂和睦的重要原因。"盘歌"即对歌双方互相猜谜。坐歌堂呈现热烈欢快的气氛，一直唱到雄鸡报晓、接新娘的人到来为止。

三、韶关瑶乡传统文化的内在精神

（一）临危不惧，勤劳勇敢

"白云生处，青山之上为盘瓠子孙居住之处，三锹（尺）以上水流不到之地，全属王瑶子孙耕管，刀耕火种，一切夫役悉心赦免。"无论是来自湖南还是浙江、福建，在历经宋、元、明几朝后，瑶民最后都在南岭的深山密林中定居下来。客观上讲，韶关瑶民居住在崇山峻岭之间、深岩邃壑之内、丰草密林之间。那是崎岖难行、山高路远的"深山"，是野兽出没、危机四伏的"险地"，更是山多地少、土地贫瘠的"穷处"，自然条件极其恶劣。尽管如此，瑶族人民临危不惧，凭借自己的双手和智慧，"靠山吃山"。至今流传的瑶族"上刀山"①传统绝技，充分体现了瑶族人民不惧艰险的大无畏精神。在"青山之上"，瑶民们开创了"一山过一山，一代传一代，循山流徙，深山游耕"的生产和生活方式。在"吃进一山，又过一山"的迁徙过程中，瑶民们披荆斩棘、刀耕火种、辛勤劳作。瑶民们在水利设施差、自然灾害频繁、肥料不足、生产力水平极度落后的情况下，以一家一户为生产单位，克服山多田少的局限，根据山区气候特点安排农事，硬是在贫瘠的土地上，开荒种植了水稻、玉米、番薯、芋头、高粱等农作物。在深山游耕、靠天吃饭的艰苦日子里，勤劳勇敢的瑶族人民学会了因地制宜、多种兼营，学会了粮林间种、广种薄收。以往生活条件艰苦，瑶族人民常吃番薯、芋头等杂粮甚至野菜充饥，"靠山吃山""依山自保"，繁衍子嗣，生生不息。

在汉瑶和平共处的年代，依靠这片山林，凭借林特产品，勤劳勇敢的瑶族人民还为汉区提供丰富的原木、板材、山货、药材、优质特色农产品等，改善了汉区人民的生活。如在始兴深渡水瑶族乡长梅村，瑶民们住山吃山，利用山区良好的自然环境，因地制宜，用辛勤的双手采集、生产或加工蜂蜜、香菇、木耳、笋干、灵芝等优质特色农产品。这些优质特色农产品因深处深山、原生态、无污染，深受汉区人民喜欢。与此同时，勤劳勇敢的瑶族人民还会到汉区墟市从事采买，换回日常所需的棉布、针线、油盐等日用品，并从汉区购入或者请铁匠进入瑶区加工制造犁、耙、锄、镰刀、斧头等生产农具。通过与汉区通商、向汉民学习先进技术等方式，勤劳勇敢的瑶民们正在逐步改变"深山游耕"的形式，提高生活生产水平和质量。

（二）崇拜祖先，敬重自然

瑶族人以"龙犬"盘瓠为祖，崇拜盘古王，盛行祖先崇拜。他们的祖先崇拜，既有图腾

---

① 表演者踩住锋利的刀梯向上攀行，又从烧红的铁犁上划过，一双赤脚却毫发无损。

（远祖）崇拜，也有家先（近祖）崇拜。瑶族人对祖先十分尊敬，每逢年节都会把煮好的肉、鸡、鱼放在神坛上供奉祖先。他们认为祖先尝后子孙才能享用这些食物。瑶族人民过去信奉"万物有灵"。他们将天空的日月星辰，大地的山林、河流、石头、土地等自然界所有物体都加以神话。日月星辰、古藤老树、山石鸟兽、牛栏猪舍，以至桥头路边等，都可以成为顶礼膜拜的对象。不管是炼山种植，还是进山放香菇、木耳，他们都要在附近用石头砌个"伯公"祭拜，祈求本方龙神保佑人丁平安，农作物不受野兽侵害，香菇、木耳丰收。

在祈求祖先与神灵庇护的过程中，瑶族人还传承了"拜王""头坛"和"度身"等隆重的活动，以求人寿年丰、六畜兴旺。这一切活动或仪式，均由师爷来主持。拜王（图5-12）又称跳王、起歌堂，或称"调旺"，即一调就旺、越跳越旺盛的意思。实际上它是一种叩神还愿的仪式。据说，"跳王"源自十二姓瑶胞。他们不忘救命之恩，于是叩神还愿，唱跳一番。后来，凡是叩拜过盘古王和许过愿的，应验后都要"跳王"还愿。比如遇到几年禾谷不丰收，或家人得病，就叩拜盘古王许愿；年成转好、病去灾消后，就要"跳王"还愿。头坛是瑶族人求助神仙给病人治病消灾的一种法事。度身又叫打幡，一般以一家为主，或联合同宗亲举行，遍请亲友，多在农历九、十月间的农闲时进行。事前请师爷占卜选日，遍请亲友及全村老幼参加。届时，师爷念经，歌姆唱歌，未婚男女表演结婚饮酒、拜堂成亲等节目，吃喝七天七夜。瑶族人认为男子经过度身，方能确保家业永不败落。

图5-12 拜盘王

韶关瑶族人崇拜祖先、敬奉图腾是建立于"万物有灵"的观念之上的，是瑶民无法理解大自然变幻无常的现象，无法抗拒大自然的灾害，在无助状态下寻求精神的解脱和心灵的安慰。抛开其迷信色彩不说，它对于瑶乡家庭传承、精神慰藉和社会治理能够起到一定的积极作用。从民俗的角度看，它不是单纯的迷信活动，还有纪念、祭祀和契约的性质，反映了瑶胞恪守诺言的美德。

（三）信守承诺，真诚待人

瑶族人民讲信用、守诺言，凡许诺过的话决不反悔，做过的事决不埋怨。聚事订盟，以酒做证。相互借贷，也不用文字凭证，互相信任。平日发生争执，一经调解成立，双方决不另生事端。他们对不守信用及诈骗行为,最为鄙视。瑶家有言:"不是自家财,不进自家袋。"人们上山劳动或到汉区赶集,常将衣物、饭包等放于路边,附一"草结",无人取走。有些舂米的水碓离村寨较远,人们把稻谷放入水碓即行离去,等舂好之后再到水碓取回白米。野外发现蜂群,无法当即采收,也可结草为记,蜂蜜便不会被人采去。有人失落钱装、物件,见者拾至显眼处做上记号,让失主回头取。因此,瑶家常常夜不闭户,人不守舍,猪狗鸡鸭乃至钱粮,无人偷盗。

真诚待人是瑶族自古以来的美德。瑶族人民热情好客,慷慨大方。凡是进入瑶家的客人都会受到尊重,留食、留宿、热情款待自不必说。到瑶家做客,主人都会上一桌平日里不舍得吃的传统瑶家美食。烟熏肉、油浸肉、山珍野味和土特产,是招待客人的菜肴。瑶族人嗜好喝酒,将远道而来的客人,尤其是汉族医生、教师,视为上宾。瑶家主人会用他们的最高待客礼仪接待客人,捧出自己特别酿制的瑶家酒请客人喝。瑶家酒苦中带甜,香醇浓郁,余味无穷。喝酒时,由家里最年轻的成年姑娘倒酒,主人会端起酒碗频频向客人敬酒,并唱《敬酒歌》表示真诚的欢迎和祝福,以表达对客人的尊敬。此时,客人不必拘束过谦,应开怀畅饮。这样主人会认为客人看得起瑶家人,主人就会越发高兴,越发热情。

当你走进瑶寨时,瑶家人还会送上一大碗泡茶。在大瑶山,喝泡茶、谈心是人们的传统,也是生活乐趣。这种泡茶有振奋精神、驱除疲劳的作用。以泡茶待客体现出瑶族人民热情好客的美德。即使是走村串寨的阉鸡师傅,也可随时投宿。乳源瑶族入山劳动,或远途外出,只要见到瑶民住家,不论主人在家与否、相识与否,都可入厨房烧火做饭。如果吃完之后主人仍没有回来,设法留下信息,他日奉还即可。瑶族和汉族人民还相互"挨伙计""打同年"(结拜兄弟)、认契爷(拜干爹),逢年过节互相往来,热情相待,有喜同乐、有难相帮,情同手足。此外,在日常生活中,瑶族人民讲究礼节:家中来了客人,男女一般分桌吃饭;不能让老人和客人自己盛饭;主人先吃完饭,要双手举碗说声"慢吃";给客人东西要双手捧上,以示敬意。

(四)遵守祖训,团结亲邻

瑶族人民在生产生活方面,至今保留着许多纯朴的古代遗风,这些古代遗风成为良好的社会风尚。如在乳源县游溪镇木笼瑶族新村的屋墙上,可以清楚地看到劝诫后人遵守祖训、从善从良的标语。如屋墙之上的《赵氏家训》有云:"敦孝悌,睦宗族;力本业,慎交流;和兄弟,训子弟;尚勤俭,戒争讼;遵法律,禁非为。"而另一屋墙之上的《邓氏家训》有云:"崇宗敬祖,孝敬父母;和睦兄弟,联亲联谊;培育后代,尊师敬贤;勤俭持家,遵纪守法;绝禁吸毒,戒嫖戒赌。"在第三个屋墙之上,笔者还发现了北宋著名隐逸诗人林逋的名言:"孝子亲则子孝,钦于人则众钦。"(图5-13)

"深山看大树,瑶家看老人",遇到大事先请老人定夺,有酒有肉先让老人享用。当父

图 5-13　瑶族新村"孝文化"

母失去劳动能力,瑶家子女都能自觉承担赡养责任。瑶族人家以女方娘家为源,尊重妇女,也敬重舅父。从前发生械斗,双方绝不伤害妇女。即使交锋对垒之际,交通断绝,妇女仍可畅通无阻。舅父对外甥有监护的权利和义务。外甥结婚,定请舅父到场并坐首席;生了小孩,请舅父命名;遇到丧事,先报舅父知道,言明死因;年节须给舅父送礼;分家请舅父到场见证;耍歌堂等大节请舅父前来欢度;等等。瑶族人遵守一夫一妻制,早婚现象比较普遍。瑶族人尊重妇女,强调夫妻平等。父母悉心抚养子女,以身作则,极少打骂。有子娶媳,无子招赘,不受歧视。子女婚后,与父母分居。婚后所生子女,第一个用父母两姓,第二个随母姓,第三个随父姓。至今,部分瑶寨还保留着"男嫁女""儿女从母亲"的习俗。新婚之日,新郎步行到女家,男女双方的亲友到女家参加婚礼。

"一家有难,亲邻相帮;遇事相邀,一呼百应。"瑶族村寨有什么消息,都能及时传递;有什么困难,能互相解决。凡婚娶丧葬,若资财不足,亲友邻里自动凑钱送物,主家不一定要归还。修建房屋或农事繁忙,亲友相助,主家只需招待茶水,不计工钱;或互相帮工,不误农时。乳源瑶族每年农忙时节,只要告诉亲友,亲友必闻讯而至,且自备工具和膳食,主家不用支付工钱。举办婚宴及重大节日等喜庆之事,钱物不足的,也可求助亲友,只需按时偿还,不用付利息。如借贷者下一代仍无力偿还,债主也不上门索取。待家境稍微宽裕,主动归还即可。瑶族还常常集体打猎。猎获的野兽除多分一份给猎手之外,其余平均分配,见者有份。出门在外,亦不必带粮,走到哪里都会得到招待。此外,瑶族村寨中一些经验丰富、办事公道、在群众中享有威望的人被推荐担任"瑶老"[①],主持管理

[①] 在新中国成立前,乳源必背、桂坑、王茶三乡瑶族联合成立"公众会",替代瑶老管理村寨,共同商讨对付外来势力,惩处违反族规的人。

村内有关生产生活和社会治安等公务,在瑶民遵守秩序、调解纠纷、邻里友爱、团结互助等方面,起到了积极的作用。

四、小结

韶关是广东省瑶族人,尤其是过山瑶的主要聚居地。目前,韶关瑶族主要分布在乳源、始兴、乐昌、曲江、翁源、武江、仁化等8县(市、区)57个乡(镇)。其中,乳源瑶族自治县、始兴县深渡水瑶族乡是韶关两大瑶族聚居区,为典型的"瑶乡"。瑶族是个山居民族,有依山而居、靠山吃山的习惯。瑶村一般规模较小且相对分散。瑶绣是瑶族古老的民间手工艺术,既是瑶族妇女才艺智慧的结晶,也是瑶族标志性的民族文化品牌。瑶族服饰作为民族文化的载体,自有一套鲜艳的标志。瑶族传统医药,是瑶族民众经过漫长的实践积累而形成的一整套民间医药诊治和保健方法,广泛流传于瑶族各乡镇。"盘王节"是瑶族人民世代相传、纪念始祖盘王的传统节日。瑶族是歌舞之乡,瑶族人民不论男女老幼皆能出口成歌。瑶族歌舞与狩猎、农事和祭祀等有着密切的关系。长鼓舞是瑶族民间歌舞的典型代表,过山瑶善用小长鼓。艰苦条件下的深山游耕,形成了韶关瑶乡独特的聚落、服饰、饮食文化,塑造了韶关瑶族人民临危不惧、勤劳勇敢、崇拜祖先、敬重自然、信守承诺、真诚待人、遵守祖训、团结亲邻的制度和精神文化。

参考文献

[1]韶关市地方志编纂委员会.韶关市志[M].北京:中华书局,2001.

[2]梁健,何露.韶关印象:历史与文化[M].广州:广东人民出版社,2008.

[3]梁健,邓建华.瑶乡乳源文化铭作选[M].香港:中国评论学术出版社,2009.

[4]苏胜兴.瑶族民间故事选[M].上海:上海文艺出版社,1980.

[5]韦祖庆.瑶族文化之教育传承[M].北京:中国文史出版社,2015.

[6]盘才万,房先清.乳源瑶族古籍汇编[M].广州:广东人民出版社,1997.

[7]简锐刚.乳源瑶族[M].广州:花城出版社,2014.

[8]《乳源瑶族志》编纂小组.乳源瑶族志[M].广州:广东人民出版社,2000.

[9]王心钢.乳源瑶族风情录[M].珠海:珠海出版社,2007.

[10]邓菊花,盘才万,莫瑞福.瑶绣:乳源瑶族刺绣大观[M].广州:广东省出版集团,2008.

[11]李少梅.中国广东乳源瑶族与瑶语[M].北京:民族出版社,2008.

[12]何露,梁健.映像过山瑶:乳源瑶族的传统社会[M].广州:花城出版社,2013.

[13]李锦云.坚守与调适:乳源过山瑶传统文化传承研究[M].北京:中国社会科学出版社,2019.

[14]王际娣,赖南坡.韶关乳源:世界过山瑶之乡 再添3名市级非遗传人[EB/OL].(2020-03-07)[2023-08-22].https://www.chinaxiaokang.com/xianyu/renwu/2020/0306/910510.html.

[15]李筱文,赵卫东.过山瑶研究文集[M].北京:民族出版社,2008.

[16]邱焕雄,陈志强.瑶乡深渡水[M].北京:中国文史出版社,2016.

[17]邓英发.长梅村村史[Z].2016.

[18]胡小平,罗龙林,徐云.粤北乳源过山瑶传统女性盛装研究[J].天津纺织科技,2020(4):1-4.

[19]林莉,潘家鸿,汤倩怡.非物质文化遗产传承保护的现实困难及解决对策研究:以韶关乳源瑶绣为例[J].艺术品鉴,2020(24):38-39.

[20]张艺.基于多感官体验的粤北瑶族刺绣创新设计研究:以"粤瑶礼"文创设计为例[D].广州:华南理工大学,2020.

[21]廖益,王剑兰,赵三银,等.新时代广东瑶族传统文化传承与活化的实践探索[J].韶关学院学报,2020,41(5):1-5.

[22]徐云.粤北乳源过山瑶刺绣文化历史性传承与创新性路径[J].美与时代(上),2020(5):46-48.

[23]李庆福,高贝.从乳源大布峒看瑶族聚居区地名的地理文化特色[J].湖北师范大学学报(哲学社会科学版),2020,40(2):43-47.

[24]汤迪亚.探索"盘王印"图案折射出的瑶族服饰装饰艺术[J].四川戏剧,2020(2):107-110.

[25]王来辉.瑶族非物质文化遗产保护探析:以广东乳源县瑶族村寨为例[J].清远职业技术学院学报,2019,12(4):34-40.

[26]刘带,赵三银,宋贵林,等.乡村文化复兴与乳源非物质文化遗产的传承与活化[J].创新创业理论研究与实践,2019,2(11):9-12.

[27]周露丹.乳源瑶族族群认同与"过山瑶"身份建构:基于粤北乳源瑶族村落的田野调查[J].非物质文化遗产研究集刊,2018(00):48-70.

[28]谢筱珣.粤北瑶族工艺融入学前教育手工课程中的探索:以韶关学院为例[J].大观(论坛),2018(10):100-101.

[29]蒲娇,申慧广.乡村"过疏化"背景下的瑶族刺绣创新传承机制研究:以广东省乳源实验中学为例[J].美与时代(上),2018(3):56-57.

[30]李祖华.基于南岭走廊民族文化元素的服饰设计教育资源的发掘与利用:以乳源瑶族文化元素为例[J].辽宁丝绸,2017(4):26-29.

[31]洪克强.粤北瑶族文化中的生态精神及其启示[J].广东技术师范学院学报,2016,37(7):17-23.

[32]谢琳.乳源瑶族刺绣"鹿纹"图案的象征文化意蕴[J].广西师范大学学报(哲学社会科学版),2015,51(4):81-87.

[33]梁宏章.瑶族服饰研究综述[J].艺术探索,2014,28(1):55-57.

[34]黎洁仪.乳源瑶族图腾崇拜纹样考[J].装饰,2011(2):114-115.

[35]陈启新,陈运飘.乳源必背瑶族文化变迁因素的研究[J].中山大学学报(社会科学版),1991(2):88-95.

第六章　全域旅游视阈下的乡村传统文化空间融合：以曹角湾村为例

"文化是旅游的灵魂,旅游是文化的重要载体。"全域旅游是通过对区域内的经济社会资源,尤其是旅游资源、相关产业、生态环境、公共服务、体制机制、政策法规、文明素质等资源实施有机整合、产业融合、社会共享,以旅游业带动和促进社会经济协调发展的一种新的区域协调发展模式。在全域旅游理念和模式的推动下,乡村传统文化与旅游业的融合发展迎来了重大机遇,但成功案例寥寥无几。本章以韶关曹角湾村为例,将乡村传统文化空间与乡村旅游空间结合起来,通过构建全域旅游视角下的文旅空间融合的资源评价体系、多元主体评价体系以及设施评价指标体系,探讨乡村传统文旅空间融合发展问题,为包括韶关曹角湾村在内的传统村落文旅空间融合发展提供理论依据和实践借鉴。

一、全域旅游与文旅空间融合

（一）全域旅游

全域旅游是指在一定的区域内,以旅游业为优势产业,通过对区域内的社会资源,尤其是旅游资源、相关产业、生态环境、公共服务、体制机制、政策法规、文明素质等进行全方位、系统化的优化提升,实现区域资源有机整合、产业融合发展、社会共建共享,以旅游业带动和促进社会经济协调发展的一种新的区域协调发展理念和模式。关于全域旅游的概念内涵和基本特征,厉新建等(2013)认为"全域旅游"更应该追求提升旅游质量,强调居民与游客的融合,提出了全域旅游全新的资源、产品、产业和市场的"四新"观,以及全要素、全行业、全过程、全方位、全时空、全社会、全部门、全游客等"八全"结构框架。魏小安(2015)从"空间、行业、消费、时间、社会、发展"六个维度,"全通、全景、全文、全品、全业、全员、全新"七个方面对全域旅游概念中的"全"字进行了解析。

然而,张辉(2016)认为："全域旅游"的核心是"域",而非"全",包括旅游的空间域、产业域、要素域和管理域;要推动旅游空间域从以景区为重心向以旅游目的地为核心转型,从以单一旅游形态为主导的产业结构的"小旅游"向以旅游为平台的复合型产业结构的"大旅游"转型,从以旅游资源单一要素为核心的旅游资源开发向旅游环境建设转型,从以部门为核心的行业管理体系向以旅游域为核心的社会管理体系转变。与此同时,张辉还提出全域旅游是新时代我国社会经济新旧动能转换和解决我国地区二元结构和城乡二元结构难题的需要,要通过"＋旅游"的方式进行产业融合,实现空间的旅游化、要素的旅游化、产业的旅游化以及旅游的便利化。此外,高元衡等(2018)从经济地理学角度,指出全域旅游是在政府主导下,以人们的旅游需求越来越广泛为原动力,以旅游产业与相关产业融合、旅游生产要素的自由流动和旅游产业链的延伸为本质,以全时空的旅游存在、全行业参与旅游、旅游发展成果全民共享为表现形式,以构建旅游产业为主导产业地域生产综合体、实现 PRED 系统协调发展和可持续发展为支撑的全新的旅游发展理念。

从空间维度上看,全域旅游是传统的节点、线状旅游,向区域、面状旅游的全面升级,是微观空间尺度的"小旅游"向宏观空间尺度的"大旅游"的重大转型,是旅游资源向旅游环境延伸、旅游景区向旅游目的地拓展、旅游产业向三产产业融合发展的集中体现。对于广大乡村而言,全域旅游是以乡村环境为依托,以居民为主体,通过各行业和各部门共同参与,实现农业、文化、生态与旅游融合发展,为居民和游客提供具有乡村特色的全方位高质量体验的旅游发展模式。

(二)文旅空间融合

文旅空间融合是文化空间和旅游空间的融合。其中,文化空间是指凝结了人类无差别劳动的物质文化和精神文化的产品空间,包括历史演进过程中形成的物质空间和非物质的文化空间。旅游空间是指存在于一定区域、能对旅游者产生吸引力、可为旅游业所利用,并产生经济、社会和环境效益的各种事物和因素的总和,包括已开发利用的自然空间、人文空间以及待开发的、具备旅游吸引力的潜在空间。文旅空间融合不是简单的空间"拉郎配",不是单纯地对文化空间进行简单的旅游开发,也不是在旅游空间中添加一些低俗的文化元素,更不是文化产业空间和旅游产业空间之间的此消彼长,而是基本理念、体制机制、资源产业、技术领域的深层次空间融合。在基本理念上,文旅空间融合要树立文化空间和旅游空间融合发展的思维;在体制机制上,应理顺各职能部门之间的沟通机制,发挥资源整合、人才交流和资金融合优势,推动文化空间和旅游空间的融合发展、健康发展;在资源产业上,要深度挖掘文化空间的旅游价值和旅游空间的文化内涵,通过文化资源的产业化和商品化,实现文化产业空间旅游化和旅游产业空间文化化,不断创新和升级文旅产业链、价值链,形成文旅空间融合共生链;在技术领域上,要借助互联网信息技术和融媒体传播技术,借助虚拟现实、大数据、云计算、物联网、人工智能等领域的技术,推动旅游与文化、科技融合发展。

(三)全域旅游下的乡村文旅空间融合机制

当前,作为一种全新的发展理念,全域旅游已成为地方旅游发展的重要战略。围绕着全域旅游理念和战略的系列规划、战略部署以及国家级的全域旅游示范区创建,在国内许多地方正如火如荼地开展着。全域旅游在主体、资源、要素、产品、产业和效益方面所表现出来的主体多元、资源整合、全要素参与、产品提质、产业融合以及社会经济和环境效益的全覆盖,正对传统的旅游发展理念和模式发起挑战,为乡村文化资源和旅游资源的融合发展带来了新的历史机遇和动力。在全域旅游视阈下,古村落的所有资源皆可视为旅游资源。它们经过历史见证,是古村落自然和文化的载体,是人们劳动的结果,是独一无二的资源。在全域旅游全要素参与的理念下,村落选址、建筑文化、古驿道、古水道以及传统的谷物加工工具、特色服饰、农田、菜地等有形或无形资源均可视为旅游资源。依据文旅资源的重要程度,可以将古村落文旅资源分为主体旅游资源与附属旅游资源。其中,主体资源主要是古村落区域中的人文资源。这是整个村落中的主要部分,也是旅游资源的主要部分。古村落常见的主体旅游资源有古建筑与文物、文化风俗、人物传说等。附属旅游资源是指在不破坏古村落整体性的原则下所包含的除主体旅游资源外的一切资源。古村中常见的附属旅游资源主要是古村落周围的自然资源、娱乐资源及特色旅游产品等。

从主体上看,在全域旅游理念下,以政府或企业为单一的投资和经营主体的传统格局被打破,包括社区和个人在内的多元主体参与古村落保护、传承与开发利用的积极性被激活。同时,随着多元主体的融入,古村落融资渠道势必更加灵活、便捷,古村落保护与传承、开发与利用所需要的投融资主体、资金等得到了强有力的保障。从资源上看,全域旅游不仅关注古村落内部资源、古村落自然与人文资源的整合,同时还强调古村落与周边村域、地域之间的资源的优化整合、融合发展。这不仅为古村落保护与传承、开发与利用提供必要的互补资源,并使古村落与周边环境相互映衬、融为一体,形成更融洽、和谐的人居环境。从要素、产品和服务上看,全域旅游意味着吃、住、行、游、购、娱等要素的全方位参与、无缝对接和全面提升。这种全要素参与、产品和服务质量的全面提升,可以为古村落提供高质量的构成要素、品牌形象,为古村落后续的保护、传承与开发提供正能量和新动力。从产业上看,全域旅游强调第一、第二、第三产业的跨界融合。对于古村落而言,全域旅游意味着古村落文化旅游有机会与农业、加工制造业,甚至是服务业中的其他产业融合发展,能够通过"文旅+"模式为古村落文脉传承与保护持续提供动力。

总之,在全域旅游视角下,乡村文旅空间融合将文化空间与乡村旅游空间整合为一个完整的系统,通过系统内各方利益协调和资源优化配置,达到乡村社会、经济和环境的协调发展。乡村文旅空间融合主要是旅游要素和乡村文化要素基于自身的特征差异和互补功能在同一空间集聚与交融。二者相辅相成,产生不同于单一空间要素的空间表征,从而达到和谐的存在状态。乡村文旅空间融合的核心是通过主体融合、资源整合、要素整合、产品整合和产业整合,构建起空间互应、资源共享、要素互补和互利共赢的地域共同体(图6-1)。乡村可以借助文旅空间融合,构建起以乡村旅游观光和文化体验为核心的和谐人地关系,并通过全要素参与、"文旅+"的产业融合、全面提升品牌质量等途径,为乡村全域旅游提供人才、资金、技术、模式和制度保障,并通过促进古村落社会经济效益全面提升和生态环境全面改善,促进乡村可持续发展。

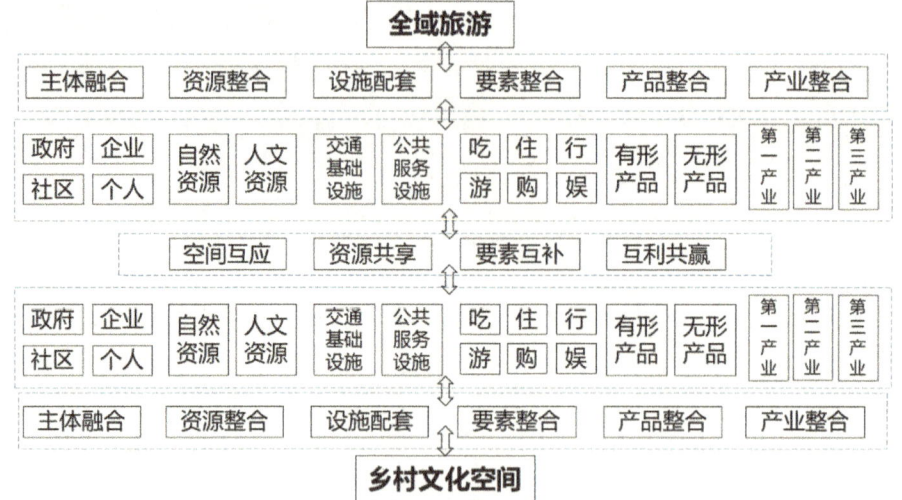

图 6-1 全域旅游下的乡村文旅空间融合机制

二、曹角湾古村落文旅资源概况

(一)曹角湾古村落溯源

曹角湾古村落位于广东省韶关市曲江区小坑镇上洞村(图6-2),是融秀美自然风光与浓厚人文气息为一体的客家古村落。曹角湾村始创于清初康熙年间的邓姓客家人,历经400多年,至今仍较完整地保存着古朴的风貌及空间格局,是韶关地区成村年代可考的古村落。2012年,曹角湾村被评为第三批广东省历史文化名村,2015年获得"中国最美休闲乡村"的称号。

图 6-2 曹角湾古村落概貌

(二)曹角湾古村落文旅资源概况

曹角湾古村落文旅资源较丰富,在乡村旅游开发中极具代表性。对照我国现行的《旅游资源分类、调查与评价》(GB/T 18972—2017)中的旅游资源分类标准,曹角湾古村落文旅资源包含建筑与设施(E)、历史遗迹(F)、旅游购品(G)和人类活动(H)等4个主类,涉及人文景观综合体等8个亚类、文化活动场所等26个基本类型(见表6-1)。

表6-1 曹角湾古村落文旅资源单体

主类	亚类	基本类型	旅游资源单体
E 建筑与设施	EA 人文景观综合体	EAE 文化活动场所	上下书院
		EAG 宗教与祭祀活动场所	邓氏宗祠
	EB 实用建筑与核心设施	EBA 特色街区	传统村落街巷
		EBB 特色屋舍	传统民居,如南阳堂等;曹水湾民宿
		EBC 独立厅、室、馆	村史馆
		EBD 独立场所	望湖台、篮球场、古樟小广场
		EBE 桥梁	跨江桥梁
		EBG 堤坝段落	溪坝
		EBK 景观农田	农田、荷塘
		EBM 景观林场	山林、果园、林间登山步道
	EC 景观与小品建筑	ECA 形象标志物	村口标识
		ECC 亭、台、楼、阁	小溪旁休息亭、村口展示台
		ECG 牌坊、牌楼、影壁	牌坊
		ECH 门廊、廊道	门前石墩
		ECJ 景观步道、甬路	村口木栈道、环池塘步道、林间小道
		ECK 草坪	村前路边主题草坪
F 历史遗迹	FA 物质类文化遗存	FAA 建筑遗迹	围楼、古建筑群、牌匾
		FAB 可移动文物	邓氏族谱
	FB 非物质类文化遗存	FBA 民间文学艺术	墙体彩绘
		FBB 地方习俗	"抬阿公"
		FBC 传统服饰装饰	客家服饰
		FBD 传统演艺	舞春牛纸马
G 旅游购品	GA 农业产品	GAA 种植业产品及制品	特色农产品
H 人文活动	HA 人事活动记录	HAA 地方人物	古代名人
	HB 岁时节令	HBB 农时节日	"抬阿公"
		HBC 现代节庆	婚庆活动等

曹角湾古村落文旅资源在空间分布上相对集中,可以分为两个级别的旅游资源中心,在中心附近划分若干旅游资源带。邓氏宗祠、书院、古碉楼、围楼、牌坊、民居、村史馆

等文旅节点（或单体）是该村的"招牌"旅游点。这些旅游资源多属建筑类，且空间集中，可以视为一级旅游资源中心。二级旅游资源中心多为文化娱乐体验类和休闲类资源，如天子引的登山步道、望湖台、果园、农田等。具体旅游资源空间分布如下图（图6-3）所示。

图6-3　曹角湾古村落文旅资源（部分）

三、全域旅游视阈下的曹角湾古村落文旅资源评价

（一）评价指标体系构建

以文化和旅游部颁布执行的《国家全域旅游示范区验收、认定和管理实施办法（试行）》和《国家全域旅游示范区验收标准（试行）》为依据，对曹角湾的主体及附属旅游资源进行评价。本章初步采用层次分析法将评价因子设定为旅游要素价值、资源影响力、

附加值三个一级指标和观赏游憩价值、历史文化研究价值、奇特与珍稀程度、规模与丰度、完整性、知名度与影响力、适游期、适宜范围、环境保护与环境清洁度、安全性、通达性、与古村旅游资源融合性12个二级指标。

采取专家咨询法对以上评价因子进行权重赋值。笔者邀请了旅游管理、地理学、城乡规划、历史学、社会学等学科的多位专家采用"背对背"的专家打分形式进行权重赋值，之后将各评价因子的权重进行平均得到最终权重。评价指标体系及权重赋值表见表6-2。

表6-2 文旅资源单体评价指标体系及权重赋值表

评价项目	权重	评价因子	权重
旅游要素价值 A_1	0.49	观赏游憩价值 A_{11}	0.1568
		历史文化研究价值 A_{12}	0.0980
		奇特与珍稀程度 A_{13}	0.0931
		规模与丰度 A_{14}	0.0784
		完整性 A_{15}	0.0637
资源影响力 A_2	0.30	知名度与影响力 A_{21}	0.1440
		适游期 A_{22}	0.0780
		适宜范围 A_{23}	0.0780
附加值 A_3	0.21	环境保护与环境清洁度 A_{31}	0.0441
		安全性 A_{32}	0.0693
		通达性 A_{33}	0.0588
		与古村旅游资源融合性 A_{34}	0.0378

根据评价标准对评价项目层各项指标进行评分，可得到评价项目层分值。通过加权计算，可得到二级指标得分，从而实现古村落文旅资源单因素评价和总体评价。其中，单因素评价的计算公式如下：

$$A_i = \sum_{j=1}^{m} w_{ij} A_{ij}.$$

式中A_i为第i个目标层的总得分，A_{ij}为第i个目标层中第j个因素层的总得分，w_{ij}为第i个目标层中第j个因素层的权重值。m为第i个目标层对应的因素层的指标个数。

总体评价的计算公式如下：

$$A_{综} = \sum_{i=1}^{3} W_i A_i.$$

式中$A_{综}$为总得分（综合评价分值），A_i为第i个目标层的总得分，W_i为第i个目标层的权重值。

本章构建的文旅资源评价体系采用百分制记分，参考《国家全域旅游示范区验收、认定和管理实施办法(试行)》和《国家全域旅游示范区验收标准(试行)》对旅游资源的总体要求与全域旅游全要素参与理念,将结果划分为五个评价等级(表6-3)。

表6-3 古村落文旅资源评价等级标准

分值区间	评价等级	评价依据
80.00—100	很好	文旅资源开发充分且具备很好的保护条件,文旅融合与参与程度很高,旅游获益程度高,影响力大
60.00—79.99	较好	文旅资源开发比较充分且具备好的保护条件,文旅融合与参与程度较高,旅游获益程度较高,影响力较大
40.00—59.99	一般	文旅资源开发一般且具备较少的保护条件,文旅融合与参与程度不高,旅游获益程度不高,影响力不大
20.00—39.99	较差	文旅资源开发不充分且具备少的保护条件,文旅融合与参与程度低,旅游获益程度低,影响力小
0—19.99	很差	文旅资源开发极不充分且具备很少或不具备保护条件,文旅融合与参与程度极低,旅游获益程度极低,影响力极小

(二)全域旅游视阈下的曹角湾古村落文旅资源总体评价

对照评价体系将曹角湾古村落的文旅资源单体印刷成表册,并将评价表册随机发放给曹角湾村游客进行调查和评分。本次共发放100份问卷,收回79份有效问卷,通过 α 信度系数法求得问卷信度系数为0.824,大于0.7,说明问卷具有一定的代表性。取有效问卷同一指标的平均数作为曹角湾村文旅资源单体的评价得分,最终得到"曹角湾古村落文旅资源单体评价得分表"(表6-4)。

表6-4 曹角湾古村落文旅资源单体评价得分表

资源单体	A_1	A_2	A_3	综合得分	资源单体	A_1	A_2	A_3	综合得分
村前路边主题草坪	70.18	80.32	78.21	74.91	农田	37.87	48.62	61.76	46.11
墙体彩绘	65.23	61.34	69.12	64.88	果园	35.50	46.76	61.27	44.29
林间登山步道	78.11	62.63	68.11	71.37	牌坊、牌匾	51.33	54.66	42.78	50.53
舞春牛纸马	31.21	42.54	68.11	42.36	围楼	50.07	56.58	37.98	49.48
溪坝	43.23	50.66	66.55	50.36	古建筑群	52.72	56.32	48.92	53.00
村史馆	41.52	55.00	65.71	50.64	环池塘步道	46.87	50.62	57.22	50.17
客家服饰	51.35	56.50	65.70	55.91	篮球场	40.56	51.52	59.88	47.91
特色农产品	41.03	52.92	65.58	49.75	古樟小广场	25.24	51.52	59.88	40.40
传统民居	57.89	61.78	43.13	55.96	望湖台	36.34	50.96	59.46	45.58

续表 6-4

资源单体	A₁	A₂	A₃	综合得分	资源单体	A₁	A₂	A₃	综合得分
邓氏宗祠	55.86	63.62	52.17	57.41	小溪旁休息亭	34.76	42.54	53.12	40.95
传统村落街巷	54.62	56.36	51.43	54.47	跨江桥梁	31.21	42.54	53.12	39.21
古代名人	49.54	54.58	63.66	54.02	上下书院	76.11	53.21	52.86	64.36
山林	42.78	52.92	63.08	50.09	村口标识	68.33	61.22	51.08	62.57
曹水湾民宿	40.85	55.30	63.01	49.84	荷塘	61.28	71.03	49.31	61.69
"抬阿公"	62.54	61.53	62.54	62.24	村口展示台	21.67	32.17	43.87	29.48
邓氏族谱	55.66	58.32	61.85	57.76	村口木栈道	34.63	40.53	36.74	36.84

由表 6-4 可知,曹角湾文旅资源单体的综合得分在 29.48 和 74.91 之间。对照表 6-3 的曹角湾古村落文旅资源评价等级标准,不难发现,曹角湾古村落文旅资源单体中,村前路边主题草坪、林间登山步道、墙体彩绘、上下书院、村口标识、"抬阿公"、荷塘等 7 个单体综合得分在 60.00 和 79.99 分之间,属于"较好"等级;其余大部分单体综合分值低于 60 分,属于"一般"等级,有个别单体分值在 40 分以下,属于"较差"或"很差"等级。这说明,曹角湾古村落文旅资源无论是在资源丰度、区域吸引力、品牌影响力方面,还是在游客参与度、体验感等方面均表现不佳,旅游经济效益低。

(三)全域旅游视阈下的曹角湾古村落文旅资源单因素评价

1. 旅游要素价值评价及原因分析

由表 6-4 可知,曹角湾古村落文旅资源单体的旅游要素价值(A_1)得分在 21.67 和 78.11 之间。据此可知,该古村落文旅资源单体在旅游要素价值方面的开发程度差距较大。其中,林间登山步道、上下书院、村前路边主题草坪、村口标识、墙体彩绘、"抬阿公"、荷塘等 7 类文旅资源单体旅游要素评分在 60 分以上,旅游要素价值相对较高。传统民居、邓氏宗祠、邓氏族谱、古建筑群、牌坊、牌匾等核心传统文旅要素得分相对较低。村史馆、特色农产品、曹水湾民宿、篮球场、农田、望湖台、果园、休息亭、木栈道等参与性、体验性文旅资源价值未得到很好利用,旅游资源的文化、精神层面的内涵呈现不够。传统客家耕读文化、传统村落特色餐饮、特色民宿的参与性和体验感不强,发展不够。这与曹角湾古村落交通相对闭塞,常住人口少,尤其是年轻人少,人口空心化严重,缺乏活力和朝气有着密切的关系。曹角湾古村落成功申报中国最美古村时间不长,知名度不高。其文旅资源无法在全国美丽乡村建设的洪流中,产生大的区域性影响甚至是全国性影响,游客少且不稳定,因而文旅资源开发慢,缺少深度挖掘的资金和动力。

2. 资源影响力评价及原因分析

由表 6-4 可知,曹角湾古村落文旅资源单体的资源影响力(A_2)得分在 32.17 和

80.32 之间。其中,村前路边主题草坪、荷塘、邓氏宗祠、林间登山步道、传统民居、"抬阿公"、墙体彩绘、村口标识等 8 类文旅资源单体评分在 60 分以上,旅游资源影响力相对较高。邓氏族谱、围楼、古建筑群、传统村落街巷、上下书院、牌坊、牌匾等核心传统文化旅游要素得分相对较低,即资源单体的区域影响力相对较低。这仍然与曹角湾古村落地处群山之间、相对封闭、交通不便有着密切的关系。在农耕时代,曹角湾古村落土地面积尤其是耕地面积相对较少,能够供养的人口规模相对有限,没有驿道经过,没有和水运相连,商贸无法开展,历史名人虽有一些,但影响力不大。在全域旅游时代,曹角湾古村旅游接待能力差,对外宣传力度不够,游客数量少且不稳定,无法形成"口碑效应",在全域旅游和中国美丽乡村群体中尚未形成太大的影响力。

3. 附加值评价及原因分析

由表 6-4 可知,曹角湾古村落文旅资源单体的附加值(A_3)得分在 36.74 和 78.21 之间。其中,村前路边主题草坪、墙体彩绘、林间登山步道、舞春牛纸马、溪坝、村史馆、客家服饰、特色农产品、农田等 16 类文旅资源单体评分在 60 分以上,旅游资源安全性相对较高。传统民居、邓氏宗祠、传统村落街巷、牌坊、牌匾、围楼、古建筑群、上下书院、环池塘步道、篮球场、"抬阿公"、木栈道、荷塘、村口展示台等文旅资源单体存在着或多或少的安全隐患,安全性方面得分较低。从建筑与设施、历史遗迹两大类来看,主要是古建筑、传统民居年久失修,或修缮资金缺乏、技术不成熟、管理不到位所致。在乡村振兴、美丽乡村建设浪潮中兴建起来的文化旅游资源单体,如环池塘步道、篮球场、"抬阿公"、木栈道、荷塘、村口展示台,往往只考虑了经济、旅游价值,忽视了护栏、安全告示等基本附加设施的配备。个别单体因为利用率低、自然风化毁损严重,安全风险进一步加大。

四、全域旅游视阈下的曹角湾古村落文旅空间融合主体分析

(一)古村落文旅融合相关利益主体

国内古村落的开发实践证明,旅游资源开发主体一般包括政府、企业和村民三类主体。地方政府一般负责古村落旅游资源开发的监督和管理,其下属的各职能部门提供相应的业务指导。目前,古村落的旅游开发过程中,各级主管部门、相关职能部门、镇(乡)政府、居委会、村委会拥有一定的话语权。政府在古村落遗产的管理中,具有双重身份,承担着多种任务。政府需要通过旅游,推动当地经济发展,实现古村落自然遗产资源和人文遗产资源的价值。同时,政府需要协调各方完善古村落的基础设施,为古村落旅游开发提供安全保障。旅游资源开发企业,主要包括一些管理机构派生的旅游投资公司或事业单位、当地居民开发的个体或集体所有制的旅游企业、外部投资商和小规模旅游商业经营主体。企业主体对开发后的古村落旅游资源在一定期限内具有经营权,且在不违反制度的前提下进行旅游资源的综合利用。当地居民的态度、行为会对古村落旅游资源

开发产生影响。村民固有的生活方式、服饰装扮、民俗风情、传统建筑和特色文化等可构成古村落旅游资源。当地居民可以通过参与旅游服务,为游客提供优质的全方位的旅游体验。

在全域旅游下,政府、企业和居民之间相互影响、互相制约,共同作用于古村落这一旅游目的地(图6-4)。其中:政府制定政策,并统筹规划古村落的旅游资源,推动旅游市场向社会适当开放,向社会招商引资;企业(旅游及其他行业所涉企业)为古村落提供产品市场,政府负责管控调节产品市场。政府与企业共同打造产业链条,融合互联网、金融、文化等产业再升级,形成"全产业"融合观。村民参与到政府的决策工作中,协助管理古村落的日常事务。政府与村民携手整合古村落全部的资源。企业为村民提供资金、管理经验和就业机会等,村民为企业提供场地,村民从企业中学习经营方法,主动参与旅游业服务经营。

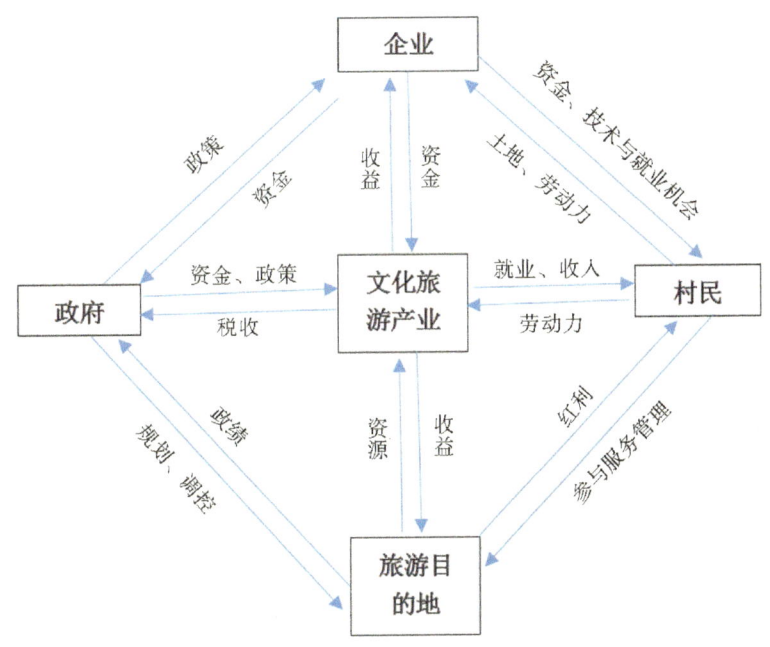

图6-4 旅游目的地多元利益主体关系示意图

(二)曹角湾古村落文旅融合主体APP分析

基于全域旅游下的政府、企业和村民多元利益主体关系的梳理以及全民参与、"全资源"整合和"全产业"融合的全域旅游理念,构建起全域旅游下政府、企业和村民三元利益主体的古村落"态度—行为—效果"(Attitude,Practice and Performance,APP)三维评价体系(表6-5)。2019年7月至2020年1月,笔者多次到曹角湾古村落进行政府、企业和村民"态度—行为—效果"调查分析。

表6-5　全域旅游视阈下的曹角湾古村落文旅融合主体考察表

考察主体	考察维度		
	态度	行为	效果
政府	A. 是否对全域旅游理念有所了解 B. 是否愿意接受全域旅游 C. 是否重视古村落保护 D. 是否接受利用全域旅游推进古村落保护与发展	A. 是否编制了旅游发展规划 B. 是否完善了全域旅游发展政策 C. 是否确立了主体品牌,统筹开发了特色旅游产品促进各产业融合发展,调控了旅游相关行政职能部门 D. 是否调控了各行业的发展 E. 是否宏观调控资源配置 F. 是否调控了各经营商 G. 是否开展了宣传促销活动 H. 是否教育和培训了旅游人才 I. 是否搭建了旅游信息服务平台	A. 是否发展了古村落经济 B. 是否提高了生活水平 C. 是否提升了旅游对相关产业的附加值 D. 是否建成了生态宜居古村落 E. 是否促进了旅游基础设施、公共服务和智慧旅游全域化、全覆盖 F. 是否加强了本地文化保护和传承 G. 是否提升了区域软实力 H. 是否提升了品牌影响力 I. 是否提高了居民幸福指数
企业		A. 是否利用了"互联网+"销售产品 B. 是否利用了"旅游+"发展经济 C. 是否建立了地方性的旅游综合平台 D. 是否发展了"体验式"文化旅游产品	
村民		A. 是否开展了农家乐、民宿等相关旅游服务业 B. 是否参与了政府决策,按照村落文旅发展要求生产和生活	

从态度上看,在对曹角湾古村落政府职能部门工作人员进行访谈时,受访者普遍认为在全域旅游理念下古村落的保护与开发非常重要,曹角湾古村落拥有极其宝贵的文物遗产和旅游资源。为此,政府同意利用全域旅游理念推动古村落保护和利用。城乡规划局的张女士是该观点的主要倡导者。张女士认为全域旅游注重的是"全域"。她觉得古村落的保护非常重要,古村落承载着不同历史时期的文化信息和历史记忆,曹角湾现存邓氏宗祠、旧石楼、新石楼和上下书房等古建筑群;此外,"抬阿公"、舞春牛纸马等民俗活动也是宝贵的财富。她认为可以通过全域旅游推进曹角湾古村落保护,发展全域旅游的政策能为古村落的保护和开发带来一定的机遇。韶关市曲江曹角湾文化旅游经营有限公司的余先生赞成利用全域旅游推进古村落的保护和发展,以古村落的优势资源吸引社会资金投入,全域旅游过程中的旅游红利用于古村落的保护和修缮工作。他认为旅游企业从单打独斗到社会共建共享转变。保护古村落是有必要的,古村落是企业发展经济的招牌。如果没有保护好古村落,企业将得不到可持续发展。全域旅游是以旅游业为主,带动社会经济发展的经济模式。他觉得古村落要在得到保护的前提下发展全域旅游,古村落原有的古建筑、民俗文化和农林资源等是旅游发展的吸引物,利用全域旅游开发带来的红利,可进一步解决古村落旅游资源保护与开发的资金不足问题。虽然大部分村民

对全域旅游理念不太了解,但是他们仍然支持发展全域旅游,认为古村落是祖先留下来的财富,也是从老一辈那里接过来的"接力棒"。因此,他们觉得发展旅游的同时保护古村落非常重要。全域旅游的发展不仅能带动当地经济的发展,还能促进当地基础设施建设及古村落活化。他们非常乐意利用全域旅游推进曹角湾古村落的发展。古村落的陈阿姨觉得全域旅游是一种能让村民就近就业、积极参与到村落建设的形式。她觉得"精神粮食"和"物质粮食"同样重要,因此,要保护好古村落的"精神粮食",也要开发古村落的旅游资源,进而补充"物质粮食"。作为当地村民,她觉得应当积极配合古村落的建设与保护工作,积极学习旅游服务相关知识,为游客提供优质的服务。

从行为上看,曹角湾古村落政府相关职能部门,在全域旅游推进古村落发展中起主导作用。首先,政府组织力量对曹角湾古村落进行了专项规划,明确了曹角湾古村落的保护与发展方向:明确开发金丝皇菊、创意农耕体验、卡通木偶等特色旅游产品;利用全域旅游政策进行古村落的保护与建设;编制旅游发展规划,规划曹角湾的景观格局,打造"点—线—面"的空间格局,即田园和背夫山连成面,门前小溪滨水带和田园仿木观赏栈道,水塘、文化广场、烧烤场、露营基地、宗祠、古建筑等多节点;提出构建旅游信息服务平台,开展产品促销宣传活动,将全域旅游发展中获得的红利用于古村落的保护。2019年11月开始对古村落门楼和栈道进行改造,该项工程于2020年1月完成。韶关市曲江曹角湾文化旅游经营有限公司正着手推进创意农耕和农业体验活动项目,开发"体验式"旅游文化产品。农家乐、民宿等相关旅游服务业开始出现,如曹水湾民宿于2019年10月开始投入使用。古村落的陈阿姨在村落集市售卖土特产,平时积极做好门前屋后的清洁工作。村民开始根据政府建议种植金丝皇菊,发展具有文旅性质的金丝皇菊经济。

在对曹角湾政府、企业、村民的态度、行为、效果进行问卷调查后所绘制的曹角湾多元主体三维图(图6-5),在某种程度上反映了曹角湾古村落文化旅游资源开发的主体差异问题。由图可知,在态度维度上,综合得分均值最高者是政府,高达7.041,企业的态度次之,村民的态度最为消极,反映了曹角湾古村落文化旅游资源开发中的政府热、企业、村民冷的基本现状和问题。在行为维度上,政府综合分数依然最高,最低的是村民,低至4.732,表现为"政府、企业积极主动,村民行动相对迟缓"的基本特征。在效果维度上,政府在全域旅游发展过程中得分最高,高达7.237,而企业的效果得分最低,企业的效益略低于村民、远低于政府。无论是在态度上、行为上,还是在获得感(效果)上,政府这一主体表现最为明显,企业和村民在行为上最为接近,但在态度和效果上存在明显差异:企业态度积极、效果不明显,而村民态度消极,却收获更多。由此可知,在全域旅游参与古村落保护和开发过程中,政府发挥了重要作用,但企业和村民等积极性不高、作用不明显。因企业缺少资金和村民不积极配合,全域旅游助推文化旅游资源开发的整体效应尚未得到很好的体现。

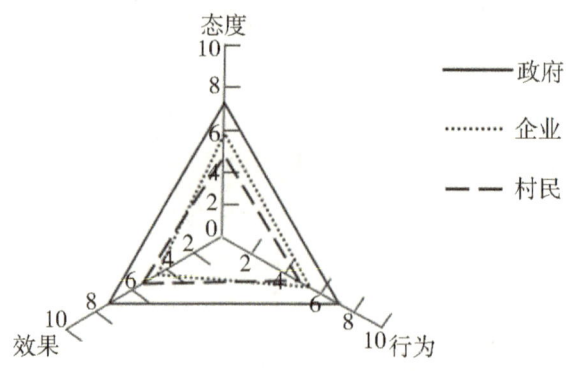

图6-5 曹角湾古村落文旅融合主体差异

五、全域旅游视阈下曹角湾古村落文旅空间融合的设施条件

(一)全域旅游视阈下文旅设施的基本构成

旅游设施是指旅游目的地旅游行业人员向游客提供服务时所依托的各项物质设施和设备,是古村落旅游发展的基础。关于旅游设施的构成暂无统一的分类,有学者将旅游设施分为住宿、餐饮、购物、娱乐和公共服务设施五大类型;也有学者按旅游设施的吃、住、行、游、娱、购等功能将其分为饮食服务设施、住宿服务设施、交通服务设施、游览服务设施、购物设施、娱乐设施和其他设施。在全域旅游理念下,旅游目的地要"全域旅游化",即全要素共同参与。在旅游设施方面,不仅要强调各要素全参与,而且要强调"游客与居民共享化",即旅游设施应当是游客需要的,也是居民可用的。换句话说,古村落旅游设施,不仅要满足村民吃、住、行所需,还应服务于游客更高层次的游、娱、购的需求,这才是古村落全域旅游发展的基本前提和设施保障。综上,笔者认为全域旅游理念下古村落文旅空间融合必须充分考虑旅游交通基础设施以及接待、服务、娱乐、环卫、安全等公共服务配套设施。

旅游交通基础设施使旅游客源地和旅游目的地相互连接成为可能,其通达度影响着旅游需求,是发展旅游不可缺少的重要条件。在全域旅游理念下,旅游交通既需要考虑古村落的内部交通,也要考虑其外部交通,以及由此所构建起来的交通网络系统。古村落往往居于乡村或是城郊地区,交通并不是很发达,因此通达度高的外部交通对旅游需求起着极其重要的作用。旅游业发展依托于旅游接待设施,良好的旅游接待设施是全域旅游发展的基础,也是旅游设施建设的重要标志。旅游接待设施大致可以分为餐饮、住宿、娱乐、购物、游览以及休憩设施等,餐饮、住宿、购物设施为商业接待设施,娱乐、休憩、游览设施为娱乐设施。旅游接待设施通常在古村落旅游开发中投资比重较大,需要针对古村落居民需要及游客需求进行适当的建设,否则会造成资金浪费或者不能满足游客的需要。因此,推动古村落全域旅游发展,要对这六大类旅游设施进行优化和完善,以满足游客的需要以及为接待更多游客奠定基础。旅游服务设施关乎旅游者对旅游目的地的满意度和体验感。旅游服务的周到程度和质量,是全域旅游的重要组成部分,主要包括引导设施、管理设施、基础服务设施等。环卫设施不仅关乎古村落的旅游资源观赏度,还关乎居民的居住环境及其健康和卫生。在推进古村落全域旅游发展的同时必须坚持可持续的原则,注重环卫设施建设,合理安排垃圾桶和公共厕所的数量和空间布局,并且要健全排污处理设施。安全设施是保障游客及居民人身安全的重要设施。除此之外,全域旅游还要求保障旅游资源的安全,即防止古村落的文物、景点等旅游资源被破坏。

(二)曹角湾古村落文旅空间融合的设施现状

曹角湾古村落由 S344 省道连接韶关市市区,该道路正在扩宽施工中;交通方式有公交车,但车站位于小坑镇,从该站到达曹角湾古村落还需要步行约 2 小时路程。大部分游客到达该地选择自驾或跟旅游团包车。其内部道路大部为单行道,路面基本铺了水泥。但村庄中还存在部分土路或碎石路。目前,古村的停车场地不足,分布不合理,车辆主要停放在村口的晒谷地及篮球场,停车场正在规划筹建之中。曹角湾古村落具有一家规模较大的餐饮店,最多可容纳 120 人左右,但环境卫生较为一般,菜品种类不多,并且缺乏特色。2019 年 9 月,村里建成了"曹水湾民宿",可接待 100 多位游客。该民宿风格古朴,也成为一处景点。但游客多为一日游,较少住宿于此。村落的购物设施主要以居民摆置的流动摊贩为主,主要分布在荷花池前,销售当地居民种植的一些农产品及特产。因包装、色泽不佳等原因,产品少有人问津。

曹角湾古村落的游览设施主要是文化展览馆。展览馆在改造,暂时未对游客开放,景点介绍设施缺乏。原有的烧烤场、露营地基本已经废弃,仅在民宿边设置烧烤炉。休憩设施也不多,目前在村中心有一个亭子,还有一个接近村口的亭子正在建设中,供游客歇脚的石凳较少。曹角湾古村落目前正在建设游客服务中心与村史馆为一体的游客服务设施。村内的标识设施存在一定的不合理现象,并且村里缺乏引导游客游览的地图等定位设施。村庄固话、移动通信、网络等基本实现全覆盖,通信服务良好。曹角湾古村落现有一处污水处理池,污水净化情况良好,对环境无明显破坏;村内的垃圾桶设置不足;住宿、餐饮设施设有监控系统及消防设施,符合安全标准,但其他地方安全设施相对较少;整个村落无专门的医务室,安全保障设施有待完善。

(三)全域旅游视阈下曹角湾古村落文旅空间融合的设施条件评价

曹角湾古村落的旅游设施实地调查及相关的研究成果,多从旅游交通设施、旅游商业接待设施、旅游娱乐设施、旅游服务设施、旅游环卫安全设施等方面建构指标体系。但影响这些旅游设施的相关评价因素繁多,如果将所有因素全部纳入评价体系则会加大评价的工作量,可行性不高。因此,本章基于曹角湾古村落旅游设施的现状分析以及对相关资料的研究,预设评价因子,而后将评价因子设计为调查问卷,面向旅游、地理、规划等领域的专家学者发放问卷,让他们对预设因子的重要性进行评价,确定各评价因子的重要性,遴选出对古村落旅游设施影响较大的因子。初步设计是将旅游设施评价体系分为四个层次:项目层、目标层、因素层、指标层。其中:目标层以旅游交通设施、旅游商业接待设施、旅游娱乐设施、旅游服务设施、旅游环卫安全设施等6个因素为一级指标;因素层以外部交通、内部交通、餐饮设施、住宿设施、购物设施、游览设施、娱乐设施、休憩设施、引导设施、咨询服务设施、基础服务设施、环卫设施、安全设施等13个指标为二级指标;指标层有40个指标作三级指标。确定各级评价因子后,根据专家意见建立多层次、多因素的旅游设施评价体系。基于初建立的评价体系,邀请专家对目标层和因素层的各项评价因子进行权重赋值,之后将得到的各评价因子的权重进行平均计算,即得最终权重。得到的"全域旅游背景下古村落文旅设施评价体系表"见表6-6。

表6-6 全域旅游背景下古村落文旅设施评价体系表

项目层	目标层	权重值1	因素层	权重值2	指标层
古村落文旅设施评价体系	B_1旅游交通设施	0.291	B_{11}外部交通	0.184	B_{111}通达度
					B_{112}交通方式多样性
					B_{113}交通换乘对接程度
					B_{114}公交车班次数、车站数量
			B_{12}内部交通	0.107	B_{121}停车场的面积及其布局合理性
					B_{122}车行道宽度
	B_2旅游商业接待设施	0.150	B_{21}餐饮设施	0.053	B_{211}容客量
					B_{212}种类多样性
					B_{213}饮食特色性
					B_{214}卫生状况
			B_{22}住宿设施	0.057	B_{221}具有防火防盗等安全性
					B_{222}地域特色性
					B_{223}舒适性
			B_{23}购物设施	0.040	B_{231}是否满足游客需求
					B_{232}特有性
					B_{233}管理规范性
	B_3旅游娱乐设施	0.253	B_{31}游览设施	0.117	B_{311}文化价值度
					B_{312}丰富度
					B_{313}吸引力
					B_{314}地域特色性
			B_{32}娱乐设施	0.089	B_{321}娱乐项目多样性
					B_{322}地域特色性
					B_{323}户外安全保障设施
			B_{33}休憩设施	0.047	B_{331}是否满足游客需求
					B_{332}与景物的融合度
					B_{333}分布的合理性

续表 6-6

项目层	目标层	权重值1	因素层	权重值2	指标层
古村落文旅设施评价体系	B_4 旅游服务设施	0.163	B_{41} 引导设施	0.064	B_{411} 标识指示设施的布局及数量合理性
					B_{412} 是否具有地图等定位设施
			B_{42} 咨询服务设施	0.041	B_{421} 景区介绍及宣传设施
					B_{422} 是否具有游客咨询服务站
			B_{43} 基础服务设施	0.058	B_{431} 通信服务
					B_{432} 网络
	B_5 旅游环卫安全设施	0.143	B_{51} 环卫设施	0.070	B_{511} 垃圾桶数量及其布局
					B_{512} 公共卫生间数量及其布局
					B_{513} 公共卫生间的卫生状况
					B_{514} 废弃物污水处理状况
			B_{52} 安全设施	0.073	B_{521} 医务室
					B_{522} 消防设施
					B_{523} 监控等治安设施
					B_{524} 景物保护及维护设施

基于全域旅游理念,古村落旅游设施评价依据具体村落旅游设施的紧缺度,即游客与居民对旅游设施的需求程度来确定。采用百分制评分方法,将总分值(100分)划分为五个范围,对应"很好、较好、一般、较差、很差"五个等级。用文字描述作为评价依据辅助评价,以降低定性指标评价与现实的差距。为此,笔者提出了全域旅游背景下古村落旅游设施评价标准(表6-7)。

表6-7 全域旅游背景下古村落旅游设施评价标准表

分值范围	评价等级	评价依据
0—19.9	很差	旅游设施非常缺乏,服务功能差,不能满足游客的需要,也不够供居民使用
20.0—39.9	较差	旅游设施较缺乏,服务功能差,勉强能满足游客或居民其中一方的需要
40.0—59.9	一般	旅游设施基本配套,服务功能一般,基本能满足游客或居民其中一方的需要
60.0—79.9	较好	旅游设施配套较齐全,服务功能良好,既能够满足游客的需要,也能够供居民使用,基本符合全域旅游的理念
80.0—100	很好	旅游设施配套齐全,服务功能强,较好满足游客的需要,也能够供居民有效使用,符合全域旅游的理念

根据评价标准,对指标层各项指标进行评分,则可得到指标层的分值;通过加权计算可得到各级各项指标的得分,进而对古村落旅游设施进行单因素评价和综合评价。计算公式如下:

单因素评价的函数表达式:

$$B_i = \sum_{j=1}^{m} w_{ij} B_{ij}.$$

式中:B_i 为第 i 个目标层的总得分;B_{ij} 为第 i 个目标层中第 j 个因素层的总得分;w_{ij} 为第 i 个目标层中第 j 个因素层的权重值;m 为第 i 个目标层对应的因素层的指标个数。

总体评价的函数表达式:

$$B_{综} = \sum_{i=1}^{5} W_i B_i.$$

式中:$B_{综}$ 为总得分(综合评价分值);B_i 为第 i 个目标层的总得分;W_i 为第 i 个目标层的权重值。

将评价指标体系运用于曹角湾古村落文旅设施评价。采用问卷调查法,向去过曹角湾古村落的游客或研究人员发放问卷,请受访者对该村文旅设施各项指标进行打分。将问卷数据统计整理后利用 SPSS17.0 软件进行信度及效度检验,得到 Cronbach's Alpha 值为 0.811,大于 0.7,说明本次调查问卷得到的数据真实可信。将问卷结果的一系列指标层的得分平均值作为最后指标层各项指标的得分,将指标层各指标分值的平均值作为因素层的得分,再利用公式进行计算,得到目标层各指标的得分以及综合得分。结果见表 6-8:

表 6-8 曹角湾古村落文旅设施评价分值统计表

指标	B_{111}	B_{112}	B_{113}	B_{114}	B_{121}	B_{122}	B_{211}	B_{212}	B_{213}	B_{214}
分值	53	52	39	41	62	65	73	57	57	63
指标	B_{221}	B_{222}	B_{223}	B_{231}	B_{232}	B_{233}	B_{311}	B_{312}	B_{313}	B_{314}
分值	75	85	71	64	72	58	80	33	54	70
指标	B_{321}	B_{322}	B_{323}	B_{331}	B_{332}	B_{333}	B_{411}	B_{412}	B_{421}	B_{422}
分值	40	63	52	66	81	83	56	39	64	65
指标	B_{431}	B_{432}	B_{511}	B_{512}	B_{513}	B_{514}	B_{521}	B_{522}	B_{523}	B_{524}
分值	65	46	54	71	85	81	17	62	52	51
指标	B_{11}	B_{12}	B_{21}	B_{22}	B_{23}	B_{31}	B_{32}	B_{33}	B_{41}	B_{42}
分值	46.5	63.5	62.5	77	64.6	59.3	52	76.7	47.5	64.5
指标	B_{43}	B_{51}	B_{52}	B_1	B_2	B_3	B_4	B_5	综合评价分值	
分值	50	63.5	41.5	52	68.6	59.9	52.7	52.2	56.8	

由表 6-8 可知,曹角湾古村落文旅设施的综合评价分值为 56.8 分。这说明该古村落文旅设施基本配套,服务功能一般,基本能满足游客或居民其中一方的需要。从总体上看,曹角湾古村落的文旅设施与全域旅游的理念还有较大的差距,仍有较大的提升空间。

旅游交通设施(B_1)得分为 52 分,发展状况为一般。其中:外部交通得分较低,为

46.5 分;内部交通为 63.5 分,相对较好。曹角湾古村落距离市区远,有效的交通方式少,游客基本选择自驾、打的或跟旅游团包车,村民外出也十分不便,交通通达度较差。公交车车站("小坑街"站)位于小坑镇。从该站步行至曹角湾古村落约需要 2 小时,且无对接交通工具,对接程度差。村内道路未完全水泥化,车行道较窄,停车场存在乱停乱放的现象。

旅游商业接待设施(B_2)得分为 68.6 分,分值较高,说明发展状况良好,餐饮、住宿及购物设施基本符合全域旅游的理念。据了解,曹角湾古村落旅游高峰期的客流量有一两百人次,在村内住宿和就餐的人数较少。目前住宿设施发展较完善,能够满足游客需求,安全性也有一定的保障,且风格独特,与古村景观融合较好;但餐饮设施容量、饮食的种类多样性、特色性及卫生状况有待提高;购物设施由村民自行设置,缺乏管理,销售的物品基本为村民种植生产的土特产,但缺乏包装设计,在外观上让人难以接受。

旅游娱乐设施(B_3)得分为 59.9 分。其中,游览、娱乐、休憩设施的分值分别为 59.3 分、52 分和 76.7 分,休憩设施基本符合全域旅游理念,游览、娱乐设施主要在丰富度或多样性上得分较低。曹角湾古村落的旅游景观具有古村落的特色,但对旅游资源的开发利用程度不高,娱乐项目单一,游览、娱乐设施正在开发,丰富度及吸引力都未达到全域旅游的要求。

旅游服务设施(B_4)得分为 52.7 分,说明设施建设状况一般,不符合全域旅游理念。曹角湾古村落中有些标识设施设置不合理或未及时更新,没有设置全域地图、景区介绍等,宣传设施较为缺乏,引导设施和介绍设施不完善,导致游客游览具有盲目性。

旅游环卫安全设施(B_5)得分为 52.2 分。其中环卫设施为 63.5 分,建设状况良好。但村落内的垃圾桶设置不足;公共卫生间数量及卫生状况能够满足游客的需要,但布局上存在一定的不合理性;废弃物、污水处理状况良好。安全设施得分为 41.5 分,因村内无医务室,室内具有一定的消防及监控设施,但室外较为缺乏,景物保护及维护设施不足。

六、全域旅游视阈下的曹角湾古村落文旅空间融合建议

(一)挖掘特色资源,丰富文旅产品

曹角湾古村落依山而建、近水而居。当地气候适宜,农业发展条件良好,传统农耕历史悠久。由于相对封闭的自然地理条件,曹角湾古村落虽历经沧桑,但传统文化资源保存相对完好,且具有独特的地域特性。经过几轮的规划与建设之后,曹角湾已明确了传统文化资源与现代乡村旅游业融合发展的道路,先后开发了上下书院、邓氏宗祠、传统民居建筑群等文旅资源。但从文旅资源深度挖掘和游客参与度上看,这远远不够。如上下书院虽然整理并陈列了部分文房经典,但书院教学活动场景未呈现,游客身临其境之感

不够强烈;又如邓氏宗祠,虽然以展板形式呈现了家规族谱等传统文化内容,但家规族谱背后的故事、典范未深入挖掘,利用宗祠开展族内活动的内容不多、形式单一、规模不够,无法吸引游客关注,更别说参与体验了。因此,当前和今后很长一段时间,应进一步加大对曹角湾古村落文化旅游资源的深度挖掘,围绕其乡村文化特色,将具有独特性的属地文化资源进一步挖掘出来,并将其器物化、可视化、数字化,增加文旅资源的参与、互动、体验环节。通过文旅资源的深度挖掘和多维呈现,抓住游客的眼、牵住游客的手、留住游客的身、陶冶游客的心,是曹角湾古村落落实全域旅游理念、推进文旅产业发展的重要前提和基础。

(二)完善交通设施,提升交通通达度

曹角湾古村落位于山谷狭地,周围群山环绕。S344省道是连接古村与韶关市市区的唯一通道,虽已硬化,但路窄弯多,通行能力和速度深受影响。与S344省道相连的古村内部主干道已硬化,宽约3米,可确保单向行驶车辆通行,但会车困难。村内传统聚落街巷仍然保留原始状态,略显陈旧,杂草丛生,路滑难行。同时,还存在许多断头路、"幽径路",因少有人踏足,显得冷寂,胆小之人不敢踏入。由此看来,曹角湾古村落现有交通条件,无论是对外交通,还是内部交通网络系统,都不适应文旅资源开发和文旅产业发展的需要。为此,曹角湾村应争取更多的政策和资金支持,确保已有对外交通线——S344省道进一步拓宽,以增强车辆通行能力,提升曹角湾古村落对外交通联系的能力和等级。在此基础上,增设韶关市各重要交通节点如火车东站、高铁站、各汽车站点至曹角湾古村落的公交(或班车)路线,在曹角湾古村落村口附近增设停靠点,或者创设韶关市区—韶关学院—韶关高级技工学校—曹角湾古村落的汽车专线,提高曹角湾古村落的对外交通通达度。同时,完善村落内部交通,实现主次干道网络化,解决断头路和交通拥堵问题。在传统文化街巷的处理上,应做到修旧如旧,但要确保行人安全、设施完善,确保游客或村民能够轻松漫步而无安全隐患。必要时可在村口和村内的空旷场所,安排停车场,以解决自驾游的停车问题。

(三)完善文旅路线,提升游客体验感

在前往曹角湾古村落进行调研时,笔者曾邀请村主任带路参观各主要旅游节点,结果发现村主任的考察路线存在两个明显的问题:一是考察路线极为随意,未将主要景点串联起来;二是存在走回头路、考察路线重复问题。从设计原则上说,文旅路线应尽可能长,以增加游览时长,最大限度地留住游客,在为游客提供良好的观光体验时,推动旅游消费。基于此,曹角湾古村落文旅资源开发与文旅产业发展应在文游路线上做得更精细一些,建议安排不同时长(或不同时段、不同季节)的文旅考察体验路线,做优做细旅游精品路线,从而提升游客参与度、文化体验感。

在不同时长的文旅考察体验路线安排上,可以考虑设置以下路线。(1)"半日游"路

线:将曹角湾的邓氏宗祠、书院、古碉楼、围楼、牌坊、民居、村史馆等"招牌"旅游点串联成闭环精品路线,推荐给考察体验时长为半日的游客。可将路线设计为牌坊—村史馆—邓氏宗祠—民居—围楼—古碉楼—上下书院。(2)"一日游""二日游"路线。除上述精品路线和主要旅游景点外,还可增设外围次要旅游景点、旅游体验活动,甚至是农耕文化体验、山林野外生存体验、夜间文旅活动等。在不同时段的文旅考察体验路线安排上,可以考虑设置以下路线。(1)早游路线。早上相对比较凉爽,适宜欣赏日出与进行适当的运动,因此将路线设计为穿行农田—登山步道—望湖台。(2)午游路线。太阳当空,不宜外出观赏,可将路线设计为饭店—村史馆—邓氏宗祠—民居—围楼—古碉楼—书院—小溪边纳凉。(3)晚游路线。傍晚时分,气温适宜,可将路线设计为进入果园采摘水果—烧烤营地进行烧烤—回民宿休息。还可以根据物候变化,进行季节性主题文旅体验路线设计。

(四)健全配套设施,提高文旅承接力

宜居、宜业、宜游的人居环境和基本条件,是乡村文化传承与持续发展的重要保障。这个"宜"字,既饱含了自然界的馈赠之恩,也体现了人与自然和谐共存的生存之道。从文化角度看,"宜"字更多地体现在居住条件适宜、基础设施充足和公共服务设施有保障等方面。基于曹家湾古村落的设施条件的考察与评价,笔者认为应利用全域旅游理念,进一步完善交通、供排水、电力电信、网络、医疗卫生、安全救助等方面的设施,确保村民生活和生产不受影响。与此同时,基于游、购、娱等旅游六要素需要,结合古村实际,增加餐饮、导游、民宿、购物等方面的服务功能,增加独具地方风格、传统农耕文化特色鲜明的配套设施,为游客的古村之旅提供设施保障。因此,曹角湾应在村庄入口处设置全局地图,让游客在进入曹角湾时明确游览路线;在村内规划游客接待中心,开设休息长廊,配备公共厕所、集中购物点、特色餐饮、传统民宿等配套服务设施;在全域安排无线网络、应急电话等,在景点危险地段设置护栏,设置明显的告示牌,落实照明、安全标识、护线和各种警示牌、标语、指示牌、宣传标志等,以预防安全事故的发生,保障游客及村民安全。总之,曹角湾应通过更完善、安全、便捷且高质量的设施服务,提升文旅接待能力。

(五)推进全域合作,稳步提升游客量

拥有一定规模的游客门槛数,是乡村文化旅游资源开发的前提,更是乡村文旅产业持续健康发展的基础。目前,曹角湾古村落客源基本以青年学生和文化学者为主,游客数量少,客源地分散。游客数量远未达到乡村文旅产业发展的数量要求,严重影响到各方利益主体继续传承、保护、开发、利用古村落传统文化的积极性。在全域旅游理念下,曹角湾古村落文旅资源开发的当务之急是加大全域合作,尤其是要加大与小坑水库、周边村落、曲江区,甚至是韶关市的合作,通过全域合作、错位合作、互补合作,解决游客数量少的问题。曹角湾古村落可以主动与周边及市(区)相关职能部门、企事业单位合作,

将村内的文旅资源与小坑水库的自然山水资源、经律论文化旅游小镇的温泉文化资源、曲江区的工矿文化、马坝文化、禅宗文化资源以及韶关市内的其他核心景区资源进行互补性对接，将曹角湾打造成韶关热门景点（区）的游客"转移地"和"补给点"，在做好为热门景点、景区服务，做好配角的基础上，促成更多游客入村体验。与此同时，曹角湾古村落应该创新旅游宣传方式，在用好传统宣传媒介的基础上，开创"互联网+古村旅游"模式，加大互联网营销体系建设，利用网络平台、小程序、微信公众号、抖音、推文、朋友圈、网红打卡等方式，提升古村落文旅资源的知名度。曹角湾应促进古村落文旅资源与农业、体育等产业（行业）的融合，通过农旅融合、文体旅结合等方式，以农民丰收节、"抬阿公"传统节日、重大体育盛事等为重点，集聚式打造、宣传古村落文旅品牌。

七、小结

全域旅游是指在一定的区域内，以旅游业为优势产业，通过对区域内的社会经济资源，尤其是旅游资源、相关产业、生态环境、公共服务、体制机制、政策法规、文明素质等进行全方位、系统化的优化提升，实现区域资源有机整合、产业融合发展、社会共建共享，以旅游业带动和促进社会经济协调发展的一种新的区域协调发展理念和模式。文旅空间融合是文化空间和旅游空间在基本理念、体制机制、资源产业、技术领域的深层次空间融合。全域旅游从主体、资源、要素、产品、产业和效益等六个方面，倡导主体多元、资源整合、全要素参与、产品提质、产业融合以及社会经济和环境效益的全覆盖，正对传统的旅游发展理念和模式发起挑战，为乡村文旅空间融合带来了新的历史机遇和发展动力。

曹角湾古村落文旅资源较丰富，拥有包括建筑与设施等4个主类，人文景观综合体等8个亚类，文化活动场所等26个基本类型的资源单体。邓氏宗祠、书院、古碉楼、围楼、牌坊、民居、村史馆等极具乡村文化代表性。将定性与定量方法相结合，对曹角湾古村落文旅资源进行评价后发现：曹角湾古村落无论是在资源丰度、区域吸引力、品牌影响力，还是在游客参与度、体验感等方面均表现不佳，旅游经济总体上效益较低。在对曹角湾古村落文旅空间融合三方利益主体"态度—行为—效果"进行评价后发现：政府发挥了重要作用，企业和村民积极性不高，作用不明显。因缺少资金和村民不积极配合，全域旅游助推文旅空间融合整体效益尚未得到很好的体现。在设施条件上，无论是交通、餐饮、住宿、娱乐、购物，还是卫生、安全、设施等方面，都有较大的提升空间。基于此提出全域旅游下的曹角湾古村落文旅空间融合建议：一是挖掘特色资源，丰富文旅产品；二是完善交通设施，提升交通通达度；三是完善文旅路线，提升游客体验感；四是健全配套设施，提高文旅承接力；五是推进全域合作，稳步提升游客量。

参考文献

[1] 李金早. 全域旅游的价值和途径[N]. 人民日报, 2016-03-04(007).

[2]厉新建,张凌云,崔莉.全域旅游:建设世界一流旅游目的地的理念创新:以北京为例[J].人文地理,2013,28(3):130-134.

[3]魏小安.全域旅游解析[N].中国旅游报,2015-12-02(14).

[4]张辉,岳燕祥.全域旅游的理性思考[J].旅游学刊,2016,31(9):15-17.

[5]高元衡,王艳,吴琳,等.从实践到认知:全域旅游内涵的经济地理学理论探索[J].旅游论坛,2018,11(5):9-21.

[6]生延超.全域旅游背景下旅游产业发展效应的理论、测度与评价研究[M].西安:西安交通大学出版社,2018.

[7]邓爱民.全域旅游理论·方法·实践[M].北京:中国旅游出版社,2016.

[8]保继刚,楚义芳.旅游地理学[M].北京:高等教育出版社,2011.

[9]范周.文旅融合的理论与实践[J].学术前沿,2019(11):43-49.

[10]李先跃.中国文化产业与旅游产业融合研究进展及趋势:基于Citespace计量分析[J].经济地理,2019,39(12):212-220.

[11]王韬钦.文化振兴视阈下乡村文化旅游融合发展的内生逻辑及路径选择[J].科技促进发展,2018,14(12):1186-1192.

[12]桂拉旦,唐唯.文旅融合型乡村旅游精准扶贫模式研究:以广东林寨古村落为例[J].西北人口,2016,37(2):64-68.

[13]许树辉,王利华.全域旅游视角下古村落文脉传承探究:以广东韶关恩村为例[J].经济与社会发展,2019,17(5):56-62.

[14]许春晓,胡婷.文化旅游资源分类赋权价值评估模型与实测[J].旅游科学,2017,31(1):44-56.

[15]中华人民共和国国家质量监督检验检疫总局,中国国家标准化管理委员会.旅游资源分类、调查与评价:GB/T 18972—2017[S].北京:中国标准出版社,2017.

[16]黄晓辉,刘玉恒,刘小波.文旅融合:以诗照亮远方[M].北京:中国建筑工业出版社,2019.

[17]范周.言之有范:文旅融合时代的文化思考[M].北京:知识产权出版社,2020.

[18]杨国良.旅游规划中的文化元素表达:文旅融合的视角[M].北京:科学出版社,2020.

[19]邓爱民,卢俊阳.文旅融合中的乡村旅游可持续发展研究[M].北京:中国财政经济出版社,2020.

[20]金鹏宇,阮小妹,许树辉,等.全域旅游背景下古村落旅游资源评价指标体系构建研究:以韶关市曹角湾古村落为例[J].中国市场,2020(26):20-23.

[21]阮小妹,许树辉,林悦.全域旅游背景下古村落多元主体评价指标体系构建研究:以广东韶关曹角湾古村落为例[J].现代商业,2020(19):71-73.

[22]林悦,阮小妹,许树辉,等.古村落旅游设施评价指标体系构建研究:以曹角湾村为例[J].中国经贸导刊,2020(11):36-40.

[23]李丽,肖磊.古村落旅游资源特征及价值研究[J].山东省青年管理干部学院学报,2009(6):114-116.

[24]柴致远.全域旅游视角下的古村落保护、发展与利用研究:以浙江省天台县灵坑村为例[J].建筑与文化,2017(4):88-89.

[25]陈永清.全域旅游驱动下的村落景区发展策略研究:以浙江小村落为例[J].中国市场,2016(34):260-261.

[26]戢晓峰,张力丹,陈方,等.云南省自驾游发展水平与旅游交通可达性的空间分异及耦合[J].经济地理,2016,36(5):195-201.

[27]谢雅秋,周国艳,王书琦,等.旅游资源评价指标体系的优化:基于市场要素的视角[J].厦门理工学院学报,2015,23(4):51-55.

[28]朱世蓉.以"全域乡村旅游"理念整合农村产业结构的构想[J].农业经济,2015(6):79-91.

[29]汪小春,叶伟华,孟丹.滨海地区旅游设施评估体系探索:以深圳市大鹏半岛为例[J].规划师,2011(1):106-110.

[30]王燕华.利益主体视角下的古村落旅游经营模式探讨[D].北京:北京第二外国语学院,2008.

[31]纪林洵,许树辉,叶斯亭.基于利益相关主体的传统古村落保护性开发:以广东仁化张屋村为例[J].中国集体经济,2018(25):71-72.

第七章　景村融合下的乡村传统文化空间设计：以牛鼻村为例

景村融合是旅游景区和乡村建设融为一体的一种途径。其目的是通过将旅游景区、乡村风貌与村民生活生产方式结合起来，让游客在欣赏旅游景观的同时，体验农村生活、感受乡村文化。景村融合，需要旅游景区各方利益主体与乡村居民密切沟通、开展合作，通过景村协作推出最佳产品组合，提供最佳游客体验。对于乡村而言，这既是历史机遇，又是巨大的挑战。它需要乡村深度挖掘、精心挑选最具有本土特色、最能吸引游客眼球的文化符号、文化单体和文化载体，并将它们组合到旅游景区当中，并通过村民的参与和完美的演绎以及景村深度融合，达到经济效益、社会效益和生态效益的最大化。

一、景村融合与乡村文化空间设计

（一）景村融合

景村融合从总体上讲是旅游景区与乡村之间的相互融合。旅游景区是一个长期存在的目的地。其存在的主要目的是向公众开放并满足公众娱乐和教育的需求，而不仅仅用于购物、体育运动、观看电影和表演。乡村是一个整体，是一个有机的系统，通常包括自然生态、经济生产和居住生活三部分，且三部分彼此依赖、互相融合。景村融合强调在依托景区的基础上，利用景区客源对乡村旅游资源进行整合，是景区依托型乡村旅游发展的升级版。景村融合的目的是使乡村在为景区提供服务的基础上，开发乡村特色旅游产品，丰富产品类型，最终成为景区的重要组成部分，实现共同管理、共同发展。景村融合是把美丽乡村建设与旅游景区建设融为一体的有效途径之一，以旅游景区的标准建设美丽乡村，并通过旅游景区建设带动乡村发展，实现乡村景区化与景点化，从而达到乡村与景区融合协调发展的目的。景村融合将景区与乡村看作一个系统，通过系统内各方利益协调和资源优化配置，达到乡村社会、经济和环境的协调发展。景村融合的核心是构建空间互应、资源共享、要素互补和利益互显的共同体（樊亚明、刘慧，2016）。景村空间融合主要是代表"景"的旅游要素和代表"村"的乡村要素，基于自身的特征差异和互补功能，在同一空间集聚与交融；二者相辅相成，产生不同于单一空间要素的空间表征，从而达到和谐的存在状态（宋玉，2020）（图7-1）。

（二）乡村文化空间设计

乡村空间是乡村聚落、乡村肌理和乡村格局从简单到丰富不断累积且缓慢演变的结果，从原本无序的空间状态向具有一定秩序的空间状态转变的过程。乡村空间是地域文

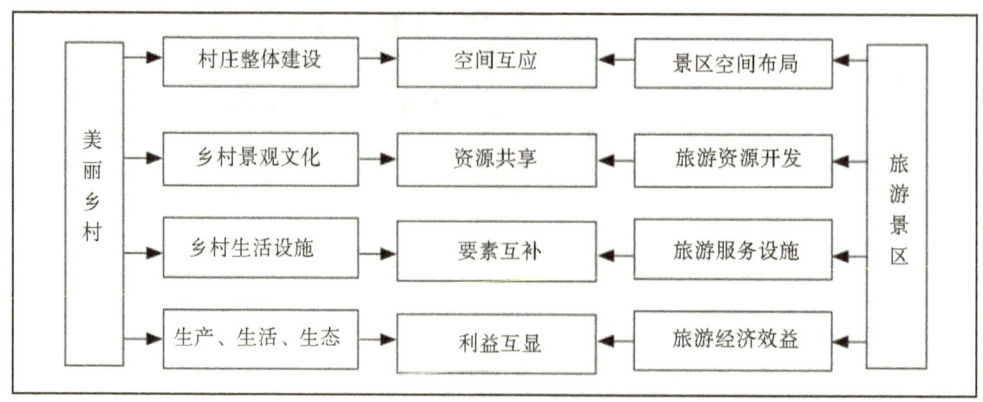

图 7-1 景村融合发展示意图（图片来源：宋玉，2020）

化的主要载体。乡村空间的变化也是乡村文化变化的反映。李佐龙（2018）认为，乡村空间是乡村吸引外来游客参观体验、创造经济效益、保持和传承传统文化的最有力载体。乡村空间设计主要包括自然要素、人的要素、文化要素、功能要素、形态要素等。其中，文化要素是乡村空间特色设计的内涵与要素，是乡村地域特色的根本体现，也是乡村具有持久发展潜力和对外吸引力的根本原因。乡村空间设计要尊重、挖掘乡村传统文化，展示、培养和发展乡村传统文化。乡村空间设计要针对乡村各种空间，进行整理、分类、挖掘和提升，进行公共化、产业化设计，达到可观、可试、可品、可游的目标；要挖掘传统乡村建筑材料和建造工艺，还要在尺度、氛围营造方面体现传统文化特色，利用既有的旧建筑和旧宅院等累积了历史文化元素的载体，最大限度地减少投资及其对生态的影响。

（三）景村融合下的乡村规划设计

"景村融合"理念从景区开发的角度强化了乡村的旅游功能，在建设过程中以景区标准完善各类基础设施和旅游服务设施，真正实现乡村即景区。以乡村空间作为旅游载体、以乡村旅游促进乡村建设，为乡村实现可持续发展提供了一条可行的路径。基于景村融合及乡村旅游规划对乡村建设与发展的重要性，近年来，许多学者和行业人士将"景村融合""景村协同"理念运用到美丽乡村建设路径及乡村规划设计实践中，取得了较好的效果。如：樊亚明、刘慧（2016）以福清市龙田镇东壁岛上的山利村为案例，基于"景村融合"理论，提出美丽乡村规划设计应强化乡村的功能及形象定位、空间布局、旅游开发和基础设施配套等，丰富现行的规划内容，并以乡村旅游发展促进美丽乡村建设，以美丽乡村建设保障乡村旅游发展，进而推动乡村社会、经济与环境的协调发展。在遂宁市喻家沟村这个案例中，陈晓彤、谭正仕、李光耀（2020）基于"景村融合"的理念，提出景村一体、景村互动、农旅互兴、村企合作四个层面的乡村聚落更新发展策略。刘维东、佘美萱、林蔚（2020）以连州市沈家村乡村规划为例，基于"景村协同"理念提出将村庄规划建设同景区发展结合起来，根据现有资源及上位规划，实现景区与村庄功能精准定位；通过物流、人流、信息流及资金流等的紧密联系,协调景区与村庄两者的关系;兼顾各方利益和权责,重视民间力量在景区及乡村建设中的作用,以共生共赢、协同发展的方式,为拥有旅游资源的村庄提供了新的发展思路。

二、景村融合下乡村规划设计的基础理论

科学的理论是探索景村融合模式的基础和保证。基于景区依托型乡村的地域特性以及乡村旅游规划以人为本的性质,本章将以核心—边缘理论、社区参与理论、场所精神为理论基础。

(一)核心—边缘理论

核心—边缘理论,是由美国区域发展与区域规划学者 J. 弗里德曼(J. Friedman)根据 G. 缪尔达尔(G. Myrdal)和 A. O. 赫希曼(A. O. Hirschman)等人有关区域间经济增长和相互传递的理论,提出的核心与外围的发展模式。在旅游发展的过程中,处于边缘地带的乡村,其人才、资金等要素资源受核心区域的强大吸引不断向核心区域流动。乡村对核心景点的依赖不断加强,并在一定阶段内出现经济结构单一、社会文化断裂、生态环境恶化等问题。随着核心景区对边缘地带的辐射、扩散效应进一步增强,核心景区会开始带动周边乡村的发展,最终景区与乡村会成为一个优势互补、联动发展的系统,逐渐形成景村融合的平衡发展模式,景村融合的整体效益达到最佳。

(二)社区参与理论

社区是按区域划分的组织体。社区的主体是作为公众组成部分的社区成员。社区参与是社区居民参加社区发展计划、项目等各类公共事务及各类公益活动的行为及其过程,体现了居民对社区发展责任的分担和对社区发展成果的共享。余意峰(2008)研究了社区主导型乡村旅游发展从"个人理性"到"集体理性"的博弈过程。他认为:"旅游市场的无序竞争和公共资源过度利用及破坏等公地悲剧问题"是村民与村民之间以及村民与游客之间基于个人理性的相互博弈的结果;为了避免公地悲剧的发生,需要依赖外部力量的引导以及合理的制度安排。在乡村旅游发展规划过程中,应该处理好乡村居民与游客之间的矛盾,让居民真正地参与到乡村旅游发展规划的过程之中。成员参与社区可以获得功利收益、社会收益、心理收益及享乐收益四个方面的收益。而工具性动机、效应动机、品质保证动机、社会地位动机和期望动机五种贡献动机,则是驱动成员积极支持社区和为社区做出贡献的内在动力。

(三)文化空间与场所精神

"文化空间"一词最早来源于法国都市理论研究专家亨利·列斐伏尔(Henri Lefebvre)等人有关"空间"的理论。他在《空间的生产》中列举了众多的空间种类:绝对空间、抽象空间、共享空间、具体空间等,其中也包括"文化空间"。1998 年,联合国教科文组织

将"文化空间"定义为"一个集中举行流行和传统文化活动的场所"。国内学者张位中(2014)认为:文化空间是一个既包含物化形式、又包含非物化形式的文化遗产概念,既包含非物化的民俗活动和民俗文化,也包含这些文化赖以生存的空间环境;它是一个时空综合体。场所精神(Place Spirit)是挪威著名城市建筑学家诺伯格·舒尔茨(Norberg Schulz)在1979年提出的概念。他认为,场所是自然的和人为的元素所形成的一个综合体,是建筑现象学相结合的主体事物。具体说来,场所精神是指客观物理环境与人的主观意识系统相互交流而产生的一种情感体验过程以及对这种情感状态的描述。场所精神的体现离不开场所的存在。"场所是具有清晰特性的空间,是生活发生的地方,是由具有物质的本质、形态、质感及颜色的具体的物所组成的一个整体。它由人、动物、花鸟、树木、水、城市、街道、住宅、门窗及家具等组成,包括日月星辰、黑夜白昼、四季与感觉。这些物的总和决定了一种'环境的特质',亦即场所的本质。"张位中(2014)认为,场所精神是场所表达出来的含义和气质。它是一个场所的象征和灵魂,能使人区别场所与场所之间的差异,能使人唤起对一个地方的记忆。空间是被相互联系的实体物质有限制、有目的地营造出来的。只有被赋予了来自文化或地域的文脉意义之后,它才可以成为场所。

三、牛鼻村景村融合及其空间效应分析

(一)牛鼻村概况

牛鼻村(图7-2)位于大丹霞核心地带,东北为丹霞山,东南为韶石山,西面为大石山。村庄被锦江河围成一个大湾。大部分时候,河道一半为水,一半为沙滩。因河湾、沙滩洁白干净,故名"白沙湾";又因锦江绕着村子形成一个长长的"U"字形半岛,半岛形状犹如一只牛鼻子,故俗称"牛鼻村"。牛鼻村地处丹霞景区腹地,属丘陵地区。村内山丘连绵起伏,整体地势呈北部低、南部高的走势。域内水资源较丰富。村内有若干小水塘。牛鼻村历史可追溯至明朝,据说朱熹后人为避战乱自锦江上溯至此,登岸后择高地立基开村,至今已有600年历史。牛鼻村现隶属广东省仁化县丹霞街道办夏富村委会,距离夏富村委会3千米,距离仁化县城17千米。目前只有542乡道(丹霞绿道)与锦江竹筏

图7-2 牛鼻村全貌图

第七章 景村融合下的乡村传统文化空间设计:以牛鼻村为例

可到达。村北侧锦江之上修有长近 100 米、宽仅 3 米的公路桥,这是牛鼻村与外界联系的最快捷的陆上交通通道。因此,牛鼻村的交通连接性和通达度较差。

牛鼻村自然山水极佳,环境优美(图 7-3)。在牛鼻村,可以远眺丹霞山巴寨景区,静静地观赏观音送子、童子拜观音、猴面石、姐妹峰、茶壶峰、巴寨、田螺峰等景点。在此处,丹霞红色地貌与锦江万顷碧水交相辉映。在茂密又翠绿的松涛和竹林之间,低矮的房屋和乡间小道时隐时现,似在向游人叙说着村庄久远的往事:自朱氏先祖在锦江下游开埠立基以来,朱氏祖辈辛苦耕作。凭借大自然的馈赠和锦江水运的便利,朱氏枝繁叶茂。随着人口的增多,朱氏后人开始在锦江上游集中建村,并开设新的码头。随着锦江大桥完工、近桥公路修建、传统水运时代终结以及陆上运输为主的时代到来,朱氏后人开始向大桥、公路靠拢。牛鼻村现有户籍人口 265 人,土地面积 587.4 亩,农业用地占总面积的94.71%,属于规模很小的自然村落。经济发展仍以农业生产为主,传统农耕文化特性明显,传统农具、农耕工艺、传统民居、传统民俗、农家菜肴依稀可见。

图 7-3 牛鼻村自然人文景观(部分)

(二)牛鼻村景村融合空间效应分析

因地处丹霞山巴寨景区,依靠观音石与姐妹峰游船码头,牛鼻村得以快速融入丹霞山之中。站在牛鼻村最高处,游客可以近距离地欣赏到观音送子、童子拜观音、猴面石、姐妹峰、茶壶峰、巴寨、田螺峰等景点,而无须交任何费用。因此,牛鼻村成了一大批摄影爱好者、背包驴友们领略丹霞之美的重要去处。随后,村民利用自建住房开始做起了农家乐、简易购物摊,个别条件不错的家庭开始提供住宿服务。在游船码头,在旅行社的组织下,当有较多游船过来时,码头会请夏富民间艺术团表演(图7-4)。

图7-4 牛鼻村景村融合空间效果

为了吸引更多游客进入牛鼻村,一些民间机构如登山协会、美术家协会以及摄影爱好者、背包驴友还和村民一起,自发组建了牛鼻小屋,为村里小朋友提供文化学习场所。有志愿者不定期地过来与小朋友一起阅读、学习,组织村里的小朋友参与夏令营活动,以牛鼻小屋为中心,在小范围内,如民居楼顶、建筑外墙、门前平地、走廊过道上,集中堆放一些传统农具、花卉工艺等。尽管如此,作为丹霞山核心景区的一部分,牛鼻村的景村融合总体上还是做得不够。村庄自身吸引力不够,可供观赏游玩的地方很少,村庄经济结构单一,客源稳定性和效益差。

丹霞绿道的硬化与锦江竹筏的开通,为牛鼻村旅游业的发展带来了新的机遇。但统计调查数据显示,在开通锦江竹筏前,牛鼻村只被极少部分驴友所知。村民以农为本,部分青壮年劳动力外出务工。自锦江竹筏水山项目开发后,偶尔会有少量游客乘竹筏而来,上岸短暂停留。受气候条件的影响,深冬初春天气较冷时,游客一般较少到丹霞山游玩,通过丹霞绿道或乘坐竹筏前来牛鼻村的游客数量也随之减少,经济效益稳定性差,无论是村集体收入还是村民个体收益都增长甚少。丹霞山景区给牛鼻村带来了一定的客源市场和经济效益,在某种程度上提高了牛鼻村的知名度。但游客对牛鼻村的认识,往往只停留在"牛鼻村是远眺丹霞山巴寨景区的重要去处"这一点上。牛鼻村自身的自然山水、田园风光、乡村传统文化长期被忽视,很少游客愿意放慢脚步来欣赏它、深入了解它。

(三)牛鼻村乡村旅游规划的核心问题

牛鼻村的景村融合程度不深,空间效果不佳。原因有二:一方面是因为其位于丹霞山巴寨景区,尚未开发,处于阳元石、长老峰等丹霞山热点景区的"阴影区",受到核心景区的吸虹效应影响;另一方面与其自身存在的乡村旅游规划与建设问题有着密切的关联。抛开丹霞山核心景区不说,单就牛鼻村自身而言,在乡村旅游和乡村建设上,旅游产品同质化、知名度不高、认同度低、交通基础服务和公共服务设施落后、规划执行不到位、融资困难、管理不到位等核心问题,一直牵制着牛鼻村乡村旅游的健康发展。

1. 产品同质化,认同度低

在仁化县丹霞山景区及其周边,有瑶塘、断石、上径、下径、车湾、夏富、牛鼻、瑶山、岭背等数十个村落。除瑶塘、断石等少数村落致力于经营民宿客栈外,绝大多数村落均围绕丹霞山规划开发旅馆、餐馆,并发动村民向游客售卖当地的农特产品,旅游产品同质化现象十分普遍。就牛鼻村而言,现有简易民俗表演台、书画创作基地、乡村儿童图书馆、祠堂。除书画创作基地还有活力外,其他标志性建筑已逐渐荒废。旅游产品没有明确的核心主题,缺乏村落自身的文化特征,因而无法聚拢并形成乡村旅游品牌,阻碍了外界对牛鼻村的了解。牛鼻村村民仍以自行销售农产品的方式与游客进行传统贸易,许多游客因产品无特色、携带不便而拒绝购买,再加上村落知名度不高,无法形成品牌效应,导致游客几乎不购买产品。

2. 基础设施落后,规划执行不力

牛鼻村位于丹霞山巴寨核心景区,处于未完全开发状态。丹霞绿道和锦江是该村与外界联系的主要交通要道,宽仅3米的跨江大桥又是村民和游客进入牛鼻村的唯一陆上通道,不适合过多游客,尤其是自驾游客进入。且周边地势不够开阔,车辆停放困难,交通基础设施相对落后。在村内,传统民居位于村庄南侧靠锦江两侧。除书画创作基地、乡村儿童图书馆和朱氏祠堂外,其他建筑多处于荒废、半塌陷状态,无法开发利用。村庄北侧,因靠近村庄陆上入口,城镇化特征明显的民居建筑因规划执行不力,高度密集,拥挤不堪。部分临路民居建筑的一楼用来为游客提供餐饮,能够给为数不多的摄影爱好者、驴友们解决就餐问题,但餐品质量和档次不高。村内尚未见到任何形式的民宿设施,无基本的医疗卫生条件和安全保障措施。

3. 融资困难,管理不力

牛鼻村虽处于丹霞山巴寨核心景区,但只是一个土地面积仅587.4亩、常住人口不足300人的自然村落。虽然早期组织过村庄规划,但在自身开发空间有限和核心景区限制性开发政策的双重影响下,牛鼻村无法吸引到资金雄厚的集团公司进驻开发建设,因而乡村旅游开发和乡村建设融资十分困难,规划方案和建设项目因资金和政策不到位,无法落地。因融资困难,牛鼻村在短期内无法按照景区要求开展乡村整治,无法消除那些与景区不相符的符号、元素和形象,更无法快速实现景村融合。与此同时,牛鼻村为自然村,归夏富村管辖。从管理上看,牛鼻村处于乡村基层管理的薄弱地带,依靠的是乡村自治管理。在此管理模式下,乡村生产生活、行为方式随意,受到的约束不够。因基层组织管理无力、不到位,无法在制度上、组织上推动牛鼻村的景村融合,也无法激励更多年轻村民自愿在乡村规划和建设中主动传承乡村传统文化。

四、景村融合下的牛鼻村乡村传统文化空间设计

(一)功能定位与主题形象

丹霞山巴寨景区与牛鼻村同处于仁化县丹霞山区域范围内,各种资源互相联系、相互作用,共同发挥着生态观光、休闲度假等功能,应是一个有机的整体。丹霞山景区与牛鼻村同处于该区域,有着共同的文化、资源等。两者关系密切,决定了牛鼻村旅游发展的功能定位与主题形象需要与丹霞山景区相统一。

1. 六位一体的功能定位

在深入挖掘牛鼻村文化内涵,进一步完善公共服务基础设施,将旅游产品与传统农业景观相结合的基础上,以《丹霞山风景名胜区总体规划(2011—2025)》为指引,结合丹霞山景区总体功能定位,将牛鼻村定位为集自然生态观光、乡土文化体验、乡村休闲度假、特色创意活动、生态农业休闲、传统教育传承六位一体的宜居、宜人、宜游的复合新型旅游乡村。

2. 牛鼻文化的主题形象

依据牛鼻村的功能定位,规划以牛鼻村特色乡土文化为核心吸引物,挖掘客家文化、饮食文化、艺术文化等;结合独特的地理位置与山水农田景观,明确"离境乐天,世外桃源"的主题形象;通过对丹霞山景区的配套服务功能、村内部分房屋进行功能置换,对村内村容村貌进行整治,利用山水田园生态资源设计特色旅游项目等,来打造牛鼻文化主题旅游乡村。

(二)空间设计与结构优化

丹霞山景区提供满足游客观光需求的核心服务后,为满足游客的多样化需求,牛鼻村为游客提供更丰富多样的配套旅游体验服务。一方面,丹霞山作为核心旅游景区,带动了牛鼻村产业的发展;另一方面,牛鼻村也不断完善村内的旅游管理、服务、环境等功能,根据游客的需求,对乡村空间结构进行合理的布局。

1. 优势互补的功能分区规划

利用牛鼻村丰富的自然资源和人文资源,根据丹霞山景区的核心旅游资源和牛鼻村的资源分布特点进行优势互补,对牛鼻村乡村旅游的空间结构进行优化设计,概括为"两带五区"方案。"两带"即锦江滨河景观带和观音群山景观屏障带,"五区"为粤北民俗风情展示区、客家美食活动分享区、田园风光休闲体验区、儒家文化主题交流区、山水生态艺术创作区(图7-5)。

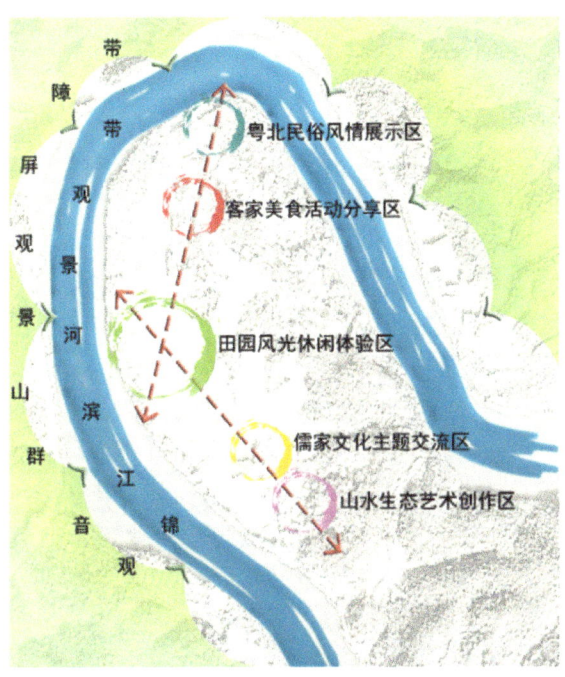

图 7-5　牛鼻村"两带五区"空间设计图（图片来源：梁韵思等，2017）

空间设计与结构优化方案,具体包括:(1)锦江滨河景观带——依托锦江,挖掘沿线自然生态景观,打造多角度视觉体验;(2)观音群山景观屏障带——顺应观音群山一带连绵山体,整合山地资源,形成多形态山体形象;(3)粤北民俗风情展示区——利用粤北特色民俗节庆活动,展示乡村聚落文化的魅力;(4)客家美食活动分享区——就地取材,烹饪并品尝客家美食,分享原始煮食的乐趣;(5)田园风光休闲体验区——依托乡村田园风光进行大地艺术景观设计,体验各种农耕文化创意旅游项目;(6)儒家文化主题交流区——继承与发扬儒家思想传统文化,进行传统文化交流;(7)山水生态艺术创作区——借助乡村自然生态景观资源,开展书画写生艺术创作。

2. 景村融合路线规划

将丹霞山核心景点与牛鼻村进行整合,连接成若干旅游环线。同一条旅游路线上的各个景点可以联动发展,取得更好的经济效益。具体形成三条环状旅游路线:(1)第一环线:阳元石景区—牛鼻村—巴寨景区。(2)第二环线:长老峰景区—牛鼻村—巴寨景区。(3)第三环线:阳元石景区—长老峰景区—牛鼻村—巴寨景区(图7-6)。

将村内空间散落分布的高价值自然和人文节点片区进行串联,进一步完善乡村内部的交通网络。为提高交通的连通度和通达性,将牛鼻村交通旅游路线分为水上游览路线和陆上游览路线。(1)水上游览路线:以原码头和旧竹筏点串联锦江、观音群山、乡村农田风光等自然生态景观。(2)陆上游览路线:以乡村出入口串联民俗文化表演厅、田园美食餐厅、多功能创意农田、儒家文化及书画写生艺术创作交流中心等主要节点(图7-7)。

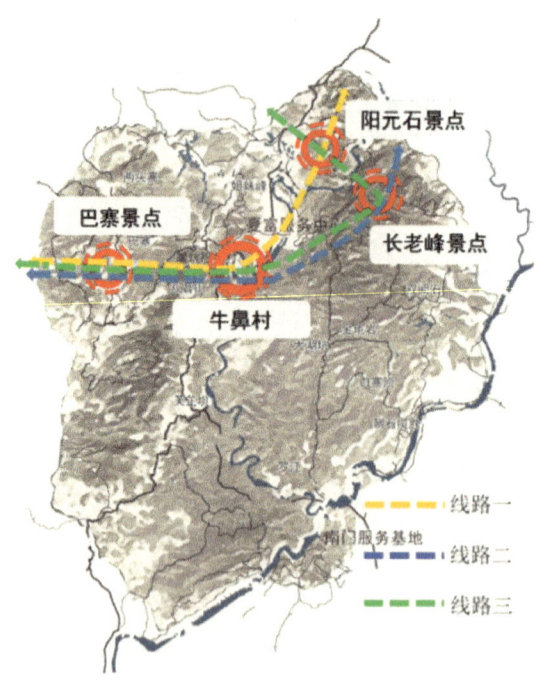

图7-6 牛鼻村景村融合线路图(图片来源:梁韵思等,2017)

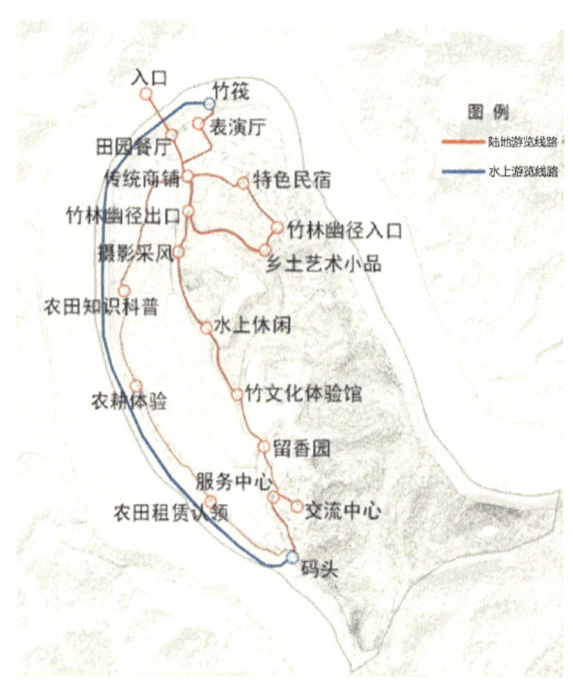

图7-7 牛鼻村内部游览路线图(图片来源:梁韵思等,2017)

(三)景村融合下的牛鼻村文化空间设计:六觉融合模式

人有六种感觉:听觉、视觉、味觉、嗅觉、触觉、知觉。通过这六种感觉,可以最大限度地满足人的六觉体验。结合乡村所包含的生态、生活、生产资源与景区所需的体验、观

第七章 景村融合下的乡村传统文化空间设计：以牛鼻村为例

光、学习相互融合的要求，笔者认为生态与观光融合主要利用人的视觉、听觉、知觉，生活与体验融合主要利用人的嗅觉、触觉、味觉，而生产与学习融合则主要利用人的听觉、触觉、知觉。为实现乡村内部生态、生活、生产与景区的和谐发展，在满足村民的经济发展要求时，也要满足游客对乡村旅游观光、体验、学习的需要。除了满足游客视觉感知旅游景观的要求，还增加听觉、味觉、嗅觉、触觉、知觉作为对景观本质特征感知的补充和完善。为此，以六觉融合的手法，对牛鼻村融入丹霞山景区的乡村生活生产空间进行重新设计(图7-8)。

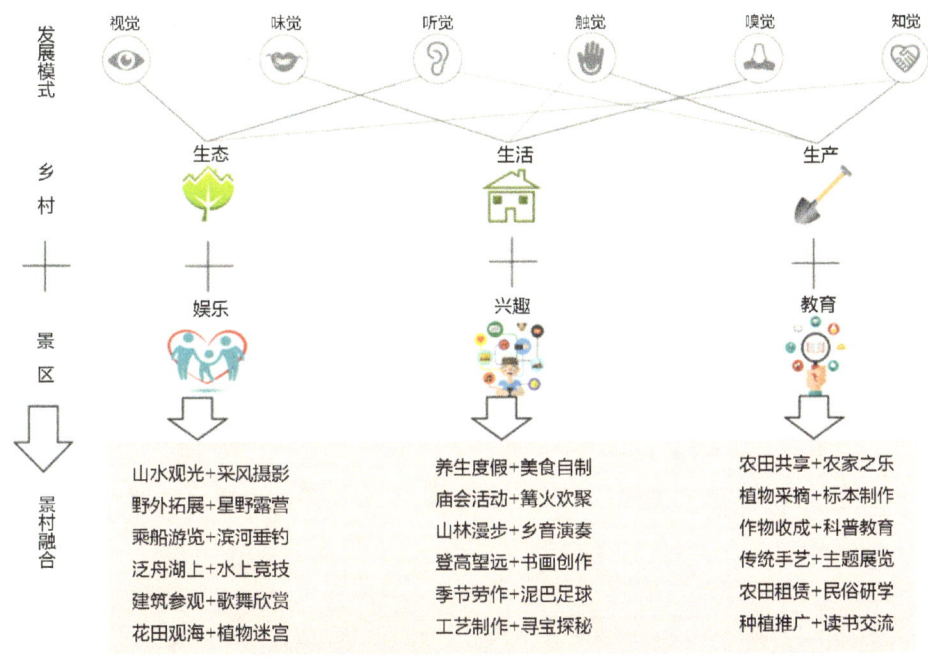

图7-8 景村发展的六觉融合模式图(图片来源：梁韵思等,2017)

1. 视觉、听觉、知觉——自然风光与乡土文化融合

利用锦江、观音山、农田等自然资源在原码头和竹筏点增设水上风景路线，让游客多视角观赏牛鼻村，同时也减轻了村内交通的压力。感受牛鼻村的文化艺术魅力，设置民俗表演厅并举办具有地方特色的民俗文化展览和《月姐歌》《舞春牛》等民俗表演，展现牛鼻村的文化魅力，吸引更多游客。保留和修缮"牛鼻人家"等特色建筑，完善其旅游服务功能的同时开展特色活动，如书画写生创作、户外救援、摄影外拍、乡村体验营等，使其成为牛鼻村的游客服务中心，并整合资源成立牛鼻村儒家文化艺术交流中心(图7-9)。

2. 味觉、触觉、嗅觉——休闲度假与创意活动融合

优化原有的民居景观，改造外立面，翻新院落，疏通道路，同时增设景点指示标志，并且修缮破旧房屋使之成为特色民宿。游客入住乡土主题民宿，感受乡村淳朴民风，身心得到放松。游客在村落内部的鱼塘还可以开展垂钓、捕鱼等水上休闲娱乐项目。改变部

图 7-9　生态与娱乐融合的空间布局规划图（图片来源：梁韵思等，2017）

分房屋功能，使之成为乡村体验馆。设置田园餐厅，让游客品尝乡土美食。将废弃和空置建筑改造成竹文化体验馆，让游客体验竹制手工艺品的制作。将废弃建筑修缮成嗅觉体验馆——"留香园"，利用村里的竹子、松树等气味浓郁的乡土植物，以二十四节气为主题，通过无污染的原始工艺，制作节气香水、香薰、香皂和调制专属气味的香水项链等纪念品（图7-10）。

图 7-10　生活与兴趣融合的空间布局规划图（图片来源：梁韵思等，2017）

3. 听觉、触觉、知觉——传统产业与科普教育融合

农田产业多功能化，提高村内农业生产技术。让游客在划分的农田知识科普区内，感受乡村农田的独特肌理，学习农耕知识。在农耕体验区内，游客可进行时令作物采栽活动。在农田租赁认领区内，部分农田通过互联网以租赁认领的方式转出去，同时设置田间摄像头，让远在千里之外的大城市的订购者足不出户也能享受到有机、安全的绿色食品(图7-11)。

图7-11　生产与教育融合空间布局规划图(图片来源：梁韵思等，2017)

五、小结

景村融合是旅游景区与乡村之间的相互融合。景村融合将景区与乡村看作一个系统，以乡村空间作为旅游载体，从景区开发的角度强化了乡村的旅游功能，在建设过程中以景区的标准完善各类基础设施和旅游服务设施，以乡村旅游促进乡村建设，真正实现乡村即景区，以旅游景区建设带动乡村发展，实现乡村景区化与景点化，从而达到乡村与景区融合协调发展的目的。景村融合通过景村系统内各方利益协调和资源优化配置，达到乡村社会、经济和环境的协调发展，为乡村实现可持续发展提供了一条可行的路径。景村融合发展已逐步成为很多景区周边村落发展的一种模式。

牛鼻村地处丹霞山巴寨景区，自然山水俱佳，环境优美，传统农耕文化特性明显。依靠巴寨观音石与姐妹峰游船码头，牛鼻村得以快速融入丹霞山之中，乡村经济得到了较好的发展。但从景村融合角度来看，牛鼻村的景村融合空间效果不佳。这不仅与其位于丹霞山巴寨景区，处于阳元石、长老峰等热点景区的"阴影区"有着直接的关联，也与其自

身存在的乡村旅游规划与建设问题密切相关。从牛鼻村乡村旅游和乡村建设来看,旅游产品同质化、知名度不高、认同度低、交通基础服务和公共服务设施落后、规划执行不到位、融资困难、管理不到位等核心问题,阻碍了牛鼻村乡村旅游的健康发展。

根据牛鼻村独特的自然资源与人文景观特点,将牛鼻村定位为集自然生态观光、乡土文化体验、乡村休闲度假、特色创意活动、生态农业休闲、传统教育传承六位一体的宜居、宜人、宜游的新型旅游乡村,明确"离境乐天,世外桃源"的主题形象。基于丹霞山景区与牛鼻村自然文化资源的互补特性,为牛鼻村设计了"两带五区"的文化空间设计与结构优化方案,设计了三条景村融合的环游路线,推动丹霞山景区与牛鼻村联动发展。以视觉、听觉、味觉、触觉、知觉、嗅觉等六觉融合的设计手法,提出牛鼻村景村融合的自然风光与乡土文化融合、休闲度假与创意活动融合、传统产业与科普教育融合的"三融合"路径。

参考文献

[1]习近平.决胜全面建成小康社会夺取新时代中国特色社会主义伟大胜利[M].北京:人民出版社,2017.

[2]贺勇,孙佩文,柴舟跃.基于"产、村、景"一体化的乡村规划实践[J].城市规划,2012(10):58-62.

[3]刘阳.景村融合理念下旅游精准扶贫路径探索:以花山岩画核心区耀达村为例[J].产业与科技论坛,2017,16(5):259-260.

[4]刘维东,佘美萱,林蔚."景村协同"理念下乡村规划路径初探[J].广东园林,2020,42(3):4-8.

[5]陈晓彤,谭正仕,李光耀.基于景村融合理念的乡村聚落更新研究:以遂宁市喻家沟村为例[J].艺术与设计(理论),2020,2(3):50-51.

[6]陈冬香."景村融合"理念下的美丽乡村规划建设研究[J].风景名胜,2019(3):184.

[7]张春晓.基于"景村融合"理念的美丽乡村规划设计路径分析:以山东省长岛县北长山乡美丽乡村规划为例[J].住宅与房地产,2019(5):244.

[8]李孙桂,李芳."景村融合"视角下乡村振兴发展规划路径研究[J].住宅与房地产,2018(28):234.

[9]王海博,王茵,尹鹏.基于景村融合理念下的美丽乡村规划策略研究:以迁安市山叶口村为例[J].城市住宅,2018,25(5):52-55.

[10]樊亚明,刘慧."景村融合"理念下的美丽乡村规划设计路径[J].规划师,2016,32(4):97-100.

[11]BRAMWELL B,LANE B. Rural tourism and sustainable rural development[M]. UK:Channel View Publications,1994.

[12]INSKEEP E. Tourism planning:an integrated and sustainable development approach[M]. US:Van Nostrand Reinhold,1991.

[13]国家旅游局计划统计司.旅游业可持续发展:地方旅游规划指南[M].北京:旅游教育出版社,1997.

[14]中华人民共和国国家质量监督检验检疫总局.旅游规划通则:GB/T 18971—2003[S].北京:中国标准出版社,2003.

[15]李源.乡村旅游发展规划理论与实践初步研究[D].重庆:重庆师范大学,2014.

[16]余意峰.社区主导型乡村旅游发展的博弈论:从个人理性到集体理性[J].经济地理,2008(3):519-522.

[17]虎利平.从庄子的意致说和佛家的六根说看我国古代的意境论[J].昆明大学学报,2005(1):10-12.

[18]张文勋.从佛学的"六根""六境"说看艺术"境界"的审美心理因素[J].社会科学战线,1986(2):250-256.

[19]诺伯舒兹."场所精神":迈向建筑现象学[M].施植明,译.武汉:华中科技大学出版社,2010.

[20]赵海荣.基于场所理论的历史地段RBD建设研究:以成都锦里为例[J].四川建筑,2010,30(6):20-22.

[21]DAIM M S,BAKRI A F,KAMARUDIN H,et al. Being neighbor to a national park:are we ready for community participation?[J]. Procedia-social and behavioral sciences,2012(36):211-220.

[22]王妍婷.泰山风景名胜区边缘型村落改造模式探究:以进贤村为例[D].泰安:山东农业大学,2014.

[23]吴承照,徐杰.风景名胜区边缘地带的类型与特征[J].中国园林,2005,21(5):35-38.

[24]高畅.城市型风景名胜区边缘地带积极利用策略研究[D].武汉:华中科技大学,2007.

[25]王萌.风景名胜区周边社区旅游研究[D].北京:清华大学,2005.

[26]任晓蕾.景镇融合视角下扶风县法门镇城镇发展研究[D].兰州:兰州大学,2016.

[27]龙茂兴.景区边缘型乡村旅游开发研究:以凤凰县老洞村为例[D].湘潭:湘潭大学,2007.

[28]陈梅.乡村旅游规划核心内容研究[D].苏州:苏州科技学院,2008.

[29]张善峰.乡村文化在乡村旅游规划中的表达[J].上海农业学报,2008(2):127-130.

[30]邹统钎.旅游开发与规划[M].广州:广东旅游出版社,2001.

[31]余意峰.旅游虚拟社区:概念、内涵与互动机理[J].湖北大学学报(哲学社会科学版),2012,39(1):111-114.

[31]王新歌,席建超,孔钦钦."实心"与"空心":旅游地乡村聚落土地利用空间"极化"研究:以河北野三坡旅游区两个村庄为例[J].自然资源学报,2016,31(1):90-101.

[32]SOSZYŃSKI D,SOWIŃSKA-ŚWIERKOSZ B,STOKOWSKI P A,et al. Spatial arrangements of tourist villages:implications for the integration of residents and tourists[J]. Tourism geographies,2018,20(5):770-790.

[33]宋玉.乡村旅游地景—村空间融合的特征与驱动机制研究:以杭州梅家坞为例[D].芜湖:安徽师范大学,2020.

[34]李佐龙.基于地域文化传承的乡村空间设计研究:以石河村为例[D].哈尔滨:哈尔滨工业大

学,2018.

[35]中国地理学会,中山大学地理科学与规划学院.第三届中国高校地理科学展示大赛:从地理看中国[M].广州:中山大学出版社,2018.

[36]叶斯亭,许树辉,纪林洵.新型城镇化下乡村居住文化空间重构研究:以广东省仁化县"三村"为例[J].经济研究导刊,2018(27):32-36.

[37]纪林洵,许树辉,叶斯亭.基于利益相关主体的传统古村落保护性开发:以广东仁化张屋村为例[J].中国集体经济,2018(25):71-72.

第八章　新型城镇化下的乡村传统文化空间重构：以石塘村为例

工业化、城镇化是区域经济发展的重大引擎。城镇化在放大区域经济效应的同时，也对城乡空间产生了深远的影响。就乡村而言，它存在着居住、生产、公共活动和生态四大功能空间。城镇化模式不同，其对乡村四类功能空间产生的效果就会不同。城镇化对乡村文化空间的影响，主要体现在对乡村传统文化符号、文化单体和文化现象的解构与重构上。与城镇化进程相伴随的，往往是乡村传统文化的传承、保护与活化，或破坏、损毁与消失，抑或两者兼有。与传统城镇化相比，新型城镇化使乡村社会经济结构、居民生活生产方式和乡村传统文化空间形态发生了根本性的变化，对乡村传统文化空间重构起到了积极作用。

一、城镇化与乡村传统文化

(一) 城镇化

城镇化是农业人口转化为非农业人口、农村地域转化为城镇地域、农业活动转化为非农业活动的过程。城镇化是城镇发展的较高级阶段，是农村人口向城镇集聚，农业产业向第二、第三产业转移和城市文明向农村扩散的"三位一体"互动的社会变迁过程。城镇化水平往往通过人口城镇化、土地城镇化和居民市民化三个指标来进行衡量。在城镇化的动力机制上，传统城市化理论认为，经济发展是城镇化的内生决定性力量。其中，农业、工业化和第三产业的发展，分别被视为城镇化的原生动力、直接动力和后续动力。然而，由于传统城市化理论过度关注经济发展对城镇化的推动作用，忽略了社会、环境因素对城镇化的影响，城镇化与工业化、社会化、生态化不相匹配，过度城镇化和滞后城镇化所带来的社会问题、生态问题、文化冲突问题，比比皆是。受城镇化的影响，乡村居住建筑、房屋结构、村落布局、街巷格局、生活生产方式等方面均发生了根本性的变化：传统的泥砖瓦房结构、简易木房结构被砖混钢筋混凝土结构替代；平房变楼房；现代化的生产工具替代传统手工农具；电视、电话、电子产品打破了传统村落的寂静；先前泥泞的乡村小道不仅实现了硬化，而且脱胎换骨，成了水泥路面、沥青路面；村民们洗脚上田，开始了城镇居民式的生活……

从文化学层面来看，城镇化是城市文化对乡村文化的不断建构。在城镇化过程中，处于主体地位的始终是城市及城市文化，乡村及乡村文化作为被建构的对象，一直处在从属的位置(姜晓云，2014)。城镇化，尤其是传统城镇化模式对乡村空间的剥夺与蚕食、对乡村传统文化空间的挤压以及由此导致的乡村衰败现象,也是普遍存在的。由于钢筋混凝土结构建筑质量更优,家庭条件不错的村民开始拆旧建新。新建建筑风格与先前的传统建筑形制格格不入者,在传统村落比比皆是。乡村新建建筑的随意性,破坏了传统村落原有的街巷文化格局。城镇就业利益的驱使,导致乡村产业和就业的空心化,也导致乡村常住人口出现以老人为主的结构特征,乡村衰败现象十分明显。城镇化的快餐文化、经济利益至上观打破了乡村原有的慢节奏,导致乡村传统价值观念快速转变。先前的乡村传统文化对村民逐渐失去了自律和律他的效果。乡村传统文化的保护、传承与活化,被压缩到很小的地域范围,甚至由先前的地域文化,演变成被城市文化包围的"文化隔坨"。"一些农村地区大拆大建,照搬城市小区模式建设新农村,简单用城市元素与风格取代传统民居和田园风光",导致"乡土特色和民俗文化流失","自然历史文化遗产保护不力,城乡建设缺乏特色"。

(二)新型城镇化

基于传统城镇化模式下城乡发展出现的诸多社会、文化和环境问题,早在2003年,谢志强教授就在《社会科学报》发表了题为《新型城镇化:中国城市化道路的新选择》的文章,新型城镇化概念很快受到广泛关注。2007年,党的十七大确立以科学发展观来推进新型城镇化,新型城镇化概念得到进一步推广。2012年,新型城镇化在十八大会议上被确定为城镇发展的基本要求。2014年3月,随着国家颁布《国家新型城镇化规划(2014—2020年)》以来,以提升城市的文化、公共服务等内涵为中心,真正使城镇成为具有较高品质的宜居之所的新型城镇化发展道路成为指导国内不同级别城镇规划与建设的重要依据。在"新型城镇化"的发展理念下,社会、文化、生态因素被纳入城镇化分析框架,城镇化发展质量,城市(镇)发展与经济、社会、环境的协调发展及可持续发展受到了高度关注。新型城镇化要求把生态文明理念和原则全面融入城镇化全过程,将城乡统筹、协调发展、以人为本和可持续发展等理念融为一体,走集约、智能、绿色、低碳的新型城镇化道路。与传统城镇化理论相比,新型城镇化不仅要求推动土地城镇化、人口城镇化,更强调产业化与城镇化的同步协调,突出生态文明建设,实现城市社会、经济、文化、生态的协调发展。

(三)新型城镇化与乡村传统文化

与传统城镇化相比,在新型城镇化建设中,乡村文化的传承和保护受到了高度重视。2012年11月,党的十八大召开,提出坚持走中国特色新型城镇化道路;2013年12月,在中央城镇化工作会议上,习近平总书记要求,城镇化要以人为本、优化布局、生态文明、传承文化,打造"望得见山、看得见水、记得住乡愁"的富有人文底蕴的新型城镇;在《国家新型城镇化规划(2014—2020年)》中,"文化传承,彰显特色……发展有历史记忆、文化脉络、地域风貌、民族特点的美丽城镇,形成符合实际、各具特色的城镇化发展模式"是七大基本原则之一,提出要走文化传承的中国特色新型城镇化道路,将传统文化元素融入城镇建设,加强乡村文化生态的整体保护,传承和弘扬优秀传统文化;党的十九大要求坚定实施乡村振兴战略。2019年,国家发改委在《2019年新型城镇化建设重点任务》中提出,要保护传承非物质文化遗产,加强优秀农耕文化遗产保护与合理适度利用,推动农村地区传统工艺振兴,发展特色文化产业和工艺产品。

在新型城镇化模式下,城镇化对乡村文化不应依旧采取简单、粗暴、决绝的方式,而应同时守护好所在地域的自然风貌、标志性或典型性建筑、风土人情、文化精神与传统,尽可能在原村庄形态上改善居民生活条件,做到尊重自然、顺应自然、和而不同,避免"千城一面",克服疏离自然的"城市病",真正"让城市融入大自然,让居民望得见山、看得见水、记得住乡愁"(姜晓云,2014)。乡村文化传承,是对乡村文化进行"活态"继承和发展,包括乡村物质文化遗产和精神文化方面,在新型城镇化建设中具有深层的灵魂引领功能(庄学村,2020)。乡村文化传承在新型城镇化进程中具有维系乡村社会人情和推动乡村社会治理等功能,对于推进新型城镇化建设与实施乡村振兴战略具有重要意义。城镇化的推进和文化产业的迅速发展是乡村文化传承转型和变迁的关键因素。随着新型城镇化和现代化进程的加速,乡村振兴及乡村文化传承迎来了特殊的历史机遇。新型城镇化必然走具有"文化传承"深刻内涵的中国特色新型城镇化道路。传承好、发展好乡村文化,是新型城镇化的时代使命。新型城镇化是人的城镇化,其建设不仅是土地、建筑、经济等方面的建设,更是人的建设;不仅是物质方面的发展,更是精神、文化方面的发展。新型城镇化应体现以人为核心,要体现尊重自然、顺应自然,依托现有山水脉络等独特风光,融入大自然;要保护和弘扬乡村传统文化,延续历史文脉;要注意保留村庄原始风貌,慎砍树、不填湖、少拆房,尽可能在原有村庄形态上改善居民生活条件。以人为核心,就要求城镇化过程中注重地域差异,关照人文情怀,保留当地独特的传统文化,守住他们熟悉的自然风貌,呵护他们那份弥足珍贵的"乡愁",让居住其中的居民自然地、真正地完成由"村民"到"市民"的蜕变。

二、韶关石塘村传统文化时空格局

(一)村域概况

石塘村(图8-1),位于韶关市仁化县西南部,属行政村。村域内地势西高东低,三面环山,呈狭长的葫芦形。因周围多鱼塘,塘中有石笋,故名石塘。石塘村东临仁化县董塘镇,西接乐昌市廊田镇,南面与浈江区花坪镇交界,北面与仁化县红山镇相依。该村隶属于韶关市仁化县,距仁化县城约20千米,距世界自然遗产丹霞山景区约21千米,距韶关市56千米。有省道S345线与董塘镇、仁化县相连,交通较为便利。石塘古村至今已有640多年的历史,目前全村总人口3400人。有李、蔡、何三个主要姓氏,以李姓为主。

乡村传统文化空间略述——以韶关古村落为例

图 8-1　石塘村鸟瞰图

（二）石塘村传统文化：时间维度

石塘村为传统客家村落。石塘先民自明朝洪武年间从江西、福建迁居于此，已有 600 多年的开基历史。依托优越的自然地理条件，石塘先民们在适应自然、改造自然的过程中，积累了丰富的农耕生产和农居生活经验，并将其物化，赋予其文化形式，使其流传下来，成为石塘村宝贵的乡村传统文化遗产。

1. 百年传统古村。石塘古村规模宏大，村中集古屋、古巷、古井、古寨、古风、古韵于一体，传统布局与历史风貌保存完好，是仁化县乃至韶关市范围内历史最悠久的古建筑群，也是韶关市范围内历史文化底蕴最深厚，古建筑群最大、保存最完好的古村落。现存古建筑大多建于明清时期。现有古建筑和古遗迹 149 处（其中，古名宅 79 幢，古祠堂 9 座，古庙宇 2 座，古街巷 12 条，古寨堡 1 座，古井 45 口，古闸门 25 个，炮楼 2 个，门楼 7 个，古遗址 7 处），数量较多且分布较集中，具有重大的历史研究价值和旅游科普价值。石塘村先后荣获第五批"中国历史文化名村"（2010 年）和"中国最美古村落"（2017 年）称号。

石塘村中的房宅，为砖木结构建筑，形成了独特的建筑风格（图 8-2）。古村院落大多由上等青砖青瓦砌成，青砖马头墙高出房檐屋脊、翘角峥嵘的封火山墙，表现出明显的徽派建筑特色。青砖多经过磨制，房顶有鳌头，高墙飞檐，很是壮观。典型的石塘传统建筑呈正方形，正房、厢房错落有致。院内每一个房间、厅堂、天井都与走廊、巷道、楼梯相通。房内为梁架藻井的结构形制。大门多开向南方，入门后为前厅。前厅和堂屋之间有天井，厅两侧通过侧门连接房间。房间面积狭小，窗户较高。传统建筑门窗上多刻有通俗易懂、对仗工整、意义隽永的楹联。石塘村中的古街巷形成了独特的景观。街巷大都用鹅卵石铺成。村庄内部巷道四通八达，巷道宽 0.5—1.5 米。古建筑群的道路格局主要沿"Y"或"井"字型布局扩展,以三角街最为显著。街巷风貌保存依然完好,呈现出与周边山水自然肌理和农田田垄相似的形态特征。

图 8-2　传统建筑风貌

2. 深刻的红色记忆。石塘村是革命老区。石塘村拥有最具特色的历史物质遗产——红色文化深厚的古建筑"双峰寨"(图 8-3),现为"全国重点文物保护单位"和"广东省爱国主义教育基地"。双峰寨始建于清末民初。在大革命时期,仁化县成立农协、开展农运,石塘村是农民运动、红军活动较为频繁的村落之一。朱德、彭德怀、邓小平等老一辈无产阶级革命家曾率队在此停留休整。1928 年,在石塘村发生的双峰寨保卫战,震撼北江地区,被当时的中共广东省委誉为"农民暴动中最伟大的战斗",英雄事迹流芳千古。双峰寨又名"石塘寨",是广东省现存最大的碉堡式建筑之一。石塘双峰寨墙基最厚处有 1.7 米。建筑材料是石灰石、黄糖、桐油、石灰加河沙以及青砖。双峰寨至今保存完好。1978 年以后,双峰寨先后被列为广东省、全国重点文物保护单位,省、市、县爱国主义教育基地。2006 年,双峰寨经国务院核定为第六批"全国重点文物保护单位"。抗日战争时期,石塘村成为国共双方合作共同抵御日寇的重要战场之一。至今,在古村后侧仍有两座紧临的民居建筑。它们曾是国共双方代表办公、共商国是的重要场所。

图 8-3　双峰寨

3. 独特的民俗文化。石塘村仍保持着传统的风俗习惯,重视春节、元宵、清明、中秋、冬至等传统民俗节日与活动,以及具有代表性的民俗文化。其中最著名的有列入"广东省级非物质文化遗产"的"月姐歌"和传承150多年的酿造工艺"堆花米酒"。月姐歌是石塘村流传下来的独特民间艺术,是石塘村具有浓郁地方特色的主要传统曲艺。古时石塘妇女在中秋节期间以石塘的方言演唱。在演唱前,妇女三五成群地聚集一起,设置"月姐歌坛"。从农历七月初一或八月初一唱"接月姐"歌开始至中秋节午夜唱"送月姐"歌结束,时间持续一个月或一个半月,有近30种不同的曲调。歌者彼此唱和,斗歌也用此类曲调。已有300多年历史的堆花米酒采用独特优质的地下水源、自制酒饼及传统的酿制工艺制作而成,因清甜醇香、口感宜人而远近闻名。现全村仍有堆花酒作坊80多家。

4. 浓郁的乡野气息。石塘村地处仁化—董塘盆地,周边为低矮的山岗,降水丰富,植被茂盛,自然风光秀丽,环境优美(图8-4)。村南面毗邻石塘河,村落周围有零散的池塘分布,有溪水相连。村中水域质量较好;溪水自北而南,绕过古村,汇集到主沟,南下田垅,再流入石塘河。因土地面积广、水热条件好,石塘村农耕文化源远流长,保留至今。村落格局、街巷肌理和整体风貌,与乡村农耕文化、自然环境融合完好,农业资源丰富,乡野气息浓郁。有非常独特的乡村风味小吃,如糍粑、粽子、炸糖环、角子令人叫绝,流传数百年的扣肉、水豆腐、咕噜肉、大盘鸡、酥炸鱼叫人垂涎。

图8-4 石塘夕阳

(三)石塘村传统文化:空间维度

石塘村属于传统客家村落,有着数百年的开基历史。从空间维度上看,石塘村传统文化可以解构为四类功能空间:居住空间、生产空间、公共空间和生态空间。

1. 居住空间

乡村居住空间是满足村民自身和家庭日常生活起居和休憩需要的基本空间,可细分为宏观的乡村街巷空间、中观的乡村院落空间以及微观的乡村建筑空间三个层面。乡村街巷空间的主要功能是为村民、行人、行车服务,是乡村邻里关系的集中反映。乡村院落空间和建筑空间是村民为了自己、家庭和族人集体生活而围合的物质空间,也是村民自身、家庭和家族维系和寄托情感的精神文化空间。它体现或象征了一个时代乡村居民的生活追求，是村民居住文化的重要载体。

(1) 街巷空间。石塘村选址在乱石林立、沼泽湿地广布的仁化—董塘岩溶盆地上，周边为低矮的丘陵。因地形平坦，取水方便，历代村民多自挖水井。村内古井星罗棋布，井型丰富多样。无论是在主街边，还是在小巷旁，你都能轻而易举地找到水井。因此，石塘古村街巷呈现出以古井为重要节点的线型路网格局。

(2) 院落空间。与传统的客家土楼、围楼不同，石塘古村传统客家民居形式主要以"竹竿屋/穿堂屋(一条龙)""单伸手""门堂屋(简式三合院)"为主。石塘古村自开基以来，传统民居布局紧凑，形式主要为穿堂屋和单伸手，门前街巷相对狭小。城镇化建设以来，石塘村民从古村往外围向东、向南扩建，民居中开始出现三合院式的客家围。

(3) 建筑空间。石塘村地处粤、湘、赣三省交界处，村内古建筑形成客家夯土建筑、徽派建筑及江西建筑并存的独特建筑风格。古建筑用材主要是青砖、青瓦及土砖，不管是庭院大门，还是宅间大门，均使用双扇板门，板门十分牢固，门窗多用木雕、石雕图案。随着工业化和城镇化的推进，钢筋混凝土建筑被大量营建。因施工工艺简单、费用较低的优势，仍有少量砖木建筑被营建。从建筑类型上看：一类新建混凝土结构建筑与二类普通砖木结构建筑居多，新旧建筑风格皆有；三类建筑和二类建筑主要分布在以双峰寨为主轴的东西两侧；而一类建筑主要分布在村庄外围(图8-5)。在建筑材料方面，红砖抗腐蚀强度和抗压强度虽然都没青砖好，但其烧制技术比青砖更简单，因而逐渐被村民接受。此时的门呈现出双扇板门和双扇铁门共存的情况，但许多木制的窗棂逐渐被钢制的取代。因人们的生活方式和价值观念受城镇化影响显著，多数民居以硬质的门廊替代庭

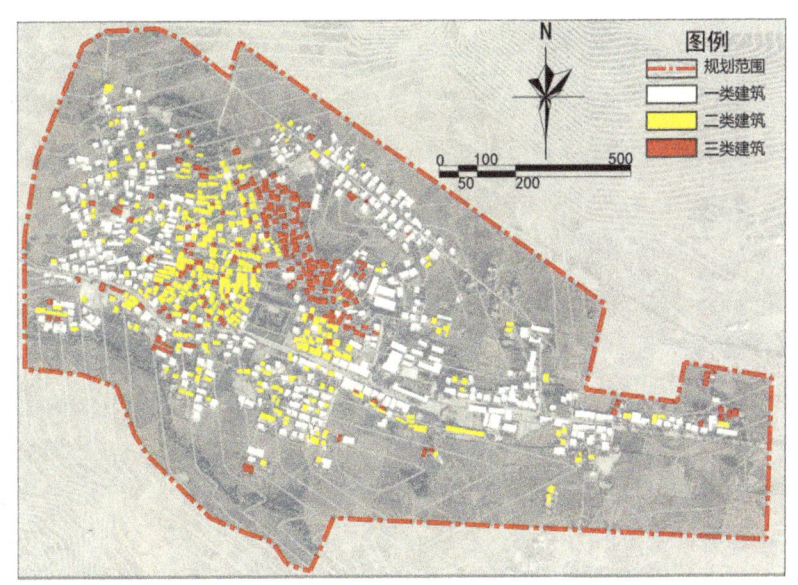

图8-5　建筑分布图(图片来源：张钦明等，2017)

院围合的空间。不再有人愿意花费太多时间去削锯与雕刻木制门窗,取而代之的是成本较低的量产钢制门窗。

综上,石塘村传统农耕时期形成的地方独特居住文化——"千家村"街巷文化、"穿堂屋""简式三合院"等客家院落文化以及西洋建筑、江西建筑、徽派建筑和客家夯土建筑等传统建筑文化,到了城镇化阶段均被打破。现代城镇性质的建筑、院落、街巷文化空间得到快速拓展,传统居住空间(表 8-1)在收缩。双扇板门、木雕窗等木质建材被工业化产品如钢材替代,砖木结构传统建筑陆续被现代钢筋混凝土楼房替代,传统客家院落及檐画窗棂慢慢减少,乡村传统居住空间的文化元素基本要到荒废、坍塌的房屋中去寻找。

表 8-1 石塘村居住空间

空间类型	传统农耕时期	城镇化建设时期
建筑空间	徽派建筑、江西建筑、夯土建筑	以钢筋混凝土建筑为主,徽派建筑、江西建筑、夯土建筑空间被压缩
院落空间	穿堂屋、单伸手	以现代院落为主,穿堂屋、单伸手院落空间被压缩
街巷空间	以连接古井的道路系统为主的线型街巷	形成了以现代交通体系为骨架的更为复杂的街巷网络

2. 生产空间

(1)农业空间。石塘村具备种植亚热带作物的得天独厚的自然条件。传统农耕时期,石塘村有农田面积1300亩,空间形态呈团块包围状。其他种类的农作物如花生、马蹄、蔬菜等占一定的比例,种植面积小,多为自给自足。改革开放以来,石塘村住宅扩建,村庄建设用地大面积向省道以南、双峰寨以东以及村庄边缘地带扩张,农业空间受到挤压。因大力发展优质谷,水稻产量和效益并不受耕地面积缩减影响。与水稻面积不断缩减不同的是,花生、蔬菜等种植面积不断扩大,产量和效益都有较明显的增加。韶关初步建立了包括石塘、董塘、仁化、丹霞镇区域在内的优质谷、花生、蔬菜生产经济带。21世纪以来,石塘村进一步调整和优化农业生产结构,确立了粮、油、菜、果等主导产业协调发展,形成了优质稻、花生、蔬菜、水果等特色区域优势产品和主导产业。近年来,石塘镇狠抓结构调整,向品种优化、特色化、科技化方向发展,稻田面积进一步缩小,着重建设优质稻生产基地;大力发展蔬菜、花生、大豆、马蹄、各种瓜类等经济作物,面积进一步扩大。农业空间跟传统农耕时期相比,范围大幅扩张;村庄内核居住区不断扩大,空间交界处受到挤压,但总体形态大致不变。随着村庄经济发展与自然扩张,一部分包括水域、农林用地(图 8-6)等在内的非建设用地,转化为村庄建设用地。

第八章　新型城镇化下的乡村传统文化空间重构：以石塘村为例

图8-6　农业生产用地

(2)加工业空间。石塘村属传统农业村落,第二产业不发达。其中,石塘堆花米酒(图8-7),是广东省非物质文化遗产,已有300多年的历史。村内现有酒坊80多家,多为李姓店主,家庭经营,员工10人以内。酒坊月产量视酒坊大小而定,为2000—5000斤。酒业门店与加工作坊往往不在同一地点:门店大部分聚集在省道沿线,小部分位于省道以北的老住宅片区内;酒作坊与门店分离,位于村内,大都在门店附近。部分加工空间与住宅联合,也有部分酒坊门店、作坊和民宿整合成特色体验店。石塘镇优良独特的水源、土法秘制的酒饼、300多年的传统酿酒习惯和独到的酿制工艺,使这里的米酒清香纯正、口味甘醇。将酒从壶中斟入酒杯时,杯中酒泡泛溢、堆积如花,因此被古时的酿酒者称为"堆花酒"。石塘堆花米酒利用不同的加工空间进行酿造,包括煮饭、装坛、糖化、发酵、蒸馏、冷却等工序。整个过程至少需20天。石塘堆花米酒酿制仍传承古法,采用当地优质的地下水源和自制酒饼。虽然加工空间扩张了,但酿酒环境更加干净卫生。堆花米酒历经祖辈的传承,其内核没有随着时间的流逝而消失,反而越来越显著。

图8-7　堆花米酒

147

以振成堆花酒坊为例，其月产量约3000斤。酒作坊经改造后，面积中等，约100平方米(不含庭院、杂物间和接待室)。具体形态如图8-8所示：酒厂形态方正，进入正门为接待室，旁边为成品室，柴火和废料都有专门的堆放空间，剩余的加工空间分为工作间、糖化室、发酵间。

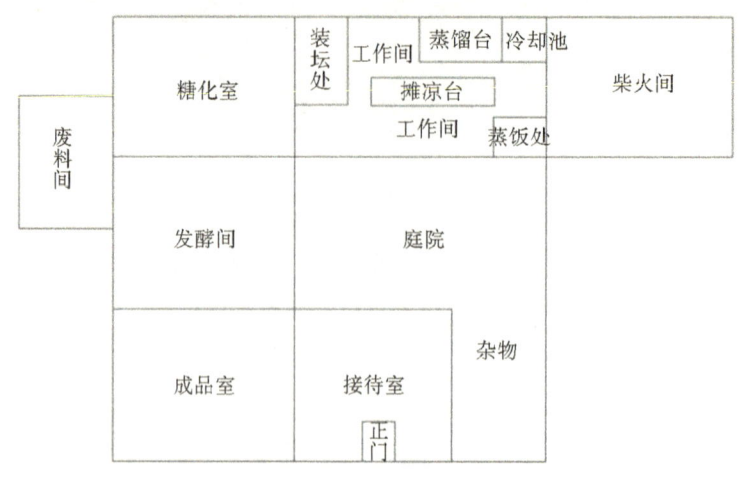

图8-8　堆花米酒加工作坊的分布图(图片来源：张莹,2017)

(3)商贸服务业空间。石塘村商贸服务业主要包括为旅游业服务的餐厅和民宿、酒坊门店以及村镇级商业点等。商贸服务点主要集中在S345省道两侧，沿街排布，从村内核心区向省道两端延伸，并由省道两侧逐步扩散，大体呈线状分布。分布零散，占地面积较小。计划经济时期，农村居民靠务农为生，村内无工业，商贸服务业处于萌芽阶段。村内定期有集市，售卖农副产品。商贸服务业空间形态不明显，沿主干道分布。改革开放后，商业发展正式起步。早期的石塘堆花米酒坊于此时开业，没有门店，仅有加工空间，在双峰寨以北的住宅片区内聚集。双峰寨正式开放后，商业与旅游业互动逐渐增多，但此时侧重于商业，服务业还没有出现。省道沿线商业聚集。21世纪以来，旅游业得到大力发展，商贸服务业随之进入快速发展阶段，其中服务业发展迅速。政府扶持、宣传有力得当。特别是2015年后，政府拨款与宣传，重振村庄特色酒业，店主成立实体门店，村民返乡开店创业，村内商业气息渐浓。商贸服务业空间构成要素由线向面拓展，位置由省道两侧开始向两侧居民区扩展，并有部分餐饮业向远离村庄的空旷处扩展，与农业空间、加工业空间结合，形成富有特色的复合空间(表8-2)。

表8-2　石塘村生产空间

空间类型	传统农耕时期	城镇化建设时期
农业空间	省道以南与双峰寨以东，包围住宅区，以水稻种植为主	住宅区扩散，省道以南与双峰寨以东的农业空间逐渐缩小。农作物类型大面积转变，农作物种类增多。石塘村成为优质谷、花生、蔬菜、柑橘主产地

续表 8-2

空间类型	传统农耕时期	城镇化建设时期
加工业空间	酒业,家庭小作坊	早期酒业开始经营,数量不多,在住宅片区内以及省道附近呈散点状分布。政府拨款与宣传,旅游业发展,门店数量增加,主要沿省道分布
商贸服务业空间	商业点极少,沿省道零散分布	商贸服务业空间向省道集聚。商贸服务业种类增多,在省道两侧形成线状空间,并向住宅区与农田扩散

3. 公共空间

乡村公共活动空间(表 8-3)一般由围屋、宗祠、庙堂、大厅、学校等封闭式公共建筑,以及乡村戏台、村口广场、村内开阔地等开放或半开放空间组成。乡村公共活动空间,既是乡村宗亲祭祖、村民议事、孩子学习和玩耍的重要场所,也是村民谈天说地、自娱自乐的主要去处。乡村公共活动空间,在丰富村民生活、促进沟通交流与增加乡邻凝聚力上,发挥着重要作用。

表 8-3 石塘村公共空间

时期	公共活动空间	活动组织	组织者
传统农耕时期	三多堂、李氏宗祠贻德堂	族内议事、祭祖、祈福	族长
	双峰寨	避难	保长
	龙母庙	烧香祈福、迎神	乡绅、族长
	旧戏台、电影院	唱戏、放电影	乡绅、大户人家
	空地	迎月姐、唱月姐歌	村内妇女
城镇化建设时期	三多堂、李氏宗祠贻德堂	重新修缮,族内议事、祭祖、祈福,文化旅游节点	族内长者
	双峰寨	旅游景点	村委
	龙母庙	烧香祈福、迎神	村民
	旧戏台、电影院	被改造成堆花米酒展览馆	村委
	广场	休闲娱乐健身,歌唱月姐	村民

以宗祠为例,在保存相对完好的乡村传统建筑中,宗祠十分普遍。宗祠是石塘村村民及其族人宗亲举行祭祖、议事等活动的公共空间,是族规、家训文化承载与传承的重要场所。在传统农耕时期,宗祠只对本族人开放,如"李氏宗祠"只对李姓族人开放,外族、外姓人未经允许是不能随便进入的,表现出对外的封闭性特点。以宗祠为中心,宗族建筑左右整齐排列于宗祠两侧,有利于随时召集、疏散参加公共活动的村民。但在宗祠的利用上,如上厅(正厅)座椅的尊卑排位、对男女进入宗祠的不同态度等方面,族内仍有严格的规定。在特殊时期,很多宗祠成了乡村行政中心,例如三多堂、李氏宗祠等,被用来开展夜校扫盲、社队文艺表演等公共活动。乡村戏台、村口广场或开阔地,往往用来开展

地方文艺表演,如采茶戏、月姐歌、火龙舞等客家民俗表演。在文艺、电影下乡的年代,这些场所往往成了丰富村民精神生活和孩子们打闹追逐的场所,也为青年男女提供了交流会友的重要机会和平台。

从城镇化背景下村镇公共用地类型看,石塘村公共用地主要包括四类。

(1)行政办公用地。村内有村委会一处,占地面积369.5平方米,建筑面积739平方米。内设阅览室、文化活动室,设停车场1处。村内设有镇政府,占地面积6511平方米,建筑面积约1792平方米。

(2)教育设施用地。此类用地主要分布在村镇的东南面,省道S345线一侧,交通较方便。教育设施规模较小,主要包括石塘镇中心幼儿园、希望小学、双峰寨中学以及托管所各1所。其中,小学占地面积6860平方米,教学楼3栋,建筑面积3261平方米。村内设有小学,1—6年级共有12班。内设运动场所,但运动器材较为缺乏。

(3)交通基础设施用地。对外交通联系干道主要有省道S345线。村落内部道路实现了镇至该行政村、行政村至自然村及自然村内道路水泥硬底化。古村内街巷或水泥硬底化或铺设了鹅卵石。村内居民出行的主要方式为骑自行车与步行。在镇政府大院、原镇区旅游集散管理中心设停车场共2处,共占地1917平方米。

(4)公共服务设施用地。村内电力供应充足,实现了通电话、电视和宽带上网,但村内道路照明设施不完善。给水由上级供水系统统一分配。另外,大多数村民仍保留自建取水井。排水设施基本没有系统安排,由各户自行设置排水管,排入附近沟渠。村内有卫生院、卫生站各1处。卫生站在村委会楼下,面积169平方米,设施简陋。卫生院在村东头,占地面积494平方米,建筑面积247平方米。村内有篮球场1处,位于村西北角,面积约240平方米。老年人活动中心有2处:一处位于村委会旁,面积约100平方米;另一处位于村内的贻德堂,面积约80平方米。健身场地有2处,约50平方米,位于双峰寨对面广场以及村内酿酒坊间小广场。村内设公共卫生间2处,位于双峰寨对面(图8-9)、村委会旁,面积42.9平方米。垃圾收集点有6处,共占地12.5平方米,均以垃圾车的形式存在。村内无垃圾收集中转站。

图8-9 双峰寨对面广场及公厕

4. 生态空间

生态环境是乡村自然环境的重要组成部分。生态环境与乡村居民息息相关,生态环境要素、形态及其突发性变化,自然会对身处其中的村民的生产生活,甚至是生命财产安全产生巨大影响。生态环境中的一花一木、奇特的自然物象(或景观),往往也被人们赋予一定的象征意义和精神内涵,彰显出生态环境的文化特性。生态环境占据一定的空间。乡村生态空间是在纯生态环境的基础上,经过乡村居民改造和创造过的自然—人工生态空间。其内容主要包括农林覆盖程度、名贵生物的分布及其保护、村容村貌和绿化及村民的生态文明意识等方面。

高大乔木尤其是古树,是衡量乡村生态环境好坏的重要标准之一。就古树而言,据村民介绍,以前石塘村内有许多古树,多以榕树、樟树为主。树荫之下,略做处理,即可彰显其生态功能和居民休憩功能。相传每砍掉一棵古树,村里就会有灾难发生。但随着人口的增长,古树保护没有得到应有的重视。如同古建筑被毁一样,古树被砍现象十分普遍。目前,石塘村尚存几棵古树。其中,具有代表性的是龙母庙门前的古榕树(图8-10)。村内的道路绿化较少,以银杏为主。北部后山多乔木,生态环境良好。部分街道生态环境亟待改善。道路卫生差,垃圾桶少,部分街道长满杂草与青苔。

图8-10 龙母庙门前的古榕树

(四)城镇化背景下的石塘村传统文化空间问题

1. 乡村传统民居形制的衰落

乡村传统民居建筑是地方文化的重要空间载体。改革开放以前,石塘的传统民居建筑风格融合了客家传统的夯土建筑、马头墙式的徽派建筑以及屋角外挑翘起的江西建筑,还融合了西洋建筑,体现多种建筑文化并存和相互融合的状态。此外,传统民居建筑在布局、用材和装饰等方面都非常讲究。精美典雅的砖雕、石雕甚至木雕都能体现古代工匠的智慧,是传统民居建筑文化以实体存在的重要表现。随着城镇化进程的加快,现代城镇生活方式已深刻影响到乡村年轻一代,村民的审美观和价值观受到了城镇文化观念的影响。在新居营建与装饰布局过程中,村民们往往会用城镇标准、城镇样板作为参考。于是,具有城镇文化特性的钢筋混凝土建筑开始拔地而起。传统木结构建筑中色彩鲜艳的曲线坡面屋顶、用于防风防火的马头墙、精致的传统门窗柱廊,被称作传统木制家具之魂的榫卯等逐渐在乡村居住空间中消失。除宗祠外,其余古建筑、古井、庙宇、传统民居等被闲置,部分建筑已经破旧,甚至有倒塌废弃的现象。

随着城镇化和工业化的快速推进,石塘村居民以农民工形式大量涌入城市。在积累一定的钱财后,他们想到的第一件事即是改善居住条件。在传统城镇化阶段,因村集体土地审批容易、选址建房成本不高,村民不愿意在老宅上重建,而选择在村庄外围建楼房。子女长大成人,另立门户也需要新建住房。在石塘村,村民借口村内原有街道过于狭窄,不便于日常出行、不便于建筑材料输送,转而迁至村口交通更为便利的道路两侧,剩下少数年迈老人及幼童留守老宅。老宅既不拆修,也不重建,任其衰败。由于民居建设缺少统一规划,无专业指导,村民建房具有随意性。住宅功能布局和造型混乱,建筑风格、形制、楼层等与原有建筑格格不入,房屋间距不符合要求、出行受阻、消防隐患等问题随处可见。其结果是:乡村建设用地尤其是宅基地无序扩张现象日益严重,农村宅基地的无序扩张和非集约特性与农村耕地面积日益减少形成鲜明的对比;石塘村原有的以宗祠为中心,对外封闭、内部开放的整齐排列式建筑,被独门独户和私密性更好的楼房替代;乡村聚落原居住中心人口少,房屋空置率高,经济社会活动少;闲置旧宅被新楼包围,出现空心化,即外围繁华,内部破败。

2. 传统公共空间的文化功能减弱或退化

一方面,传统公共活动文化空间的主要构成要素消失。随着城镇化的推进,由于部分冒进式的乡村建设以及一些传统公共活动空间年久失修或损毁,大量的传统公共活动文化空间要素逐渐消失。例如:三多堂年久失修,处于半荒废状态,"三多"字迹已模糊不清;大革命时期革命者曾经留宿过的住所仅剩一门牌,周围残垣断壁,破败不堪。公共活动文化空间要素的逐渐缺失,使公共空间蕴含的文化内涵被连根拔起,其社会组织功能亦逐渐退化。

另一方面,城镇化的发展让青壮年劳动力纷纷外出打工,甚至落户城市。这使得很多村庄仅有老人和儿童留守,造成乡村"空心化"。人口结构的转变,使乡村形成了以老人、妇女和儿童为主的社会,公共活动空间需求与原有的农村社会相比发生了巨大的转变。在实地考察中,石塘村村民的娱乐方式已悄然发生改变,月姐歌等民俗文化表演日益减少,年轻人愿意学习、参与者甚少;看电视、打麻将和玩手机成了新的娱乐方式:这样的改变使得传统文化活动难以开展。当村民的文化娱乐方式从公共领域退回到私人空间,很多的传统公共活动文化空间的主体功能便会逐渐弱化或退化。如:双峰寨堡垒作为全国重点文物保护单位,其文化教育功能尚未充分彰显;而新建的停车场并没有将其功能发挥到极致。由于石塘古村的旅游设施尚不完善,作为停放旅游大巴、大货车等车辆的停车场现在已经长满了杂草,管理亭也被废弃。

此外,乡村的公共活动空间建设随波逐流,缺乏本土特色。在新农村建设的浪潮中,急于求成的建设心理和偏好"城市特征"的建设风格,只注重现代化的物质空间和外在的公共形象,使得乡村公共活动文化空间失去了乡村本土属性。常规的乡村入口广场、毫无特色的公共空间无法获得村民的集体认同感。如街区改造、新建广场等与原有传统风貌格格不入,无法成为村民记忆深刻的公共场所。这就使得乡村公共活动文化空间的建设更加步履维艰。

3. 文旅空间融合发展效应不明显

随着工业化和城镇化快速推进,农村人口大量向城镇特别是大城市转移,导致农村空心化现象日益严重,并逐渐从人口空心化演化为人口、土地、技术、产业、服务、文化和公共设施整体空心化。农村经济社会陷入整体性衰落与凋敝,不仅严重制约着农村建设的良性发展,也给城镇化的健康发展造成不利影响。石塘村人主要从事农业劳动。由于大量青壮年劳动力向城镇流动,农业用地流转不充分,在现有农村土地制度下,石塘村农业产业空间分散,仍然以家庭经营模式为主,以老人、妇女为主。村民从事农业生产多依靠已有经验,对农业新技术、新方法不敏感,对信息技术难以掌握。加上精力、体力有限,农业土地资源集约化程度不高,农业生产效率相对低下,土地撂荒现象时有发生。原本可以实施"一年三熟"或"一年两熟"的耕作制度,如今却采取"自给自足"的"一年一熟"制。单位面积的粮食和农副产品产量低,土地利用不完全,空间生产因生产技术、生产方法、生产模式的不科学而效率低下。与此同时,石塘村为数不多的农产品加工和商贸服务业,在生产上没有实现规模化、标准化,产业结构单一。石塘村对特色产业没有深入地挖掘,在空间上没有形成集聚、扎堆效应,商户与商户之间较为分散,增加了基础设施的建设成本和管理成本,造成土地资源严重浪费。

目前,石塘村依托丹霞自然景观和客家传统村落积极发展旅游产业,试图吸引更多的年轻人回乡创业、务工,产业空心化问题似乎有所好转。但是旅游项目开发深度不够,对外宣传力度不足,旅游接待能力不足。过于分散、碎片化的地块经营,在田园风光观赏、农耕文化体验、特色农产品采摘等方面,均无法在视觉上给游客以强烈的冲击,难以支撑乡村旅游的健康发展。餐饮、住宿和购物消费的发展水平不足,旅游业对拉动经济没有起到很大的作用。旅游业的季节波动性,使农户产业收入存在不稳定性。加上旅游产业缺乏与农业、加工业等相关产业的深度融合,旅游产业的带动效应十分有限。除省道两侧部分门店有少量游客就餐、购物外,村内餐饮、购物几乎无人问津。年轻人不愿意在村内扎根,更不愿意从事农业生产,弃农撂荒现象依然十分严重。产业空心化的同时,出现了产业结构畸形化现象。

4. 传统人居环境质量大打折扣

石塘村道路状况混乱,通达性、安全性不够,综合服务功能未形成体系,公共基础设施服务水平较低,基础设施建设薄弱,配套不完善,休闲娱乐设施建设不到位,没有足够的休息活动区供村民和游客休憩……交通基础设施和公共服务设施不完善之处的确不少。村内卫生条件、人居环境、街巷绿化等方面也存在一些不如意之处，如生活垃圾乱扔现象十分普遍。虽然规划有垃圾池或垃圾箱，但许多村民（或者是游客）仍未形成到规定地点投放垃圾的习惯。村内还存在随处丢弃生活生产垃圾、将废水排放到河流的现象。草丛、树下、沟渠、屋角，时常成为临时垃圾场，各种类型的生活垃圾随处可见。又比如：村容村貌缺乏整体规划与设计，村口缺乏特色标志物，村口景观没有形成特色名片；村民新建住房带有很大的随意性，住户厕所、生活污水所带来的邻里纷争也时常可见；街道两旁绿化景观、垃圾桶等设计不美观，人居环境质量大打折扣。此外，居民对道路街区、屋前房后的绿化不重视，对森林生态不重视，仅仅着眼于短期的经济利益，不愿意在种植花草、保护树木、改善村容村貌和绿化美化生态上投入精力和财力。一些对生态无益甚至是有害的传统农村生活习惯，如过度依赖农药化肥、燃放鞭炮、焚烧秸秆等，也是导致村落内部环境较差、生态文化空间出现问题的主要原因。

三、新型城镇化下的石塘村传统文化空间重构

新型城镇化，将社会、文化、生态因素纳入分析框架，突出生态文明建设，强调城市社会、经济、文化、生态的协调发展。在新型城镇化实践中，"留得住记忆，记得住乡愁"有可能成为必然。这意味着，无论是乡村人口的自然增长与迁移，还是乡村传统文化与城市现代文化的融合与替代，抑或是乡村生态环境的变化，都会对乡村传统文化产生影响。凡是不利于或与乡村传统文化保护、传承与发展相违背的城镇化模式或路径，均应立即停止。因此，在重构石塘村传统文化空间时，我们需要摒弃传统城镇化空间组织模式，将其置于"新型城镇化"的发展理念之下，从村镇社会、经济、文化和生态协调发展的视角出发，对存在问题的既有乡村空间体系进行解构和重构，以扭转村镇社会经济发展过程中乡村传统文化传承和保护不到位、效果不明显的被动局面。

（一）基本原则

新型城镇化下的乡村传统文化空间组织，不是一味地追随现代先进文化的步伐，而是在乡村传统文化的载体上，科学、有效地植入现代文化元素，使之"有利生产，方便生活"，同时又不失乡村本土特色。因此，石塘村传统文化空间重构应遵循以下基本原则。

1. 整体把握、突出特色原则

随着城镇化进程的加快，乡村传统文化式微，现代文化来势汹汹，使乡村传统文化的整体特色遭到了破坏。特别是瓦房、砖房、洋房共存的现象，不仅破坏了传统村落的整体风貌，还丧失了村落原有的地方建筑特色。从统一建筑风格入手，形成具有整体性的乡村传统建筑与现代建筑风貌，加强地方建筑特色的可识别性，对乡村传统文化传承、保护与重构具有重要意义。因此，石塘村在新型城镇化的过程中，一定要系统分析、整体把握自身特点，寻求或挖掘最具有本土特色、具有强标识性的文化符号和元素，并使之器物

化、制度化,从整体上保护好、传承好乡村风貌和地域文化特色,从地方特色中提炼精华,从整体上塑造具有地方特色的传统村落,构建起整体风貌感强、传统文化可识别性好、具有石塘村特色的文化空间。

2. 科学决策、创新方法原则

新型城镇化下乡村传统文化空间重构并不是静态地保留历史,更不是一味地模仿传统乡村空间的形态特征,而是巧妙地运用科学方法、创新方式挖掘和重塑传统的文化符号,并将其融入现代生产和生活中。因此,石塘村在传统文化空间组织上,应积极主动对接科研院所、规划设计单位,寻求科技支撑和方法创新。如在传统建筑的拆修方面,我们应该科学客观地对传统建筑的历史价值进行评估,还要对村民进行民意评价,包括客观评价和主观感受。要打破传统的单方面"自上而下"或"自下而上"的决策方式,在崇尚自然、注重传统文化的延续、力求体现当地浓厚的乡土气息、确保周围环境与历史氛围的和谐、积极保护与合理开发的基础上,用创新性的方式最大限度地保护和传承传统建筑空间。

3. 因地制宜、融合发展原则

坚持立足实际,因地制宜,区分功能,科学谋划发展思路,走特色发展、差异发展和融合发展之路,是新型城镇化下村镇发展的基本思路。因此,石塘村应根据自身的区位条件、资源优势和经济条件,充分利用地形地貌和自然条件、生产生活场景,尊重地方乡风民俗,保护村庄自然肌理,通过挖掘资源、改善生活环境、完善服务、整治村容村貌、建设公共设施等措施,以文化旅游为新的经济增长点,实现生产、生活、生态协调发展,第一、第二、第三产业联动发展,走与自身基础和条件相适应,能够促进社会经济发展、传统文化空间保护和生态环境和谐发展的新型城镇化道路;实现现代生产生活与乡村传统文化符号、元素保护与传承相融合,因地制宜地采用更丰富多样的方式、让村民(或游客)喜闻乐见的方式、人性化的方式,呈现乡村传统文化、活化乡村传统文化,使传统文化元素落实在现代建筑上、呈现在日常用品(或旅游产品)上、融入日常生活中,实现经济社会发展、文化和生态保护的有机统一。

(二)总体思路

在充分考察石塘村自然地理、资源环境和人文历史条件的基础上,结合新型城镇化的基本理念和美丽乡村建设的总体要求,提出石塘村传统文化空间重构的总体思路。即:以传统古村落、红色文化旅游和生态休闲旅游为主要发展方向,将红色文化空间、古色文化空间和绿色生态文化空间有机融合起来,把革命传统教育、传统文化传承保护与生态旅游发展结合起来,将传统文化与现代元素、信息技术进行糅合,集"农耕文明、悠久历史、鲜明特色、秀丽风光"于一体,着力把石塘村打造成集历史民俗文化、休闲美食、娱乐购物、乡村旅游于一体的特色文旅小镇和"宜居宜业宜游"的传统宜居村落以及韶关传统客家文化的一张代表性名片。

在发展理念上,以产业为基,将农业、米酒制造业和旅游业结合起来,创新业态形式,大力发展旅游业;以文化为魂,将具有当地特色的客家村落文化、红色革命文化与新型城镇化结合起来,体现文化时代特色和地域特色;以就业为本,以解决当地居民就业问题,拉动村集体经济,增加农民收入。通过"理山水",促进现代村镇建设与传统村落风貌、自然山水、地理环境的相互协调,达到"生态优美"的目标;通过"调功能",实现现代村镇与传统村落、村民生产生活设施匹配,达到"设施完善"的目标;通过"保环境",运用节能环保技术,提高村镇整体生态环境质量,达到"低碳环保"的目标;通过"显魅力",彰显传统文化特色,展示亮点工程,达到"特色鲜明"的目标;通过"提品质",调整用地布局,整治生态环境,由内而外地提升品质,达到"村容整洁"的目标;通过"展幸福",保持传统农耕、现代生产与村民生活空间和谐共存的关系,达到"宜居宜业"的目标。

(三)空间安排

在新型城镇化背景下,石塘村传统文化空间组织,应以不降低村民生活质量、不妨碍农业生产为前提。空间规划与设计,应体现整体风貌有特色、主体功能区划清晰、空间结构合理安排等原则,能够促进村民安居乐业、游人获得美好体验与传统文化保护的有机统一。考虑到石塘古村的历史文化内涵和现状,同时兼顾到石塘村传统文化保护需求和居民生活生产需要,笔者认为石塘村传统文化空间重构应构建起"一核两轴"的总体空间格局。

"一核",即一个文化核心,指依托石塘古村原有的著名红色文化节点——双峰寨,打造一个主核心,围绕此核心来进行文化产品开发以及景点、功能片区的设计规划。"两轴",即两条文化景观轴,指沿省道S345线形成一条文化景观主轴,串联村出入口标识、石塘堆花米酒展览馆、双峰寨等文化景点,横向贯穿石塘古村。另一条文化景观轴以双峰寨为核心,纵向贯穿石塘古村区域,串联起李氏宗祠、传统文化街区、古井、三多堂等主要文化景观节点。

注重地方传统街巷布局的延续。石塘村传统街巷布局主要是以连接古井为主的线型空间格局。在空间重构过程中,为衔接石塘传统道路系统的线型街巷,可沿道路主线合理、系统地建设古井,结合科学、创新的营建手法和建材还原古井的外观,并赋予古井包括但不限于观光功能。如利用古井这一空间节点,放置指示牌、休憩椅等,既可作为石塘村传统街巷文化的空间元素之一,又能给传统文化元素赋予现代文化功能,延长村民和游客的滞留时间。在不破坏乡村传统居住空间形态的情况下,注重还原传统居住功能。将石塘村传统单伸手民居作为新建建筑的主要形式,赋予门前较宽敞的场地聊天休憩的空间功能。注重地方传统民居的保护。要注意地方民居类型及其装饰符号的保留、重现和建筑风貌的提升。原则上,传统古建筑不建议拆除,但坍塌废弃的房屋较多。在修缮与拆建的权衡与选择过程中,需要完善评价体系,将传统民居的历史价值、基础价值及传统民居所有者的民意评价纳入其中。

在古建筑群核心保护区,必须坚持保护真实的历史文化遗存、维护街区传统格局和风貌、提高环境质量的原则。历史建筑的维修必须保持原有色彩外观形式与村落历史风貌相协调。核心区原则上禁止进行新建、扩建活动。对于其他建筑,可视景观影响程度逐步整治或拆除。加强整治历史建筑与村庄主要道路两侧住宅的风貌,统一风格、统一色彩、统一材料。一类建筑以清理外立面悬挂物、搭建物,加小青瓦披檐和坡屋面为主,恢复外立面原来整齐、干净的面貌;以村道立面原有色彩为基调,协调立面色彩,对局部颜色突兀的建筑进行外立面处理;二类建筑以改造旧建筑,建设诸如公厕、垃圾收集屋等,粉刷白墙,整治绿化等为主。加强对屋顶、墙面、阳台、栏杆、门窗等建筑细部的修缮与更新。加强对门楼的修复和加固,防止其损坏、倒塌。对已损坏部分进行适当的调整。屋顶材料采用具有岭南特色的灰瓦,外墙统一粉刷,檐口统一采用暖色系涂料,门窗玻璃采用无色玻璃,门窗建议采用传统样式(图8-11)。

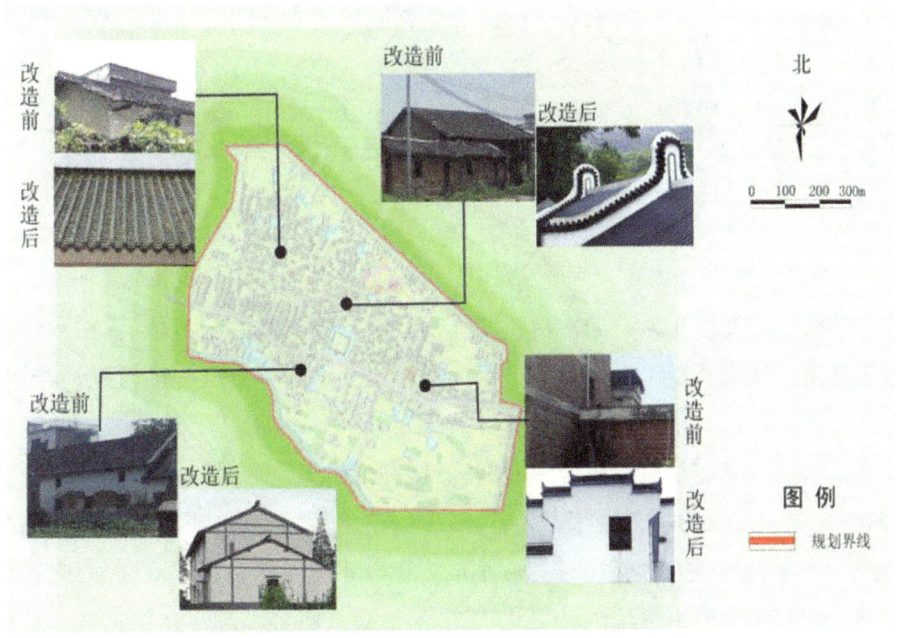

图8-11 **石塘村建筑修整**(图片来源:曾慧荣等,2017)

新建住宅要满足宅间路布局、建筑退线、道路退线、防火等新型城镇化相关规范要求。危房改造,原则上必须在原址上进行。重建建筑占地面积严禁超过旧宅。如原址重建有困难,可按规定选址重建。引导村民在村庄内的空地、村庄边缘选址并集中布局,但不得占用基本农田保护区。在立面沿线种植合适的行道植物,如银杏、榕树、大花紫薇、凤凰木等。院落空间环境整治既要体现村庄特色风貌,又要满足村民的日常需求,如清理杂草杂物、开辟空间、硬化沙土(图8-12)。

乡村传统文化空间略述——以韶关古村落为例

图 8-12　石塘村街巷修整（图片来源：张钦明等，2017）

在"一核两轴"传统文化区外围，可构建起具有现代村镇性质、集文化体验与旅游观光于一体的"八片区"，即生态体验区（图 8-13）、花海观赏区（图 8-14）、兵战体验区、特色美食区、文物古迹区、民俗文化区、观景民宿区和农田保护区。

图 8-13　生态体验　　　　　　　　　图 8-14　花海观赏

生态体验区。此区包括石塘古村西北部的农田和农田西侧的池塘，旨在利用石塘良好的生态环境，开发池塘垂钓休闲旅游项目和观光、互动体验类农业项目，激发游客的热情，拓展古村旅游项目，培育古村旅游新亮点。

花海观赏区。石塘村属亚热带湿润型季风气候区，夏热冬冷，降水充沛，生物多样性丰富，四季常青，鲜花盛开。可利用石塘村周边山丘、河岸、菜地，种植花期较长的观花植物，形成规模。构建起不同色彩的"彩色花带"，还可在花海中设置稻草雕塑，吸引游客拍摄。花海观赏区不仅要突出特色，还要注意各种颜色的合理搭配。花海观赏区还要逐步完善相关产业发展，研制、开发以花为主题的食品、营养品和纪念品，开设不同的体验项目，让游客动手动脑，增长知识，激发创造力。

兵战体验区（图 8-15）。在对村内相对破旧但安全的闲置民居进行修缮的基础上，充分利用该类建筑、街区复杂多变的基本特点，将其设计为参与感强、挑战性大的兵站体验区。在模拟的战斗环境下，让游客通过体验兵战，在激烈的"敌我"斗争中提高团队合作能力，激发游客的责任感、自信心、独立能力、领导才能、团队合作精神，以及面对困难和挑战时随机应变的能力。体验红色文化，进一步理解先辈们英勇不屈、奉献牺牲、团结

第八章 新型城镇化下的乡村传统文化空间重构:以石塘村为例

奋斗的革命精神。

图 8-15 兵战体验

特色美食区。石塘古村人文资源、物产资源丰富,饮食文化深厚,地方菜肴小吃丰富多样、别有风味。可将传统文化街区、铺面发展为餐饮美食、农特产品和传统民俗工艺专区。同时,做好名、特、优产品的专利申请和外包装设计工作,形成以传统民俗工艺品、农副产品及其深加工为主的旅游产业链。

文物古迹区(图 8-16)。利用石塘村深厚的历史文化底蕴,对保存完好的古建筑群、传统街巷、古井、店铺门面等进行规划和修缮,维持古村的整体风貌,并加大营销力度,举办节庆活动,开发和活化古村旅游资源,进一步提高石塘古村的"名片效应"及整体影响力。

图 8-16 文物古迹

民俗文化区。此区包括双峰寨和双峰礼堂,旨在通过丰富的形式更好地展现石塘村如月姐歌等民俗风情和独特的红色文化、古寨堡文化,把名村旅游与历史文化有机结合起来,以"文"促"旅"。双峰寨连护城河在内,总占地面积为 11300 平方米,至今已有 100 多年的历史,曾发生过震撼粤北的双峰寨保卫战。可在一层两侧的廊道放置历史展览板,供游客直观地了解有关双峰寨的历史,感受其独特的红色文化;可利用双峰寨内中间的空旷场地,定期放映传统露天电影。双峰礼堂位于双峰寨西侧,建于1964年,是旧时的电影院。可在双峰礼堂中央搭建舞台,展示月姐歌盛会。四周墙面悬挂展板,展现石塘村独特的客家民俗文化和传统堆花酒工艺。

观景民宿区(图8-17)。该片区域为旅客休憩区域,紧邻农田保护区,是观赏休憩的最佳选点。民宿设施除舒适外,应与古镇客家文化特色、传统农耕文化和田园风光相呼应。夜晚可安排丰富多彩的具有客家风情的民俗活动,如月姐歌会、篝火晚会等。活动中可为客人献上堆花米酒、客家风味美食。

图8-17 观景民宿

景观农田区(图8-18),为石塘古镇西南方向接近民居的农田区域,与观景民宿区相接。这片区域自然环境优美,空气清新,范围较广,农耕特色鲜明,观赏游玩价值较高。可以利用远处连绵不断的山丘、广阔的田野、具有特色的建筑风格,设计田园休闲农耕、亲子采摘体验、田园观光摄影等服务项目。以家庭亲子活动、企事业单位团建活动为重点,让大家感受大自然、接触大自然、体验大自然、融入大自然,欣赏客家乡村优美的自然风光,领略客家淳朴的民俗风情。

图8-18 观景农田

强化石塘村公共活动空间设计。应将古建筑的古色韵味,作为石塘村的文化符号和印记,运用到新型城镇化下的公共文化活动空间设计与改造中,赋予它们新的生命。因此,在充分利用好原有宗祠庙宇、古街巷、古建筑,开展具有传统文化特色的公共节庆活动外,还可以利用新村入口、文化广场等空间场所,开展传统文化活动,实现新旧公共活动空间的对接。对于石塘村而言,可以利用双峰寨及寨前后广场、李氏宗祠、石塘小学、S345省道等公共空间,开展客家文化(如月姐歌)、农耕文化(如堆花米酒)、红色文化(如"农运")、宗族文化(如"二十四孝")等主题的公共活动。丰富石塘村及周边村镇客家建筑文化、客家服饰文化、客家饮食文化、客家传统工艺、客家习俗、客家故事等方面的资料,加强器物的收集整理和挖掘提炼,并提供特定的空间,使之物化、活化、数字化,构建具有区域影响力的客家传统文化集聚场。

(四)产业支撑

在城镇化过程中,乡村传统文化空间保护固然重要,但乡村传统文化空间保护并不是要将传统文化元素、单体、资源封存起来,而是将其文化精髓通过物化、活化,变成现代人尤其是年轻人愿意接受的东西,只有这样才能真正体现新型城镇化的"经济、生活、文化和生态协调发展"的基本要求。换句话说,乡村传统文化空间保护应体现在传承中保护、在发展中传承,而不是为了传承而传承、为了保护而保护。"在发展中保护、在发展中传承"最为重要的一条路径就是将乡村传统文化元素、单体和资源产品化、市场化、规模化和产业化,将传统文化空间与农耕生产空间、加工制造空间、商贸空间和旅游空间相结合,走产业融合发展道路。在新型城镇化建设和产业融合发展过程中,不断积累传统文化传承、保护和发展资金,赋予乡村传统文化空间以新的时代含义,方能确保乡村传统文化空间重构的可持续性。

基于石塘村丰富的客家传统文化、儒家农耕文化、红色革命文化,石塘村地处环大丹霞旅游景区且与大丹霞旅游资源存在一定的互补性,可以考虑将"石塘古村落文化"作为旅游主题。围绕石塘古村的历史建筑、传统巷道、民俗风情、节庆活动、红色遗迹等传统文化元素、单体和资源,以举办节庆、演唱月姐歌,展示红色经典、传统小吃制作和堆花酒酿造工艺,介绍当地历史文化、历史人物、民间传说等为活动内容,将传统村落文化空间与休闲、观光和体验等空间结合起来,发展文旅产业。根据不同的功能需求,重新设计游览路线。如:传统村落游览路线可设计成村东入口—石塘堆花米酒展示区—西洋楼—接龙门—梅石井—梨树下堆花酒坊—蝴蝶园广场—麻石井—嗡嗡井—扎园门—奉先堂—三多堂—李氏祠堂—成文堂—双峰礼堂—双峰寨;新农村风貌游览路线可设计成村东游园—现代建筑风貌区—村西游园;特色游览路线可设计成村东入口—稻田艺术—双峰寨广场—古榕树—村西广场。还可设计古色、红色、绿色三条专线。其中,古色专线为文化中心—堆花米酒展览馆—双峰寨—成文堂—文化墙—蝴蝶园广场—李仲生故居—嗡嗡井—锡类堂—奉先堂—三多堂—三多昌杂货店—妥侑堂—贻德堂—文化中心;红色专线为双峰寨—纪念碑广场—双峰礼堂—文化墙—邓小平宿营—共产党办公点—国民党办公点—双峰寨;绿色专线为果蔬采摘园—民宿体验点—田园风光—蝴蝶园广场—花海景观。

在旅游旺季,由于游客量较大,也可设计三条不同的路线,实现空间分流。路线1为入口—美食风情街—主题民宿—老思源农家乐—国民党办公点—嗡嗡井—礼园门—奉先堂—三多堂—贻德堂—三角繁华街—公共休憩平台;路线2为入口—酿酒作物景观—酿酒工艺制造—写生采风基地—李仲生故居—艺术家工艺坊—堆花米酒展览馆—双峰寨—古村落夜景—民俗艺术表演中心;路线3为入口—稻田艺术—农事体验基地—大型荷花塘—马蹄种植采摘基地—垂钓区—商业服务中心街—大革命烈士纪念碑—双峰寨—蝴蝶园广场—梨树下堆花酒坊—休憩平台。

充分利用新型城镇化下的现代技术手段,加强石塘村传统文化空间与互联网虚拟空间的有机融合,促进传统文化传承与保护的数字化、信息化和网络化发展。加快石塘村传统文化与农耕文化、传统农产品加工工艺、传统农产品线上与线下展销、冷链物流、仓储与管理等跨产业的多元融合,促进生产空间与生活空间、生态空间的融合,构建点、线、面相结合的产业空间。一是点状加工业空间及商贸服务业空间。石塘村堆花米酒加工业空间应当提取米酒生产过程及产品文化要素,体现米酒历史及文化特色。采用空间植入与优化的办法,塑造富有米酒文化特色的生产空间。二是线状商贸服务业空间。沿交通线发展需注意街道立面高度以及风格的统一,避免破坏沿线空间的整体性;因地制宜,使用当地材料体现当地特色,在建筑色彩、材质、空间关系与形式上做到统一;沿省道形成视觉通廊,沿线种植绿化植物,美化空间;设置商业空间节点,确定合适的尺寸,使用乡土材料,营造淳朴富有活力的商业空间。三是面状农业空间。面状农业空间的整合主要是调整农业生产结构,合理安排并扩大农作物种植面积,在获取高额利润的同时,使之在观光农业、体验农业、休闲农业上发挥作用;使用不同类型的耕作方法,如间作、套种、轮种等,高效利用土地,提高产值;生活空间不可随意占用农业空间,即保护基本农田,严禁宅基地非法扩建等。

(五)设施保障

在新型城镇化的背景下,乡村传统文化空间组织不仅要在空间安排上、产业支撑上有明显的体现,在基础设施和公共服务设施上也应有所体现,为乡村传统文化空间重构提供设施保障。就石塘村而言,设施保障表现在以下三点:

一是要完善交通道路基础设施。石塘村现有省道S345线自东向西贯穿全村,另有一条环绕石塘古村的游步主道。古村内部巷道四通八达,路网较密。古村道路无法满足消防要求,存在安全隐患,需要对存在安全隐患且不符合要求的路段进行整改。其中,古建筑是重点保护单位,消防安全尤为重要。消防通道宽度不足的道路需要拓宽至 4 米以上。对于拐弯半径过大的路段,可在相应位置增设警告标识或者凸面镜。对于两侧灌木过于茂密的主干道,应人工修剪美化灌木,清理路面障碍物,拓宽路面。疏通村庄内部巷道,增设新的次干道,将省道 S345 拓宽至 15 米以上,使村内交通系统更加完善。根据新型城镇化居民和文旅发展的需要,在村内新建停车场 2 处,解决停车难的问题,确保村内道路通畅。

二是要加快供排水和电信网络设施建设。石塘村除了要强化自来水工程,还应着力修缮古井,发挥古井供水的本来功能。排水系统采取雨污分流模式。其中,雨水管线沿用路边沟渠排水,就近排入河道沟塘。沟渠考虑加盖,确保安全。生活污水与生产加工(堆花米酒加工)安排污水管道,污水集中处理后排入江河或池塘。加快移动、电信网络建设,推动 5G 事业发展,实现村域 WiFi 全覆盖。在古村保护核心区,应建立和健全动态监控系统,随时对古建筑、古遗迹等传统文化单体进行全过程监控。

三是要完善公共服务设施(图 8-19)。可在临近古村和居民生活区的省道 S345 一侧,增设集游客咨询服务与商贸于一体的服务综合体。利用村内现有条件,扩大卫生院、卫生站等卫生设施规模,完善设施设备,增加医务工作人员,配齐药品,提高公共医疗服务水平,满足游客医疗救助需要。完善环卫设施和垃圾收运体系,增设环保型垃圾收集点,强化垃圾分类处理,确保日常保洁常态化、垃圾收运专门化。

图 8-19　石塘村公服设施空间安排(图片来源:曾慧荣等,2017)

四、小结

新型城镇化要求把生态文明理念和原则全面融入城镇化全过程,集城乡统筹、协调发展、以人为本和可持续发展等理念于一体,走集约、智能、绿色、低碳的新型城镇化道路。与传统城镇化相比,新型城镇化不仅要求推动土地城镇化、人口城镇化,更强调产业化与城镇化的同步协调,突出生态文明建设,实现城市社会、经济、文化、生态的协调发展。与传统城镇化相比,新型城镇化使乡村在社会经济结构、居民生活生产方式和乡村传统文化空间形态上发生了根本性的变化,对乡村传统文化空间组织起到了积极作用。随着新型城镇化和现代化进程的加快,乡村文化振兴及乡村传统文化空间保护受到重视。新型城镇化必然走具有"文化传承"深刻内涵的中国特色新型城镇化道路。保护好和发展好乡村传统文化空间,是新型城镇化的时代使命。

石塘村属于传统客家村落,有着数百年的开基历史。石塘古村规模较大,集古屋、古巷、古井、古寨、古风、古韵于一体,传统布局与历史风貌保存完好,有着仁化县乃至韶关市范围内历史最悠久的古建筑群,也是韶关市范围内历史文化底蕴最深厚,古建筑群最大、保存最完好的古村落。在对石塘村时空维度进行解构后,发现传统城镇化下的石塘村传统文化空间存在乡村传统民居形制衰落、传统公共空间的文化功能减弱或退化、文旅空间融合发展效应不明显、传统人居环境质量下降等问题。结合新型城镇化的基本理念和美丽乡村建设的总体要求,提出石塘村传统文化空间重构的总体思路:以传统古村落、红色文化旅游和生态休闲旅游为主要发展方向,将红色文化、古色文化和绿色生态文化融合起来,把革命传统教育、传统文化传承保护与生态旅游发展结合起来,将传统文化与现代元素、信息技术相结合,集"农耕文明、悠久历史、鲜明特色、秀丽风光"于一体,着力把石塘村打造成集历史民俗文化、休闲美食、娱乐购物、乡村旅游于一体的特色文旅小镇和"宜居宜业宜游"的传统宜居村落以及韶关传统客家文化的一张代表性名片。提出以产业为基、以文化为魂、以就业为本三大发展理念和"理山水""调功能""保环境""显魅力""提品质""展幸福"六大举措,保持传统农耕、现代生产与村民生活空间和谐共存,达到"宜居宜业"的目标。基于石塘村丰富的客家传统文化、儒家农耕文化、红色革命文化和山水文化,在空间重构上提出构建"一核两轴"和"八片区"乡村文化空间格局。

参考文献

[1] 倪鹏飞.新型城镇化:理论与政策框架[M].广州:广东经济出版社,2014.

[2] 谢志强.新型城镇化:中国城市化道路的新选择[N].社会科学报,2003 – 07 – 03(004).

[3] 唐晓阳.新型城镇化实践与发展[M].广州:广东人民出版社,2014.

[4] 李阳.推进新型城镇化的实践与探索[M].南京:南京师范大学出版社,2015.

[5] 潘林,常伟.农业现代化与新型城镇化[M].北京:中国经济出版社,2015.

[6] 杨晓东,刘锋,李昂.文化驱动新型城镇化[M].北京:中国工人出版社,2014.

[7] 王晖.新型城镇化与文化发展[M].广州:广东经济出版社,2014.

[8] 杨仁法,陈洪波.新型城镇化与美丽乡村协调发展研究[M].北京:经济管理出版社,2016.

[9] 李美红.新型城镇化进程中乡村传统文化保护与传承研究[D].福州:福建师范大学,2016.

[10]姜晓云."双传承":新型城镇化的文化之道[J].学术界,2014(5):35-37.

[11]张占仓,蔡建霞,陈环宇.中国新型城镇化研究进展与改革方向[J].中国城市研究,2015(00):18-34.

[12]季小妹,武红智.我国新型城镇化动力机制研究进展[J].现代城市研究,2015(10):60-64.

[13]杜明伟,顾雯娟.中国新型城镇化的研究进展[J].城市地理,2015(14):14-16.

[14]庄学村.新型城镇化进程中乡村文化传承困境与路径分析[J].西安建筑科技大学学报(社会科学版),2020,39(4):42-49.

[15]张荣冠,龙先颐.乡村传统文化的传承与振兴[J].贵州民族研究,2019,40(10):83-88.

[16]钟杰.新时代乡村传统文化保护与实践研究[J].城市建设理论研究(电子版),2019(13):186.

[17]康永征.转型与重塑:新型城镇化进程中传统年俗文化的走向:以山西省G市为例[J].山西高等学校社会科学学报,2017,29(12):43-48.

[18]高坊洪,胡萍.新型城镇化视阈下乡村文化保护与传承路径选择:基于江西省九江市的考察[J].江西科技师范大学学报,2017(4):66-70.

[19]叶斯亭,许树辉,纪林洵.新型城镇化下乡村居住文化空间重构研究:以广东省仁化县"三村"为例[J].经济研究导刊,2018(27):32-36.

[20]纪林洵,许树辉,叶斯亭.基于利益相关主体的传统古村落保护性开发:以广东仁化张屋村为例[J].中国集体经济,2018(25):71-72.

[21]许树辉.新型城镇化下新城建设与城市化的互动机理:以韶关市芙蓉新城为例[J].韶关学院学报,2018,39(1):83-88.

[22]万群.人地共生下的重庆市村域生产空间重构研究:以合川区大柱村为例[D].重庆:西南大学,2016.

[23]朱媛媛,余斌,曾菊新,等.国家限制开发区"生产—生活—生态"空间的优化:以湖北省五峰县为例[J].经济地理,2015,35(4):26-32.

第九章　乡村振兴战略下的乡村文脉空间活化：以恩村为例

乡村文脉是一定地理背景下乡村特色的体现，是乡村文化的精神与灵魂。古村落蕴含着丰富的物质文化与非物质文化内涵，是乡村传统文化的"活化石"，具有较高的历史、文化、艺术和科考价值。在工业化和城镇化时代，如何有效引导古村落在传承中发展、在发展中传承，是当前及今后传统村落规划与建设的重大课题。党的十九大以来，乡村振兴战略全面推行，乡村文化振兴迎来新机遇。将乡村丰富的传统文化资源挖掘出来，通过文化旅游活化乡村，进而带动地方经济发展，被视为常见的操作方法。基于乡村振兴战略，本章尝试通过乡村振兴与乡村文脉空间活化的理论分析，以韶关恩村古村落为例，在对恩村古村落文脉进行梳理的基础上，探讨恩村古村落文脉空间活化的乡村文化振兴新路径，为乡村文化振兴和传统村落文脉的传承、保护与活化提供理论依据和实践方案。

一、乡村振兴战略与乡村文脉空间活化

（一）乡村振兴战略

乡村是具有自然、社会、经济特征的地域综合体，兼具生产、生活、生态、文化等多重功能，与城镇互促互进、共生共存，共同构成人类活动的主要空间。乡村兴则国家兴，乡村衰则国家衰。工业化、城市化时代以来，随着生产要素和优质资源自乡村快速流向城市，乡村衰退现象日趋明显。纵观历史，许多发达国家，如德国、法国、美国、日本、韩国等，都经历过农村衰退阶段；印度、南非、巴西、墨西哥等发展中国家也正出现或经历乡村衰退阶段，农村大量青壮年劳动力流失，农业农村发展滞后，城市"贫民窟"现象突出，农村与城市之间差距拉大。乡村衰退现象已成为人类当前共同面临的全球性挑战。

中国是一个发展中国家，农业人口占比高，在发展过程中同样面临"三农"问题，如乡村衰败、城乡矛盾、城乡失衡等问题。以习近平同志为核心的新一届中央领导集体，围绕"三农"工作，提出实施乡村振兴战略。2018年1月，《中共中央、国务院关于实施乡村振兴战略的意见》发布，同年9月印发了《乡村振兴战略规划（2018—2022年）》，着手实施乡村振兴战略。《乡村振兴战略规划（2018—2022年）》按照"产业兴旺、生态宜居、乡风文明、治理有效、生活富裕"的总要求，对实施乡村振兴战略做出了阶段性谋划，提出：到2020年，乡村振兴的制度框架和政策体系基本形成；到2035年，乡村振兴取得决定性进展，农业农村现代化基本实现，农业结构得到根本性改善，农民就业质量显著提高，相对贫困进一步缓解，共同富裕迈出坚实步伐，城乡基本公共服务均等化基本实现，城乡融合

发展体制机制更加完善,乡风文明达到新高度,乡村治理体系更加完善,农村生态环境根本好转,生态宜居的美丽乡村基本实现;到2050年,乡村全面振兴,农业强、农村美、农民富全面实现。

实施乡村振兴战略是新时代"三农"工作的总抓手。乡村振兴战略的核心是"战略",关键是"振兴",靶向是"乡村",提出政治、经济、文化、社会、生态等乡村全面振兴方案。其中,产业兴旺是重点,生态宜居是关键,乡风文明是保障,治理有效是基础,生活富裕是根本。建立健全城乡发展体制机制和政策体系是该战略的关键举措。实施乡村振兴战略,深化农业供给侧结构性改革,构建现代农业产业体系、生产体系、经营体系,实现农村一二三产业深度融合发展,有利于推动农业从增产导向转向提质导向,增强我国农业创新力和竞争力,为建设现代化经济体系奠定坚实基础;统筹山水林田湖草系统治理,加快推行乡村绿色发展方式,加强农村人居环境整治,有利于构建人与自然和谐共生的乡村发展新格局,实现百姓富、生态美的统一;深入挖掘农耕文化蕴含的优秀思想观念、人文精神、道德规范,结合时代要求在保护传承的基础上创造性转化、创新性发展,有利于在新时代焕发出乡风文明的新气象,进一步丰富和传承中华优秀传统文化;加强农村基层基础工作,健全乡村治理体系,确保广大农民安居乐业、农村社会安定有序,有利于打造共建共治共享的现代社会治理格局,推进国家治理体系和治理能力现代化;不断拓宽农民增收渠道,全面改善农村生产生活条件,促进社会公平正义,有利于增进农民福祉,让亿万农民走上共同富裕的道路,汇聚起建设社会主义现代化强国的磅礴力量。

(二)乡村文脉

文脉,即"文化的脉络"。文脉是自然地理要素和人文地理要素的时空组合,包括地质、地貌、气候、土壤、水文等自然环境特征,也包括当地的历史、社会、经济、文化等人文地理特征,因而是一种综合性的、地域性的自然地理基础、历史文化传统和社会心理积淀的四维时空组合。文脉是一定地理背景下地方特色的体现,是地方文化的精神与灵魂。文脉主要依托建筑载体、艺术载体、饮食载体与生产载体等形式以及人类活动,以历史的、传统的显性或隐性形式表现出来,并通过教育、学习进行传播、展现和传承。

乡村文脉具有整体性、差异性和地方性的特征。传统村落是经过历史长期积淀发展形成的聚落环境系统,是地质地貌、气候气象、水文河湖、土壤生态等自然系统和社会、经济、文化等人文系统的有机组合,是一个相对完整的人地系统(地域综合体),具有系统性和整体性。当然,乡村因所处的地理位置、自然地理要素配置、人地关系以及经济、社会、历史发展阶段不同,在时空维度上往往表现出较大的差异,形成了具有自身特色、个性特征十分明显的文化单体或村落形态。

乡村文脉存在显性和隐性两种状态。其中,显性状态的乡村文脉是指乡村中所呈现出的看得见摸得着的物化的、有形的显性符号、要素和综合体。如山、水、土壤等自然形

态、建筑、庭院、街巷等居住形态，种养、饮食等生产生活状态。隐性状态指那些看不见摸不着的非物化的、无形的隐性符号、要素和综合体。如传统艺术、风俗习惯、宗族文化、宗教信仰等，体现了具有地方特色的集体文化认同、集体记忆，是一种精神状态，其文化特性需要通过行为举止、制度规范等方式外化，方能为人所体验和感受。

（三）文脉空间活化是乡村文化振兴的重要体现

传统村落文化是以传统农耕文化为基础，以血缘、地缘、业缘关系为联结体的文化形态，是村落共同体长期积淀而形成的社会风尚和精神内核。传统村落文化蕴藏着"仁义礼智信""天人合一"等文化精华，承载着农民的理想追求，维系着村落的人伦秩序。村落的空间布局、日常生活、家谱家训、节庆礼俗、村规民约等无不浸润其中。传统村落文化是中华民族的"根文化"，是传统文化生发的根基所在和基本构成。"农村绝不能成为荒芜的农村、留守的农村、记忆中的故园。"

较长时期以来，传统文化，特别是传统村落文化受到现代化、城市化、信息化等多重冲击。在现代化、城市化进程中，农村文化建设相对薄弱，文化设施落后，文化载体缺失，普遍处于"四无"状态，即无乡村文化站、无农家书屋、无文体健身设施、无文化工作人员。农民精神文化需求短缺、文化生活贫乏、文化素质不高、思想观念落后。不少农民不再珍惜传统文化，不再固守精神文化家园。农村传统文化资源流失，道德伦理式微，思想文化精神家园失落。一些农村出现道德滑坡、陈规陋习盛行、公序良俗失效等现象。乡村文化建设普遍存在空心化、粗俗化现象，绵延五千余年的传统村落文化面临衰亡的困境，让全社会倍感忧虑。不少基层政府只看重传统村落的"经济利益"和文化产业的"商机"，不重视活化和发展传统村落文化，对生产方式、生活方式、非物质文化遗产的保护和传承明显不足，对村庄历史文化传统的挖掘、民风民俗的传承、乡村治理秩序的维持、村庄居民的情感体悟等方面重视不够，以致出现村落物质生产兴盛而精神气质下降、文化空心化和虚无化、村民文化体验边缘化等问题，减弱了村落凝聚力，影响了乡村的可持续发展。

乡村振兴，文化振兴是关键。传统村落文化中的家族观念、亲孝礼仪、俭约自守、人情风俗等是社会转型期人心涣散的救济良方，是增进人际关系和社会团结的"凝结剂"，是有利于维持转型期社会秩序的"软实力"，有利于在乡村振兴战略中培育文明乡风、良好家风、淳朴民风，为乡村振兴筑牢文化认同根基。文化贯穿于乡村振兴战略的20字总要求：物质和非物质文化新业态促进"产业兴旺"，健康生活方式催生"生态宜居"，传统美德养成"乡风文明"，乡贤和礼俗文化推动"治理有效"，人的美好追求促成"生活富裕"。乡村振兴需要五大新发展理念来引领，五大新发展理念的落实离不开现代化的文化人。乡村文化振兴要先行，文化教育必定要全方位跟进。文化兴盛才能人气旺盛，人气旺盛的乡村才能实现振兴。

第九章　乡村振兴战略下的乡村文脉空间活化：以恩村为例

"活化"即唤醒、激发。传统村落文化空间活化，就是在保护传统文化空间的基础上创造性转化、创新性发展传统村落文化空间，不断赋予时代内涵、丰富文化表现形式，提升文化自信，增强传统村落文化空间的吸引力和影响力。空间活化绝不是简单的"空间回归"和"空间复旧"，而是通过创造性转化、创新性发展，唤醒传统文化，增强传统文化因子的反应活力，将其转变为有特定活性的新文化形态，使其变得灵动活泼，更有朝气、能量、吸引力和影响力。乡村文化空间活化，有利于唤醒农民的文化自觉，满足广大农民个性化、多样化的文化需求，重建村落文化场所精神，有利于唤醒全社会对村落"根文化"的重视，是乡村文化振兴的重中之重。乡村文化空间活化，要把传统村落文化放在中华文化、世界文化大格局中进行考察，将其活化成具有中国特色、融入世界文化元素、深厚传统底蕴和独特文化魅力兼备的文化新形态。这是乡村文化振兴的目标。

传统村落文化空间活化，应当综合考虑各个村落的人口和区位、自然和人文资源、村落空间格局和古建筑保存现状、经济结构和发展模式、文化传统和历史积淀、民风民俗等因素，需要甄别村落类型，因地制宜、因势而动、顺势而为，使物质和精神、行为和制度多向互动。传统文脉得以延续，乡风文明得以培育，才能夯实乡村振兴的根基，使乡村振兴更富文化底蕴、活力和后劲，进而提高乡村振兴的主体——农民的认同度、获得感、幸福感，打造"有产业""有特色""有颜值""有乡愁""有活力"的新乡村，从而实现真正意义上的乡村振兴。一方面，要深入挖掘传统农耕文化内涵，传承耕读传世、仁爱孝悌、克勤克俭、敦亲睦邻、笃实诚信、守望相助、谦和好礼等思想观念、人文精神和道德规范，守护好中华文化之根。另一方面，要以社会主义核心价值观为引领，结合时代发展要求与社会需要，将农耕文化蕴含的优秀内容在保护传承的基础上进行创造性转化、创新性发展，使之转化为乡村振兴的发展优势。

二、韶关恩村古村落文脉空间现状

（一）恩村概况

恩村（图9-1），古称恩溪，地处湖南、江西与广东交界地带，位于韶关市仁化县城口镇西南7千米，东与东光村相邻，南与仁化林场交界、与厚坑村相连，西与红山镇交界，北与上寨村接壤。全村四面环山，锦江自北向南流过，在河道两侧形成地势相对平坦的河谷盆地，土地肥沃。恩村古村起源于锦江河流域，是粤北通往湘、赣两省的重要门户，过去有重要的驿道穿过，现今有106国道从村旁穿过，交通较为便利。目前，全村有耕地2383亩（其中，水田2303亩），山林5.3万亩。2018年底，全村共有人口382户1625人，以蒙姓族人为主，属客家民系，操客家方言。村民收入主要来源于水稻、辣椒、芋头、柑橘等农业产品。村集体收入主要来源于经济果林和水电。

图 9-1　恩村鸟瞰图

恩村始建于宋朝元丰年间，是仁化县第一个县令诞生之地，是一座有着逾千年历史的古老村落。恩村是岭南蒙氏的发祥地。宋朝元丰七年(公元 1084 年)，蒙氏始祖蒙念四由江西于都来韶州经商，卜居仁化恩村，历经宋、元、明、清、民国几个朝代，形成如今的规模。恩村留存的古建筑大部分保存完好，有 7 个祠堂、5 个牌坊、2 座门楼、1 座古城堡、20 幢古民宅。这些牌坊、古祠堂和古代朝廷赐物，是恩村鼎盛时期的见证。因历史悠久、建筑风格独特、深厚文化底蕴丰富，2009 年，恩村被评选为广东省第二批"古村落"之一，2014 年被评为广东省第一批"传统村落"。

(二) 恩村古村落文脉梳理

本章基于文化的基因谱系构成，对韶关恩村古村落的一些具有代表性和地方特色的文脉进行了梳理。

1. 选址文化。恩村古村作为韶关南北古驿道的一站，坐落在美丽的锦江河畔。村落整体坐西北面东南，背靠老鸭山、西风寨、老虎冲。东北侧有源自湖南汝城的白云仙山脉；西南边有来自董塘的黄岭仙殿分脉；东南面地势平坦、开阔，有锦水河蜿蜒而来；前方有笔架山山脉相对，地势低缓；总体形成了一个有山、有水、有田，且山势围合的自然生态环境空间，充分体现了古代依山傍水的选址思想。在农耕时代，这里的确是理想的定居场所。据恩村蒙姓族谱介绍，先祖蒙念四从江西于都来到韶州经商，见此地四面环山，钟灵毓秀，遂在村中定居，开创千年村史。至今，恩村保存了岭南乡村"山—水—林—田"的自然风貌格局，整体历史风貌和文化生态保存完好。在恩村古村，我们可以看到许多反映传统建筑选址思想的物化符号或元素(图 9-2)，如村口的"风水池"、超过 400 年历史的古榕、香樟和苦栗，传统民居前面的照壁与玄关，正门与门框的吉位设计等。

第九章　乡村振兴战略下的乡村文脉空间活化：以恩村为例

村口的"风水池"

　　影壁　　　　　　　　　　　斜框　　　　　　　　　　　侧门

图9-2　恩村传统民居

　　2. 街巷文化。目前，恩村古村街巷（图9-3）众多，纵横交错，整体风貌保存较完好。由北门至南门，形成古村的主街。西侧与主街道垂直的有四条纵脉，分别为冲头、冲二、冲入和冲三，然后再分次巷。民居坐西向东，分布其中，整齐有致。村内街巷蜿蜒曲折，呈网状结构。恩村代表性的历史街巷主要有从"北门"至"蒙氏家庙""世科祠"的历史街巷（长约140米）、平行于"蒙氏家庙"至"世科祠"的南北历史街巷（长约100米）、"观光坊"至"德志祠"历史建筑群内部的历史街巷（长约80米）、"南门"至"世科祠"历史建筑群内部的历史街巷（长约190米）、从"古城门"往西延伸的历史街巷（长约90米）。不少街巷仍保留石板、青砖和卵石，街巷两侧风貌一致。街巷虽然复杂，但相互贯通，并直接或间接与古村东西南北的门楼、古驿道、恩溪码头相连。

　　3. 建筑文化。恩村古村留存众多的传统建筑，如祠堂、民居、庙宇、古桥、牌坊等，青砖黛瓦、玲珑翘首、雕梁画栋，风貌古朴、造型精美，富有岭南建筑特色。在现存的蒙氏家

图9-3 恩村传统街巷

庙(图9-4)、世科祠、昆寿公祠、德志祠4座古宗祠中,世科祠是建筑规模最大、装饰最精美、保存最好的宗祠。世科祠为三开间二进砖木梁抬架结构,硬山顶、前互檐二层楼阁式建筑。前檐两柱直通楼阁斗拱托檐。瓦檐喙牙翘角,高出两侧瓦面约1.3米,有大鹏展翅之势。两柱上方托精美檐饰,横梁檩条雕龙刻凤。梁上托一大匾,匾上镌刻"叔侄亚魁"四个大字。古门楼一北一南有2座:"拱北里"(图9-5)和"图南门"。"拱北里"为二层牌坊式建筑,门里门外皆刻有对联。中间开一大半圆拱洞为门,可进出中型以下车辆。"图南门"比"拱北里"略小,为四方门楼,与一段残存古城墙相连。古牌坊共有7处,分别是"进士坊""观光坊""五马坊""登选坊""登第坊""都台坊"和"维新坊"。其中,现存的"观光坊"(图9-6)为四方门楼式青砖麻条石建筑,"观光坊"三字为宋代大书法家赵孟頫所书。

图9-4 蒙氏家庙

第九章　乡村振兴战略下的乡村文脉空间活化：以恩村为例

图9-5　拱北里

图9-6　观光坊

4. 耕读文化。与中国传统乡村一样，恩村一直坚守着"耕读兴家"的祖训，延续着数百年的文化传统。"敲诗静夜翻书页，仿帖清晨汲井华"，恩村先辈十分重视文化教育、注重人才培养，涌现了许多"耕读兴家"的代表人物。如南宋时期官拜襄阳招讨使的蒙英昴（有"学宗东鲁"之称）赋闲隐居在家时，对家族、家庭的文化教育及地方事务非常关心，创办了"扶风书院"，招收城口、扶溪的有志学子，为地方办学树立了典型。此后，借助"扶风书院""百学堂"这些书斋，恩村先后为国家输送了26位进士，370余名武举、岁贡、拔贡、监生、庠生和太学生。"仁化功名坊表有十，恩村独占其五。"恩村子弟考取功名的人数规模由此可见一斑。为此，用于表彰、激励后世的牌坊也的确不少。如为表彰蒙英昴立的"进士坊"、为蒙正立的"观光坊"、为蒙禄昌立的"五马坊"、为蒙荣立的"登选坊"、为蒙温立的"登第坊"、为蒙均远立的"都台坊"和清光绪年间立的"维新坊"，分别是恩村蒙氏家族兴盛期与鼎盛期的见证。同样，关于科考的蒙姓家族"叔侄亚魁"（图9-7）、"父子同榜"、"一门三进士"的相关佳话已流传逾百年。如今，在恩村，依然可见始祖家庙上挂的皇帝圣旨，宋朝宰相叶颙、文天祥及欧阳玄、赵孟頫、宋濂、谢枋得、杨起元、朱瑛、范宗裕、钱南园、朱鼎等文坛书画名家在这里留下的文章、墨宝、抱柱楹联和精雕匾额，以及村民家藏的古画、寿幛、官袍、官帽、祖宗画像、神龛、祭器、文房四宝、家具、古玩，等等。其中，代表性的楹联有"进士坊"上文天祥亲笔所写的"圣天子讲学崇儒，大丈夫丰功伟烈""高捷秋闱夸独步，联登春榜冠群英"，赵孟頫所写"观光坊"匾额，朱瑛撰写的对联"甲第休夸二宋美，文章应许三苏齐"，"拱北里"的对联"入其门东蒙初步，到此地安定首关"，等等（图9-8）。

图9-7 世科祠(叔侄亚魁)

图9-8 蒙氏家庙楹联

5. 古驿道文化。恩村是粤北通往湘、赣两省的重要门户,连接湖南九龙江和粤北珠江的重要水路。在恩村,有两块巨石横卧河边,恩村人称"石门锁关,葫芦把水口"。自此向北为上游,大型货船无法前行;自此往南,百舸争流,直下仁化,通韶关北江。在村庄东侧的恩溪之上,有恩东桥,为恩村通往东光村的重要通道。连接粤、湘、赣三省的古驿道,蜿蜒于恩溪北岸,途经恩村。在以水运和人力畜力运输为主的时代,恩村凭借独特的地理位置,成为粤北、湖南和江西三省商贸往来的重要驿站,历史上往来行人、挑夫、商贾,穿梭不息,大量的文人、商旅和南迁移民在此留下足迹。凭借古驿道、恩溪码头,恩村商贸业、服务业得以兴起,并持续上百年。至今,在旧南城门城墙脚与锦江河岸边至东城门一带还可以清晰地看到一条100多米的古驿道;在东城门外,还可以看到条石阶梯连接的码头遗迹及老盐仓旧址(图9-9)。

图9-9 恩村古驿道及恩溪水运码头

6. 军事文化。恩村四面环山,中有盆地,土地肥沃,自古以来是兵家必争之地。在南宋国破家危的战乱时期,蒙英昴以一个军事行家的眼光,苦心孤诣地为后世子孙营造了一个躲避战乱的"营里",即恩村的"古堡宗城"。城堡在住宅集中的临河高地,圈以高大、坚实的围墙,高 5 米,厚 1.5 米。城墙外利用恩溪或开挖护城河进行防御。城堡设城门、箭楼、瞭望楼,用于观察敌情。城堡内巷宅纵横,设施齐备,居住安全,生活方便。明洪武之后,营里部分建筑改作韶州恩溪巡检司衙署。清顺治十一年(公元 1654 年),古堡宗城在抵御贼寇进攻中发挥了关键性的作用,不但保全了恩村蒙姓的安全,后来也使恩村躲过了许多匪患。由于历史变迁,城墙三面被毁,现只留存东面恩溪河畔的一段。恩村是粤北地区著名的革命老区。1925—1933 年间,恩村成了人民武装暴动推翻旧世界的革命根据地。相对富裕的恩村百姓,捐赠粮草、救助伤员、主动向导、送子参军。在恩村,至今有当年红军留下的革命标语。在 1934 年的铜鼓岭阻击战中,恩村百姓在地下党组织的带领下,组织担架队和救助队积极抢救伤员,掩埋牺牲的战士。1993 年,恩村被广东省人民政府划为革命老区(图 9 - 10)。

图 9 - 10　恩村图南门及古城堡

7. 宗族文化。作为上千年的古老村落,恩村有着显赫的蒙氏家族、世代传承的文脉、清晰完整的氏族谱系。粤北独一无二的宗族古城堡,巍巍门楼、功名牌坊、明清古巷,26 位进士、300 余名仕宦、长达 800 多年的蒙氏家族官场历史,无不彰显蒙氏先人数百年来为蒙氏家族和仁化所做出的杰出贡献。至今,恩村蒙氏血脉相连,已延续到 32 代。蒙氏子孙认蒙恬为始祖,一同崇拜宗族先祖蒙英昴(南宋宝祐年间进士,与文天祥同榜,历任国子监教授、临安督学、襄阳招讨使、总领江南五省军政),共同敬仰蒙天民先祖(建立仁化县衙,修筑城墙堡垒,整修渡口码头,设立学馆,促进县城社会经济快速发展)。在新修的《蒙氏族谱》(2006 年版)中,有恩村村规民约、蒙氏族规家训、蒙氏家教七条、合行事宜条示、蒙氏族约十一条。"义路礼门东蒙规矩,入孝出弟安定风声"。在蒙氏家庙、世德堂,无论是单体建筑、木质雕饰,还是楹联、画像、书法,无不精美、豪华,且富有人生哲理等有形和无形的文化内涵,彰显着蒙氏以宗族血脉为纽带,以耕读兴家、报效国家为内核的宗族文化精髓。

8. 木雕、竹编文化。恩村传统民居中,门、窗、梁、柱等均用木质材料。在这些部件之上，随处可以看到精美的木雕工艺(图9-11)。其中，镂空雕有"蝠保平安""花开富贵""喜上眉梢"寓意图。厅内木柱、横梁上则有"福禄寿禧""平步青云"图案。窗框上有"麒麟赐福""双凤朝阳""福在眼前""八仙过海"等。这些别致的窗花雕刻，不仅有利于采光通风，同时也蕴藏着丰富的文化内涵，代表着居民对美好生活的追求，也向我们充分展示了恩村融合了木雕文化的建筑特色。恩村竹编工艺品，由来已久，最早源于蒙氏家族的长工佃户担肥之用，多为箩、箕、筐等，适用于乡村人家盛装稻谷、果蔬、牲畜、农具等。恩村竹编工艺品，坚韧耐用，造型多样，经济适用，在当地很有名气。

图9-11　恩村传统木雕

9.传统习俗。在恩村，富有特色的传统习俗包括福主庙醮会、清明祭祀、中元节、八月十五水陆山歌会等。每逢佳节，村民都会组织火龙庆瑞、水陆对歌和龙狮舞等表演。舞香火龙，是恩村独特的传统民俗。传说恩村蒙氏子孙后裔繁盛，是源于恩溪乃潜龙之地。故每年从大年初二开始，至正月十五晚上，恩村都舞香火龙(图9-12)，至今已有300多年的历史。香火龙采用竹编和稻草绑扎而成，分为龙头、龙身、龙尾三大部分，共7段。恩村福主庙供奉福、禄、寿三神，左右再奉五谷丰登神和判官，近年来加上了观音菩萨和送子娘娘，以满足恩村村民祈福所需。在每年农历八月至十二月间，恩村百姓会选择吉日举办醮会，称为"打醮"。举办醮会的前一天晚上，恩村百姓会请来道士为醮会诵经作法。醮会举办当日，村里的信男善女，会在脖子上系红领带，带着礼品来到福主庙接龙、舞龙、入庙拜祭、盘龙，以示庆贺。双龙庆瑞活动寄托了村民"庆丰收、祈吉祥"的深切希望——期盼来年五谷丰登、阖家幸福。恩村水陆对歌等传统民俗文艺精粹，利用客家方言唱出了村民的喜怒哀乐。

图9-12　恩村村民舞香火龙

(三)恩村古村落文脉空间问题

目前,恩村古村落传统文化显性基因处于两种截然不同的状态:那些保存较完好、具有代表性的文化基因,作为省级传统村落的重要符号、构成要素和单体被合理规划,纳入保护范围。如蒙氏家庙、世德堂、世科祠、德志祠等;而另一些年久失修、破损较严重的构筑物,无论是否在规划范围内,均处于自然状态,无任何保护措施。

与此同时,笔者发现恩村古村落空间存在如下问题。

1. 古村落传统文脉破损有余、活化不足,传承面临挑战。

在恩村古村落传统文化脉络中,无论是以物化还是非物化状态存在,其所蕴含的精髓和文化内涵,都应是当前恩村人尤其是后人传承和发扬的传统基因。以宗祠和家庙为例,从宗族角度来看,宗祠和家庙应是恩村后人尊重先祖、孝敬长辈、宣讲明理、传承美德的最佳场所,维修和保护宗祠和家庙是后世子孙义不容辞的责任和义务。然而,在恩村现有的宗祠和家庙之中,除蒙氏家庙得到较好的修缮外,其余祠堂存在或多或少的破损之处。宗祠或家庙利用率低、功能单一。同一宗祠或家庙,一年当中,除清明节发挥祭祖作用外,其余功能几乎全失。同时,各祠堂和家庙除偶尔有老人来此休息闲聊外,平时少有人前来,甚至处于关门落锁状态。宗祠或家庙的宗族文化仪式感、荣耀感、文脉传承的责任感严重缺失。

2. 古村落传统文脉融资渠道不畅,古村落保护、传承与活化缺少资金扶持。

在恩村,古村落保护与修缮资金,主要有以下四种来源:一是省市财政拨款;二是村集体经济收入;三是村民自筹;四是乡贤捐助。由于恩村集体经济收入少,村民收入水平低,在外乡贤不太富裕,每年获得的维护资金不多。在政府有限的资金预算中,恩村只能勉强维持对蒙氏家庙等少数传统建筑的维护和修缮。由于融资渠道不畅,古村保护、修缮资金缺乏,大量明清以来的特色民宅、城堡、码头、街巷,渐显衰败迹象;传统民宅的门楼窗台破败不堪,大门紧锁;建筑周边、门前台阶到处杂草丛生;日常生活用具随意摆放,空中线网乱搭;古城堡墙体倒塌,古码头废弃;街巷,尤其是一些巷道,长期无人行走,苔痕显现。因为缺少资金,古村落传统文脉在保护中衰败,其损毁速度超过抢救速度,许多精美的工艺、优秀的文化还来不及让世人学习、效仿、传承,即快速地走向消亡,实在可惜。

3. 受城镇化、城市文化的影响,年轻人不愿学习,文脉传承活化后劲不足。

在城镇化浪潮下,恩村后人,尤其是年轻人向往城市生活。祖辈留下来的传统建筑,具有深厚的传统文化内涵,但存在阴暗潮湿、维修成本高昂、缺少现代化的生活设施等问题,迫使受城镇化影响的年轻人放弃老屋,寻址另建。同样,受城镇化的影响,新建住房不再遵循过去的旧制,采用现代城镇建筑风格,以求跟上时代潮流。传统工艺甚至是非物质文化遗产,如木雕、竹编、重大节庆仪式,也因耗时较长、成本较高、市场不景气等原因,而无法激励恩村年轻人主动学习。如今,由于受城镇化和大量青壮年劳动力外出务工的共同影响,富有特色的传统习俗,无论是福主庙谯会还是水陆山歌会,都仅在短短的几个时间段,如农历春节、清明节期间,才略显热闹。即便是春节,参与者也多为老孺妇幼,年轻人更愿意喝酒、打牌、玩麻将。在地方小有名气的恩村竹编工艺品,目前也只有年逾八十的蔡桥子、刘影殷等少数老人会编织。笔者在进村调研的日子里,也仅有村干部陪同宣讲,村民积极性、参与度不高,居民与游客之间缺少交流互动。在恩村青壮年中,愿意留村参与古村落维护修缮者少,愿意宣讲恩村传统文化者少,愿意学习传统技艺者更少。恩村传统文化活动在消失,文脉传承面临后劲不足,甚至到了失传的境地。

三、乡村振兴战略下的恩村古村落文脉空间活化对策

基于韶关恩村丰富而有特色的传统乡村文脉以及所面临的保护、传承与活化困境,笔者认为,应以乡村优秀传统文化符号、元素、资源为基础,以人才引领、资金支持、技术创新、模式创新和制度保障为抓手,以社会效益、经济效益和生态环境效益全面提升为目标,通过主体多元、资源整合、全要素参与、产品和服务提升、文化与产业融合等途径,来推动恩村古村落空间活化工作。

(一)依靠主体创新,引进和培育恩村古村落文脉活化传承人

针对恩村村民尤其是年轻人主动传承兴趣不高、动力不足问题,可以借鉴其他乡村文化振兴典型案例,创新文脉传承人这一主体,推进传承人身份的多元化。改变过去传承人只局限于本村、本族人的情况,将传承人的遴选资格由村放宽到县、市、省,甚至是全国。可以采取全国招聘、遴选的形式,聘请相关人士,尤其是热爱乡村传统文化的专业人士,作为恩村古村落文脉保护与开发利用的传承人。这就需要恩村进一步解放思想,放下宗族观念,允许外族人、外地人参与进来,允许别人长期驻扎在恩村,并配合协助这些人的工作。要让恩村客家传统文化进学校、进课堂、进教材,让更多的学生学习客家传统文化,从小培养客家传统文化传承人的兴趣,增强传承人的责任担当,解决古村落文脉传承后劲不足、无人传承的问题。当然,在传承人的遴选上,村委应与县、市、省相关职能部门一道,对传承人的品德和能力进行严格把关,并对传承人进行正规化的培训和培养。要为古村落文脉传承人提供生活、医疗、卫生等基本保障,解决古村落文脉传承人养老、就医、子女就读等后顾之忧。与此同时,要利用恩村祠堂和家庙,利用出生、满月、入学、成人等几个关键时间节点,对恩村后辈,尤其是孩子进行古村落文化教育,从小培育和增强恩村后人热爱家乡、宣讲家乡故事、传承宗族文脉的兴趣和动力,以解决古村落文脉传承后继无人的问题。

(二)依靠制度创新,拓宽古村落文脉传承活化的融资渠道

针对恩村古村落保护与传承资金来源不足、资金筹集渠道不畅问题,恩村可以借鉴

乡村文化振兴优秀案例,通过制度创新实现投融资主体多元化。充分利用乡村振兴、新农村建设、脱贫攻坚、乡村人居环境整治等国家政策,争取更多国家资金,实现古村落文脉保护与传承的精准帮扶。除此之外,通过制度创新,允许企业、个体投资,尝试社会资本、外商资本、境外资本融资,实现资金来源的多途径和资金筹集的多渠道。在不违反国家现行制度的情况下,可以率先尝试创新土地、房地产等相关制度,实现土地、房产的"三权分离"。通过招标、拍卖、租赁等形式,允许投资人获取集体土地、传统建筑、历史街区和古村特定地域的使用权、经营权,将古村落整体、局部甚至某个单体"外包",解决古村落文脉传承资金不足的问题。也可以尝试将古村落整体或部分作价入股,建立起以村委为主导,有传承人、村民、投资人等多种主体参与的古村落保护开发股份有限公司,进行上市融资,增加古村落修缮、保护、开发与传承所需资金。

(三)借助技术创新,活化恩村古村落文脉呈现形式

针对恩村古村落破损有余、活化不足,传承面临考验的问题,恩村可以通过"资源整合"途径,实现对恩村自然环境和人文资源的优化整合,推动恩村与周边区域尤其是城口红色文化、仁化丹霞文化的有机整合。利用现代化的高科技手段,将恩村优美的自然风光(山、水、田、林)、厚重的历史(建筑文化、街巷文化、古驿道文化、木雕文化、宗族文化、耕读文化)、传奇人物(蒙英昂、蒙天民)、重大事件(城堡防御战)和传统节庆活动(福主庙醮会、清明祭祀、水陆山歌会)进行重塑和加工,通过舞台、电影、电视、自媒体等多种途径,化静为动、动静结合,实现有形产品和无形产品的活化。在古村落文脉活化场所的空间选择上,可以考虑构建以下活化场(域):一是利用恩村现有的祠堂、家庙,在保留传统文化符号、元素不变的情况下,合理优化其内部空间,使之符合现代人的需求,构建以宗族文化、耕读文化为核心的传统文化活化场;二是在古村落周边择地新建科技场馆,按照历史脉络,将古村落传统文化符号、元素,甚至是单体,按比例复制、重塑,利用现代化的技术和灯光手段进行呈现;三是利用恩村优美的自然环境和丰富的人文资源,找准游览路线和观察点,构建以建筑文化、街巷文化、古驿道文化、军事文化、传统习俗(工艺)表演等为核心的古村落传统文脉活化域。

(四)借助模式创新,推动古村落文脉传承活化的产业融合

针对恩村古村落活化模式单一的问题,恩村可以通过"全要素参与"和"产业融合"途径,推进恩村古村落活化的一二三产业之间、行业之间、企业之间以及区域之间的融合。要跳出传统的各自为政、孤立狭隘的思维框架,利用恩村毗邻韶关丹霞(两者相距不足40千米)的区位优势,将古村落自然风貌和传统文化景观中的优势资源与韶关丹霞这一知名景区进行对接,纳入韶关"大丹霞、大南华、大南岭、大珠玑"旅游体系,进行联合营销、捆绑营销,推动文化与旅游业的跨地区融合。要利用恩村及周边的自然条件,以古村落传统文脉为总基调,加快推进农业、加工业和现代服务业与古村落传统文化的有效对

接、无缝衔接,推进以"文旅+"为主题的田园综合体和"共享村落"建设,借助田园综合体建设和"共享村落"的多元主体参与、全要素质量提升,实现恩村自然、生态、文化与社会、经济的多方融合与共赢发展。在做法上,应加快甄别恩村古村落代表性传统文化符号、元素和单体,并提炼出具有鲜明特色的恩村古村落文化符号和图案,并将其融入恩村生活生产的方方面面,形成你中有我、我中有你的高度融合。在仁化县城、韶关市区、珠三角各大中城市,要通过建设具有恩村古村落文化符号、图案,甚至是古物件(如门窗、横梁、石磴、立柱、牌匾等)的特色酒店和宾馆,推动恩村古村落传统文化在城市的空间移置和再现。

四、小结

传统村落文化是以传统农耕文化为基础,以血缘、地缘、业缘关系为联结体的文化形态,是村落共同体长期积淀而形成的社会风尚和精神内核。古村落蕴含着丰富的物质文化与非物质文化,是乡村传统文化的"活化石",具有较高的历史、文化、艺术和科考价值。古村落文脉具有整体性、差异性和地方性的特征,存在显性和隐性两种状态。乡村振兴,文化振兴是关键。文脉传承与空间活化是乡村文化振兴的重要体现。传统村落文化传承与空间活化,应当综合考虑各个村落的人口和区位、自然和人文资源、村落空间格局和古建筑保存现状、经济结构和发展模式、文化传统和历史积淀、民风民俗等现实基础,需要甄别村落类型,因地制宜、因势而动、顺势而为。

恩村始建于宋朝元丰年间,是仁化县第一个县令诞生之地,是一座有着逾千年历史的古老村落,集选址文化、建筑文化、街巷文化、耕读文化、古驿道文化、军事文化、宗族文化、木雕竹编文化等乡村传统文化于一体。由于受工业化、城市化的双重影响,古村落传统文脉破损有余、活化不足,传承面临挑战,融资渠道不畅,古村落保护、传承与活化缺少资金扶持,年轻人不愿学习,文脉传承活化后劲不足。基于韶关恩村丰富而有特色的传统乡村文化脉络以及所面临的保护、传承与活化困境,提出以乡村优秀传统文化符号、元素、资源为基础,以人才引领、资金支持、技术创新、模式创新和制度保障为抓手,以社会效益、经济效益和生态环境效益全面提升为目标,通过主体多元、资源整合,全要素参与、产品和服务提升、文化与产业融合等途径,来推动恩村古村落保护、传承与空间活化工作。

参考文献

[1]中共中央国务院关于实施乡村振兴战略的意见[N].人民日报,2018-02-05(001).

[2]中共中央国务院印发《乡村振兴战略规划(2018—2022年)》[N].人民日报,2018-09-27(001).

[3]本报评论员.走中国特色社会主义乡村振兴道路[N].人民日报,2018-01-01(002).

[4]刘家义.深入贯彻落实十九大精神,全力推动乡村振兴[N].人民日报,2018-01-12(010).

[5]袁金辉.实施乡村振兴战略的五大着力点[N].学习时报,2017-11-06(A4).

[6]吴佩芬.十九大以来我国乡村振兴战略研究综述[J].农业经济,2021(1):38-40.

[7]杨森.乡村振兴中乡风文明建设的意义、困境与路径探析[J].湖北理工学院学报(人文社会科学版),2021,38(1):71-75.

[8]张秀梅.聚力乡风文明 助推乡村振兴[N].中国社会科学报,2018-06-13(007).

[9]李静.乡村振兴与新乡贤文化建设[N].新华日报,2017-12-20(16).

[10]王庭美.乡村振兴要重建乡村文化自信[N].安徽日报,2017-12-12(05).

[11]周锦,赵正玉.乡村振兴战略背景下的文化建设路径研究[J].农村经济,2018(9):9-15.

[12]徐勇.乡村文化振兴与文化供给侧改革[J].东南学术,2018(5):132-137.

[13]叶敬忠.乡村振兴战略:历史沿循、总体布局与路径省思[J].华南师范大学学报(社会科学版),2018(2):64-69.

[14]王景新,支晓娟.中国乡村振兴及其地域空间重构:特色小镇与美丽乡村同建振兴乡村的案例、经验及未来[J].南京农业大学学报(社会科学版),2018,18(2):17-26.

[15]钟钰.实施乡村振兴战略的科学内涵与实现路径[J].新疆师范大学学报(哲学社会科学版),2018,39(5):71-76.

[16]索晓霞.乡村振兴战略下的乡土文化价值再认识[J].贵州社会科学,2018(1):4-10.

[17]宋小霞,王婷婷.文化振兴是乡村振兴的"根"与"魂":乡村文化振兴的重要性分析及现状和对策研究[J].山东社会科学,2019(4):176-181.

[18]吕宾.乡村振兴视阈下乡村文化重塑的必要性、困境与路径[J].求实,2019(2):97-108.

[19]刘彦武.乡村文化振兴的顶层设计:政策演变及展望:基于"中央一号文件"的研究[J].科学社会主义,2018(3):123-128.

[20]何白鸥,齐善兵.乡村振兴战略实施中加强乡村文化建设的建议[J].领导科学,2018(12):4-5.

[21]刘沛林.古村落:和谐的人聚空间[M].上海:上海三联书店,1997.

[22]本书编写组.走进古村落:粤北卷[M].广州:华南理工大学出版社,2011.

[23]陈平原.千年文脉接续与转化[M].上海:复旦大学出版社,2010.

[24]汪克会.文脉旅游应用研究综述[J].桂林旅游高等专科学校学报,2007(5):770-773.

[25]陈传康,李蕾蕾.风景旅游区和景点的旅游形象策划[C].第五届全国区域旅游开发学术研讨会.

[26]张娟娟.地方文脉在乡村旅游开发中的应用研究[J].农业经济,2017(10):59-60.

[27]霍广银,冯清水.袁桥:文脉善源古村落[J].农村·农业·农民,2021(1):51-52.

[28]许树辉,王利华.全域旅游视角下古村落文脉传承探究:以广东韶关恩村为例[J].经济与社会发展,2019,17(5):56-62.

[29]苏娟娟,郭伟锋.武夷山下梅古村落的文脉传承与利用:基于旅游化生存视角[J].武夷学院学报,2018,37(5):11-16.

[30]周海军.桂东北瑶、汉族古村落的历史文脉与空间解析[J].江南大学学报(人文社会科学版),2017,16(4):123-128.

[31]李钢.传统文脉与设计思维[M].上海:上海交通大学出版社,2015.

[32]汪红蕾.守护传统村落 传承中华文脉:中国(福建·南平)古村落文化遗产保护高峰论坛综述[J].城乡建设,2017(8):24-29.

[33]叶斯亭,许树辉,纪林洵.新型城镇化下乡村居住文化空间重构:以广东省仁化县"三村"为例[J].经济研究导刊,2018(27):32-36.

[34]许树辉.新型城镇化下新城建设与城市化的互动机理:以韶关市芙蓉新城为例[J].韶关学院学报(社会科学版),2018,39(1):83-88.

后　记

在乡村振兴战略背景下,乡村传统文化传承与活化是乡村振兴战略和美丽乡村建设在文化层面的重要体现。我在韶关学院工作 20 余年,长期关注韶关社会经济发展和地方特色文化建设,在教书育人之余,创造机会多次下乡参与调研和实践服务,积累了部分素材。本书的大部分内容,是在系统梳理相关文献、实践调研和研究结果的基础上归纳总结而成的。其中,涉及韶关市哲学社科研究课题["数字经济赋能韶关制造业转型升级的作用机制研究"(项目编号:J2022013)、"生态约束与空间突破:韶关主动融入"双区"建设的价值链解构重构研究"(项目编号:J2020002)、"新型城镇化下的乡村传统文化空间重构:基于韶关的调查研究"(项目编号:Y2017009)]、著作(《地方产业升级理论与实践》《善美和谐的家乡——韶关》)、教辅资料(《韶关学院自然地理学实习指导书》《韶关学院人文地理学实习指导书》)、论文(《新型城镇化下乡村居住文化空间重构研究——以广东省仁化县"三村"为例》《基于利益相关主体的传统古村落保护性开发——以广东仁化张屋村为例》《全域旅游背景下古村落多元主体评价指标体系构建研究——以广东韶关曹角湾古村落为例》《全域旅游视角下古村落文脉传承探究——以广东韶关恩村为例》《岭南客家文化的旅游空间组织研究——以南雄珠玑古巷为例》以及"古村落保护性开发的激励机制研究——基于丹霞山周边古村落的调研分析"(项目编号:201710576093)、"新型城镇化乡村传统文化空间重构——以韶关丹霞山周边村镇为例"(项目编号:201710576096)、"岭南客家文化的旅游空间组织效应研究——以广东南雄珠玑古巷为例"(项目编号:201810576 - 102)、"基于全域旅游视角的古村落空间功能优化研究——以韶关曹角湾古村落为例"(项目编号:201910576018)等四项省级以上大创项目。

本书的编纂,得到了许多热心人士的关心和支持。在这里,特别感谢华东师范大学的谷人旭教授,感谢他多年来对我在人文社科学术上的帮助和支持。湖南师范大学的邓楚雄教授,南昌大学的王圣云研究员,浙江师范大学的姜海宁教授,上海大学的汪健教授,衡阳师范学院的邹君教授,湘南学院的肖海平教授,赣南师范大学的李秀娟副教授,韶关学院的莫昌龙研究员、曾宇辉教授、田广增教授、于白音教授、肖华茂教授、陈晓远教授、王焰安教授、宋会群教授等先后给予我帮助,对全书的撰写、修改和完善起到非常重要的作用。在调研过程中,我得到了韶关市社科联、文广旅体局、博物馆等相关部门领导和工作人员的积极配合,也得到了始兴、南雄、仁化、乳源等各县(市)文化单位、村镇干部和村民们的鼎力相助。李广斌、王利华、王春萌、林柄全、许家军、李航飞、阎文龙、纪菲菲等诸多博士的协助与支持，对于本书的完成发挥了重要作用。本书的编辑、排版得到了出版社众多工作人员的大力支持。张钦明、梁韵思、钟魏如、曾慧荣、麦紫薇、钟绮琦、连晓冰、纪林洵、叶斯亭、张莹、阮小妹、林悦、金鹏宇、何尔琦、陈泽贤、周绮虹、邓志嘉、王琪等同学参与了本书部分章节文字和图片的收集与整理，以及相关图片的绘制工作。在此，一并表示谢意。

　　本书参阅了大量的书籍和相关文献，书中引用的观点和论句，在文中用脚注、括号标注出处，或以"参考文献"的形式列于文后。在此，谨向为本书的撰写提供各种文献资料的相关作者表示感谢。由于笔者时间、精力有限，书中难免存在错误和纰漏，还望读者见谅，并给予批评指正，不胜感激。

许树辉

2023 年 6 月于韶关